MÉMOIRES
DE LA
C^{TESSE} POTOCKA

(1794-1820)

PUBLIÉS PAR

CASIMIR STRYIENSKI

AVEC UN PORTRAIT EN HÉLIOGRAVURE

et un fac-simile d'autographe.

PARIS

LIBRAIRIE PLON

E. PLON, NOURRIT ET Cie, IMPRIMEURS-ÉDITEURS

RUE GARANCIÈRE, 10

1897

En vente à la même Librairie :

Mémoires du prince Adam Czartoryski et Correspondance avec l'empereur Alexandre I**er**. Préface de M. Ch. DE MAZADE, de l'Académie française. Deux vol. in-8°. Prix. . . . . 15 fr.

Correspondance inédite du roi Stanislas-Auguste Poniatowski et de Madame Geoffrin (1764-1777), précédée d'une étude sur Stanislas-Auguste et madame Geoffrin, et accompagnée de nombreuses notes, par le comte DE MOUŸ. Un vol. in-8°, avec un portrait à l'eau-forte et deux fac-simile. Prix. . . . . 8 fr.

Le roi Stanislas et Marie Leczinska, par la marquise DES RÉAULX. Un vol. in-8° avec quatre portraits et fac-simile. Prix. . . 7 fr. 50

Dix ans de la vie d'une femme pendant l'Émigration, par le vicomte DE BROC. 2ᵉ édition. Un vol. in-8°. Prix . . . . . 7 fr. 50

Les Mémoires d'une Inconnue, publiés sur le manuscrit original, 1780-1816. 2ᵉ édition. Un vol. in-8°. Prix. . . . . 7 fr. 50

Mémoires de Madame de Chastenay (1771-1815), publiés par Alphonse ROSEROT. Tome Iᵉʳ : *L'Ancien Régime — La Révolution*. 2ᵉ édition. Un vol. in-8° avec deux portraits. Prix. . . . . . . 7 fr. 50

Mémoires de Madame la duchesse de Tourzel, gouvernante des Enfants de France (1789-1795), publiés par le duc DES CARS. 3ᵉ édit. Deux in-8°, enrichis du dernier portrait de la Reine. 15 fr.

Mémoires de Madame la duchesse de Gontaut, gouvernante des Enfants de France pendant la Restauration. 1773-1836. 3ᵉ édition. Un vol. in-8°, accompagné d'un portrait en héliogravure. 7 fr. 50

Journal des prisons de mon père, de ma mère et des miennes, par Mme la duchesse DE DURAS, née Noailles. Un vol. in-8° orné d'un portrait. Prix. . . . . 7 fr. 50

Anne-Paule-Dominique de Noailles, marquise de Montagu. Ouvrage accompagné d'un portrait en héliogravure. Nouvelle édition. Un vol. in-8°. Prix. . . . . 7 fr. 50

Souvenirs de la comtesse de La Bouëre : **La Guerre de Vendée (1793-1796).** Mémoires inédits publiés par madame la comtesse DE LA BOUËRE, belle-fille de l'auteur. Préface par M. le marquis COSTA DE BEAUREGARD. Un vol. in-8°. Prix . . . . 7 fr. 50

Mémoires de la marquise de La Rochejaquelein. Édition originale publiée sur son manuscrit autographe par son petit-fils. Un vol. grand in-8° annoté de 340 notices biographiques. Hors texte : deux eaux fortes de Lalauze et O. de Rochebrune; sept héliogravures de Dujardin, et deux cartes spécialement dressées pour l'ouvrage. 20 fr.

Une Famille noble sous la Terreur, par Alexandrine DES ÉCHEROLLES. 3ᵉ édition. Un vol. in-18. Prix. . . . . 4 fr.

PARIS. — TYP. DE E. PLON, NOURRIT ET Cⁱᵉ, 8, RUE GARANCIÈRE. — 1949.

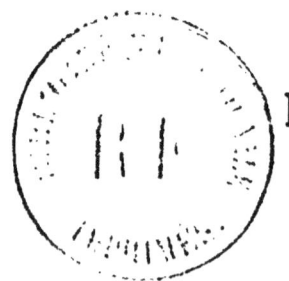

MÉMOIRES

DE LA

COMTESSE POTOCKA

L'auteur et les éditeurs déclarent réserver leurs droits de reproduction et de traduction en France et dans tous les pays étrangers, y compris la Suède et la Norvège.

Ce volume a été déposé au ministère de l'intérieur (section de la librairie) en janvier 1897.

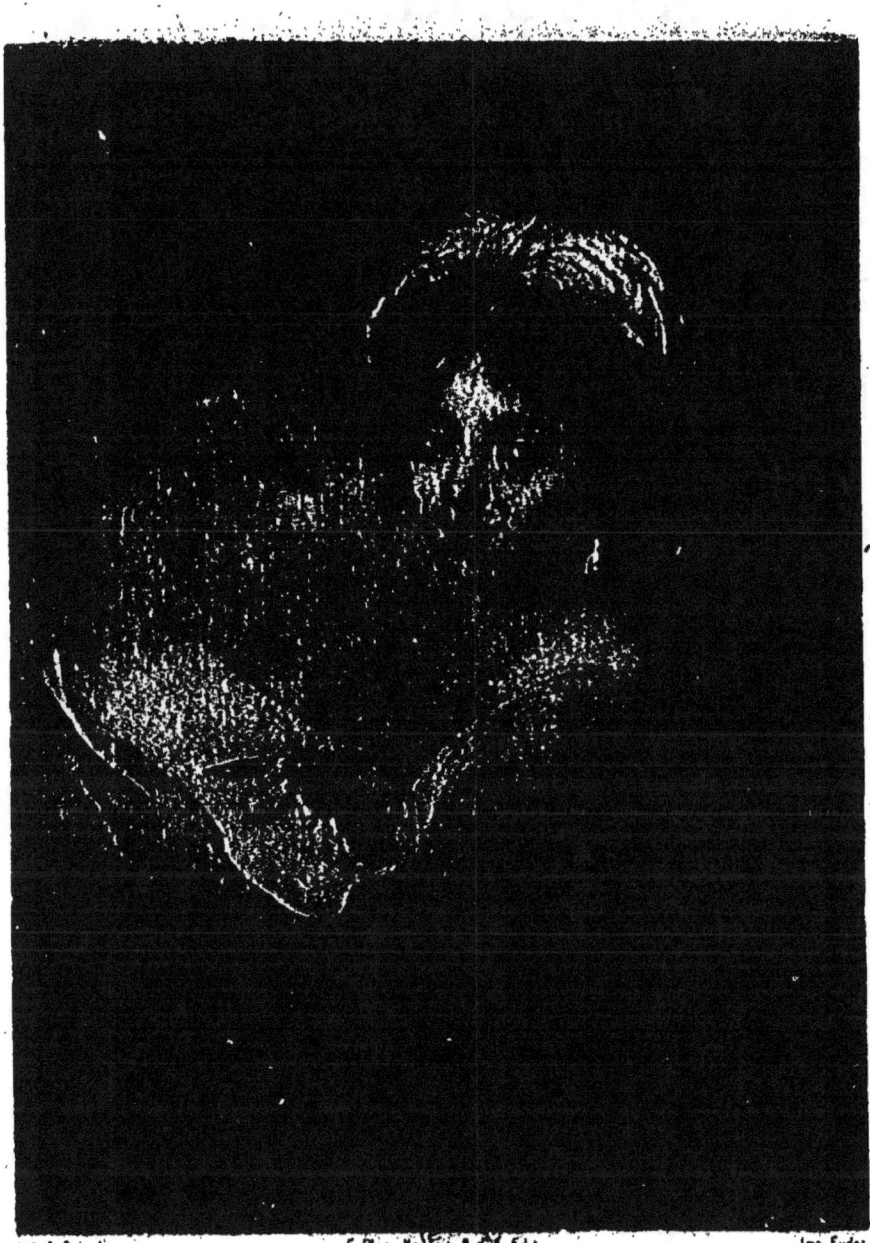

ANNA TYSZKIEWICZ, COMTESSE POTOCKA
d'après un portrait d'Angelica Kauffmann
(Collection de Zator)

MÉMOIRES

DE LA

Ctesse POTOCKA

(1794-1820)

PUBLIÉS PAR

CASIMIR STRYIENSKI

AVEC UN PORTRAIT EN HÉLIOGRAVURE

et un fac-simile d'autographe.

PARIS

LIBRAIRIE PLO.

E. PLON, NOURRIT ET Cie, IMPRIMEURS-ÉDITEURS

RUE GARANCIÈRE, 10

1897

INTRODUCTION

> La mémoire des hommes n'est qu'un imperceptible trait du sillon que chacun de nous laisse au sein de l'infini. Elle n'est pas cependant chose vaine.
>
> Ernest RENAN.

Delille écrivant à la princesse Isabelle Czartoryska disait : « ... Notre langue, ou plutôt la vôtre; elle vous appartient par les grâces que vous lui prêtez, et j'oserai dire avec Voltaire : *elle est à toi, puisque tu l'embellis.* »

Et, à notre tour, nous ne pouvons refuser à l'auteur de ces *Mémoires,* écrits en français, quelques compliments. Son éducation aristocratique, son entourage, son goût pour notre littérature, tout portait la comtesse Potocka à rédiger ses souvenirs en une langue qu'on parlait constamment autour d'elle et qu'elle avait apprise dès son enfance. Depuis longtemps, du reste, le français était à la mode dans toute l'Europe et particulièrement en Pologne, où, dès le seizième siècle, s'établirent des relations diplomatiques avec la France et où, pendant quelques mois, régna celui qui fut depuis Henri III.

Le Laboureur, seigneur de Bléranval, qui, avec la maréchale de Guébriant, fit partie de la suite de Marie-Louise de Gonzague, lorsque cette princesse alla épouser Ladislas IV, parle dans sa très curieuse *Relation* (1) de « l'aptitude nompareille » qu'ont les Polonais à prononcer les langues étrangères « dans leur accent » et à discourir en français « avec la même facilité que nous-mesmes ». Et dans un ouvrage anonyme publié à la fin du siècle dernier on trouve encore les mêmes observations : « Les femmes jouissent de la réputation d'être les mieux élevées de l'Europe : toutes parlent français ainsi que les hommes ; rien de plus ordinaire qu'un Polonais de vingt ans parlant purement trois ou quatre langues sans le moindre accent (2). »

Bien d'autres étrangers, des Allemands, des Anglais, des Italiens, ont pensé comme Brunetto Latini, le maître de Dante, que notre langue en sa « parleure est plus délitable et plus commune à toutes gens ». Il y aurait à écrire un curieux chapitre d'histoire littéraire sur les écrivains natu-

(1) 1 vol. in-4°, Paris, 1647.
(2) *Voyage de deux Français, en Allemagne, Danemark, Suède, Russie et Pologne, fait en 1790-1792.* 5 vol. Paris, 1796.

ralisés. La finesse spirituelle de Mme Potocka, son style simple, qui a un léger parfum mélangé de dix-huitième siècle et de premier Empire, mais surtout son réel talent de conteur lui assureraient une belle place dans cette galerie cosmopolite de gens distingués; elle y prendrait rang à côté de Hamilton, et la margrave de Baireuth ou la princesse de Belgiojoso ne pourraient lui disputer la préséance.

Mme du Deffant disait : « Je ne puis lire que des faits écrits par ceux à qui ils sont arrivés ou qui en ont été témoins; je veux encore qu'ils soient racontés sans phrases, sans recherche, sans réflexions; que l'auteur ne soit point occupé de de bien dire; enfin, je veux le ton de la conversation, de la vivacité, de la chaleur et, par-dessus tout, de la facilité, de la simplicité. » Presque toutes ces qualités on les trouvera dans les *Mémoires* de la grande dame polonaise dont nous allons esquisser la vie et le caractère.

I

La comtesse Potocka ne nous donne pas la date de sa naissance, mais certains renseignements nous permettent de supposer qu'elle vint au monde en 1776 ou en 1777.

Le 29 avril 1775, le roi Stanislas-Auguste, grand-oncle de la comtesse, écrit à Mme Geoffrin : « Toute la famille de ce pauvre défunt (le comte Tyszkiewicz, mort à Paris) est pénétrée et s'extasie à votre nom. Je ne savais pas il y a deux mois que cette famille allait s'approcher de la mienne : le frère du défunt vient d'épouser la fille de mon frère aîné. Jamais mariage ne fut conclu si vite. »

Le frère aîné du roi était Casimir Poniatowski, grand chambellan, dont la fille Constance épousa le comte Louis Tyszkiewicz (1). — De ce mariage naquit Anna Tyszkiewicz, l'auteur de ces *Mémoires*, qui mourut à Paris, le 16 août 1867, à un âge très avancé, quatre-vingt-dix ou quatre-vingt-douze ans; c'est ainsi que nous avons pu donner une date approximative.

Anna Tyszkiewicz épousa, en 1802, le comte Alexandre Potocki, et, en secondes noces, le comte Dunin Wonsowicz, qui, en qualité d'aide de camp de Napoléon Ier, fit partie de la suite peu

---

(1) Voir le *Tableau généalogique* à la fin du volume.

nombreuse de l'Empereur lors du rapide voyage de Vilna à Paris, en 1812 (1).

La comtesse Potocka eut trois enfants : Auguste, né en 1803; Nathalie, qui devint princesse Sanguszko et mourut, en 1830, à l'âge de vingt-trois ans, et Maurice, né en 1812.

Sa fille Nathalie était d'une grande beauté. A Rome, elle rencontra Delphine Gay, qui lui adressa des vers dont voici quelques fragments :

> Elle m'est apparue au milieu d'une fête
> Comme l'être idéal que cherche le poète,
> Comme cet ange ami dont on connaît la voix
> Et qu'un songe pieux me fit voir autrefois.
> A son regard céleste, à sa grâce ingénue,
> A sa douce langueur mes yeux l'ont reconnue.
> . . . .
> Loin d'envier son sort, sa touchante beauté,
> De ses moindres succès mon orgueil est flatté ;
> Je les vois, les prédis, je les partage même,
> Et je me sens rougir si l'on me dit qu'on l'aime.
> Enfin mon cœur renaît pour mieux guider le sien.
> Son brillant avenir a remplacé le mien ;
> Et trouvant dans ses vœux une source nouvelle,
> Mes rêves de bonheur recommencent pour elle.

Rome, 27 janvier 1827.

(2) Anna Tyszkiewicz est plus connue sous le nom de comtesse Wonsowicz, mais les *Mémoires*, s'arrêtant en 1820, sont ceux de la comtesse Potocka. Aussi l'avons-nous appelée Potocka-Wonsowicz, afin qu'il n'y eût aucune méprise possible.

Le comte Maurice Potocki était l'homme le plus gai et le plus charmant qu'on puisse rencontrer. Les quelques lignes que sa mère lui consacre sont vraiment touchantes, et ce n'est pas sans émotion que je les ai transcrites : « Cher enfant, combien tu étais beau et gentil!... tu devins l'amour de ta mère et la joie de la maison, tous t'adoraient. Je te remercie encore du bonheur que tu m'as donné. » J'ai connu le comte Maurice chez sa mère, à Paris, et j'ai gardé de lui un souvenir ineffaçable; j'étais tout enfant alors, et assez mauvais écolier, néanmoins le comte Maurice voulait bien s'intéresser à moi, il m'appelait *le philosophe.* Je ne me doutais guère alors qu'un jour j'aurais le très grand honneur d'éditer ces *Mémoires* et que je pourrais rappeler les encouragements qu'il me prodigua il y a déjà plus de trente ans. Je ne suis pas devenu *philosophe,* mais j'ai eu du moins le plaisir enviable de déchiffrer le premier plus d'un intéressant manuscrit, — et j'avoue que mon ambition est satisfaite, ou à peu près.

C'est à la fille du comte Maurice, à la comtesse Nathalie Potocka, que je dois la permission — l'*imprimatur* — dont j'avais besoin pour publier ce volume. Qu'elle me permette de lui adresser ici tous mes remerciements et qu'elle veuille bien voir, dans l'hommage que je rends à la mémoire de son père, l'expression des sentiments de profonde gratitude qu'il était de mon devoir de ne pas laisser ignorés. Ces souvenirs lointains m'ont encouragé dans ma tâche et m'ont permis de considérer ce long travail de transcription non pas comme un labeur, mais comme un plaisir, — ce plaisir qui consiste à payer une dette de reconnaissance.

Si nous ne donnons pas plus d'étendue à la biographie de la comtesse, c'est qu'il ne nous est pas permis d'entrer dans sa vie intime. Elle a pris soin elle-même de nous expliquer pourquoi son livre se ferme sitôt, pourquoi, de 1820 à 1867, elle a gardé le silence. « Ici finissent mes notes, dit-elle. Désormais, si j'écris encore, ce sera sans ordre et uniquement pour signaler les faits remarquables gravés dans ma mémoire. Les malheurs sans cesse croissants du pays et mes chagrins personnels m'ont ôté non seulement le désir, mais encore la faculté de m'occuper de mes souvenirs. Il me répugne d'accuser les autres et de chercher à me justifier. D'ailleurs, les *Confessions* de Rousseau, que j'ai lues longtemps après avoir commencé à écrire, m'ont servi de leçon. Malgré son talent incontestable et sa prosodie merveilleuse, il est arrivé à faire des bavardages ; dans son excessive vanité il a pu croire qu'il est des gens auxquels l'abandon, vis-à-vis de la postérité, est permis, tandis qu'elle est rarement indulgente pour qui veut l'intéresser à des personnalités. »

Aussi bien est-ce se conformer au désir de la comtesse que de ne pas divulguer certaines choses; à quoi servirait de remuer toute cette poussière? Mme Potocka n'appartient pas au monde littéraire; elle a droit plus qu'une autre à l'immunité. Et franchement ce livre ne suffira-t-il pas à faire connaître la physionomie et le caractère de cette séduisante Polonaise ? On gagnerait quelques faits à lire une plus longue notice, — on n'y gagnerait rien au point de vue psychologique. La comtesse est tout entière dans ses *Mémoires*.

Elle nous apparaît jeune fille sémillante, rieuse et enjouée comme dans le portrait de Zator; — jeune mariée un peu incomprise, mais heureuse de vivre en un temps qui ressemble à une épopée, ravie d'avoir un rôle à jouer à la cour napoléonienne, fière d'être Polonaise et de récolter sur son chemin les hommages qu'on ne ménageait pas aux femmes enthousiastes, chevaleresques et exquises de cette admirable génération; — jeune mère adorant ses enfants et écrivant pour eux ce livre rempli de son amour maternel. Et quand vient l'âge, nous la voyons résignée, dans cet épilogue où se glisse une douce mélancolie; elle a toujours l'esprit en éveil, elle n'a pas ce détachement égoïste des vieillards qui fait qu'ils ne souffrent plus moralement et n'espèrent plus rien. Cet épilogue devait bien être, en effet, les *ultima verba* de celle qui, malgré tout, a dit en mourant : « Que la vie est belle! »

II

La lecture de ce livre prouvera qu'Anna Tyszkiewicz voyait dans ce monde autre chose que les plaisirs et les futilités, — la moquerie ou le sarcasme. Ces *Mémoires* feront beau jeu de la réputation de malveillance que certaines personnes mal informées se plaisent à prêter à Mme Potocka.

Aux qualités de l'esprit elle joignait les qualités du cœur, — et chez elle bien rarement les unes nuisent aux autres. Il y a un merveilleux équilibre en cette nature d'élite. Mettant à part les figures historiques, qui appartiennent au domaine public, on peut dire que la comtesse n'a aucun mot blessant à l'adresse des personnes qu'elle n'aime pas; — elle laisse plutôt deviner ses antipathies, elle n'insiste pas, elle glisse respectueusement. Si parfois elle fait de l'esprit aux dépens des autres, ce n'est pas pour l'amour de l'art, ce n'est point par manque de cœur. Prenons, par exemple, le portrait de la princesse maréchale Lubomirska. Mme Potocka ne pardonne pas à la grand'mère de son mari de connaître le siècle de Louis XIV mieux que les événements qui ont bouleversé la Pologne; elle lui reproche de vivre en étrangère dans le château de Lançut et de rester insensible aux malheurs politiques de sa propre famille. La princesse maréchale, fidèle aux Bourbons, détesta Bonaparte et porta le deuil du duc d'Enghien, qu'elle n'avait sans doute jamais vu; — ce sont des travers, soit, mais il n'était pas permis à une Polonaise de 1794 de renier sa patrie. C'est, en somme, tout ce que veut dire l'auteur de ces *Mémoires*.

Si, en parlant de la comtesse Mniszech, Mme Potocka nous révèle les petitesses de caractère de cette vaniteuse, c'est par respect de la vérité. Quoi de plus ridicule et de plus incorrect, en effet, que les prétentions de cette petite-nièce de Stanislas-Auguste? Peut-on réclamer les prérogatives des princesses du sang, parce qu'on descend d'un roi électif, d'un roi républicain, qui occupe un trône auquel pouvaient prétendre tous les gentilshommes du pays?

Quoi qu'il en soit, l'occasion est peut-être bonne pour rappeler ce mot de Sainte-Beuve : « On peut juger un homme public, mort ou vivant, avec quelque rudesse; mais il me semble qu'une femme, même morte, quand elle est restée femme par les qualités essentielles, est un peu notre contemporaine toujours. » Cette phrase s'applique fort justement à la comtesse Potocka, et même aux femmes dont nous venons de parler, car il n'y a aucune *rudesse* dans les pages qui leur sont consacrées.

III

Plusieurs grandes passions dominent la longue existence de la comtesse. D'abord le patriotisme, qui se traduit par un amour ardent de la Pologne. Et c'est un patriotisme d'une qualité assez rare.

Ce que l'auteur dit de Stanislas-Auguste en est la preuve. La petite-nièce rend justice aux qualités du grand-oncle, mais elle aime trop la sincérité pour passer sous silence les reproches qu'on doit adresser au Roi. Elle dira : « La nature, si prodigue envers l'homme privé, avait refusé au monarque ce qui seul fait régner : la force et la volonté. » Ici la Pologne est en jeu, le manque d'énergie de Stanislas-Auguste a été l'une des causes multiples des malheurs du pays ; — aussitôt le grand-oncle disparaît devant l'homme politique.

A propos de Krasinski, en 1813, ne dira-t-elle pas aussi, faisant preuve d'un même courage : « Généralement le caractère des Polonais est un composé de deux extrêmes : un patriotisme, une noblesse, un désintéressement sans bornes, ou une forfanterie, une ambition, une vanité sans frein. »

Il faut l'avouer, il est difficile de trouver une aussi grande largeur d'esprit, surtout chez une femme. Et, à côté de ces exemples de patriotisme pondéré qu'il fallait signaler, que d'admirables élans lorsque la comtesse parle de l'armée, de l'aristocratie, du désintéressement de toute la nation, des femmes envoyant leurs bijoux et leur argenterie à la Monnaie, lorsqu'elle nous dit que ceux qui en 1812 ne portaient pas d'uniformes n'osaient se montrer dans les rues de Varsovie, car ils risquaient d'être insultés par les gamins! C'est en raccourci l'histoire de ces dévouements sublimes qui plus tard, en 1830, en 1848, en 1863, se sont reproduits; — on ne tue pas une nation (1).

Ah! s'il était besoin de réveiller ces sentiments *nationaux* dans toutes les âmes polonaises dispersées aux quatre coins du globe, ces *Mémoires*, mieux que d'autres livres, apprendraient à aimer et à plaindre la Pologne!

Ce patriotisme de la comtesse se confond avec l'admiration que lui inspire l'Empereur, sur lequel on fondait tant d'espérances. Dans presque tous les chapitres de ces *Mémoires* éclate et brille la gloire de Napoléon, mais nulle part comme dans ce passage où il est question du duc de Berry et du projet de mariage de ce prince avec Anna Tyszkiewicz. « J'étais élevée, dit-elle, au milieu des détracteurs du grand homme, mais mon admiration souvent contenue par la crainte de dé-

(1) MICHELET : *La Pologne martyr.*

plaire n'en devenait que plus vive. Comment aurais-je pu concilier des sentiments de cette nature avec une destinée semblable à celle qui m'avait été offerte? Comment sauter de joie à la nouvelle des victoires de Napoléon, étant la femme d'un Bourbon! »

Ce culte enthousiaste ne se démentit jamais, encore que l'Empereur n'ait pas fait ce qu'on attendait de lui en 1807, lors de son séjour à Varsovie; on se flattait qu'il rendrait à la Pologne son indépendance et que, tout en se servant de ses *fidèles* et *courageux* Polonais, si braves, si admirables à Somo-Sierra et à Leipsick, il n'oublierait pas tout ce qu'il leur devait. Mais le triomphe impérial ne dura pas assez longtemps, et les plus fervents patriotes n'eurent pas le courage de reprocher à l'exilé de Sainte-Hélène de n'avoir pas tenu ses promesses. C'est sans nul doute ce sentiment de pure abnégation qui explique l'indulgence générale. Et ne doit-on pas voir dans l'aveu que nous fait la comtesse une discrète allusion à cet état d'âme bien douloureux :

« Nation aimable autant que spirituelle, dit-elle en parlant de la France, délicieux pays! Si j'avais à recommencer cette pénible tâche qu'on *appelle la vie,* c'est Française que je voudrais renaître!... Non, je ne renie pas ma patrie, le ciel m'en préserve! Plus elle est opprimée, plus elle a de droits à être chérie de ses enfants. Mais si on avait le choix, avant de s'être engagé, ne serait-il pas permis d'améliorer son sort, *afin d'échapper à tant d'espérances déçues, à tant de malheurs irréparables!* »

Non, je ne renie pas ma patrie, dit-elle, et en effet cette page — il ne faut pas s'y tromper — respire le plus pur patriotisme polonais.

Des sentiments d'une autre nature se révèlent dans ces *Mémoires:* — à côté de l'ardente Polonaise et de l'admiratrice de Napoléon il y a aussi la femme. Il serait indiscret de soulever le voile transparent qui cache à demi le roman de la comtesse. Les confidences qu'elle nous fait doivent nous suffire. On trouve, dans un poème qui était fort à la mode en 1806, certains vers dans lesquels Anna Tyszkiewicz et Charles de F.....t se sont reconnus :

> C'est la pure amitié, tendre sans jalousie.
> Des hommes qu'elle enchaîne elle charme la vie;
> Mais auprès d'une femme elle a plus de douceur;
> C'est alors que d'amour elle est vraiment la sœur,

> C'est alors qu'on obtient ces soins, ces préférences,
> Ces égards délicats, ces tendres complaisances
> Que les hommes entre eux n'ont jamais qu'à demi ;
> On a moins qu'une amante, on a plus qu'un ami (1).

Pourquoi ne pas admettre que cette amitié-passion ait été très sincère et que la devise du portrait envoyé à Charles de F.....t par la comtesse, devise empruntée à ces alexandrins de Legouvé, ait été l'expression même de la vérité ?

Ces relations, qui dataient de 1806, ne furent jamais interrompues, et quand, soixante ans plus tard, Anna Tyszkiewicz mourut, ce fut l'ami au visage lamartinien qui vint lui fermer les yeux en lui disant : « Adieu, chère amie, ou plutôt au revoir ! »

La comtesse eut aussi l'amour des arts. Le charmant portrait qui sert de frontispice à ce volume nous la montre dans une attitude favorite ; on dirait une *illustration* de ce passage des *Mémoires* : « Paresseuse pour tout ce qui ne tenait pas aux aux choses de l'imagination, j'aurais volontiers dessiné toute la journée. » Ce fut son beau-père, le comte Stanislas Potocki, qui développa en

---

(1) LEGOUVÉ, *Mérits des femmes.*

elle ce goût inné, — et la belle galerie de Willanow fut l'école à laquelle elle se forma et apprit à admirer et à comprendre les chefs-d'œuvre de la peinture.

Il est intéressant de suivre la comtesse dans les ateliers à la mode, — chez David, chez Girodet, chez Gérard, où elle va voir le portrait de Mme Walewska qui occupa tout Paris. On note au passage des critiques qui, pour être devenues banales, n'en étaient pas moins fort audacieuses au commencement du siècle, cette phrase entre autres : « Un peintre habile doit faire en sorte que ses portraits soient des tableaux. »

Le jour de sa présentation à l'Empereur, en 1810, la comtesse eut une distraction qui montre encore combien était vif son amour du beau. Malgré son trouble, elle eut le courage de lever les yeux et de regarder une *Sibylle* de Guerchin qui se trouvait au-dessus du bureau de Napoléon ; la curiosité l'emportait sur la timidité. Ce petit incident valut à la comtesse un mot d'introduction auprès de Denon, et nous vaut à nous le chapitre curieux de ses *Mémoires* où elle nous parle d'une façon tout à fait amusante de l'aimable et galant directeur du Louvre en 1810.

Nous voyons encore avec quelles délices la comtesse s'occupe de ses résidences, et particulièrement de Natoline et de Jablonna. Comme tant de grandes dames alors, — comme la princesse Isabelle Czartoryska, pour ne citer que la plus connue, — elle est architecte à ses heures et travaille à l'embellissement de ses châteaux et de ses jardins (1). Elle va jusqu'à nous dire : « Lorsque nous manquions d'argent, je vendais mes diamants afin d'acheter du marbre et du bronze... » Et elle ajoute : « Heureux temps où mes insomnies n'avaient jamais d'autre cause que le trop-plein de mon imagination !... Avec quelle impatience j'attendais le jour pour jeter sur le papier les idées que le calme de la nuit avait fait germer ! »

Et n'oublions pas un dernier trait qui complète la physionomie de la comtesse et fait d'Anna Tyszkiewicz une grande dame accomplie, — disons un mot de sa culture littéraire.

Ses lectures sont fort intéressantes à noter : l'antiquité est représentée par Homère, l'*Iliade* fut dès son enfance son livre de chevet, — puis elle

---

(1) La comtesse habita aussi le château de Zator, en Galicie, mais après 1820. C'est à Zator qu'elle est enterrée, auprès de son second mari, le comte Dunin Wonsowicz.

lit Shakespeare, le Tasse, Richardson, et tous les classiques français, — Racine surtout ; — elle connaît Rousseau par une citation du *Génie du christianisme* et s'empresse d'aller en cachette chercher la *Nouvelle Héloïse* dans la bibliothèque de Bialystok ; elle « dévore » *Corinne,* dès l'apparition de ce livre, en 1807, *Corinne,* pour laquelle elle aura toujours une prédilection marquée et qu'elle se faisait relire (1) encore dans les dernières années de sa vie.

Sans revenir sur cette faculté d'assimilation qui permit à Mme Potocka d'écrire en un français non pas seulement correct, mais personnel, vivant et hardi, on peut faire remarquer que tout ce qu'il y a de nouveau et d'imprévu dans son style tient au merveilleux sens littéraire qu'elle possédait autant qu'à son esprit naturel. Elle forge des expressions qui ont quelque chance de passer dans la langue; lorsqu'elle nous raconte que de Pradt traitait Mme Walewska en « *fac-simile d'impératrice* », quoi de plus français que cette façon de dire? Elle appelle les Murat et les Borghèse les *princes dits du sang;* elle nous montre Mme Da-

(1) Par ma sœur Léocadie, qui fut dame de compagnie de la comtesse de 1862 à 1867.

vout *ne perdant jamais de vue le maréchalat;* elle trouve que Mme Walewska, en 1812, à son retour de Paris, a pris un *aplomb modeste!...* Dans tout cela il y a plus que de la finesse, il y a le *don* de l'écrivain. Ce don se décèle dans maints passages, dans cette phrase sur les fiançailles : « Nous nous retrouvions à cet âge heureux où le temps, après avoir mis la dernière main à son ouvrage, semble s'arrêter, comme pour en jouir, quitte à se dédommager plus tard de ce moment d'arrêt... »; et dans ces quelques mots sur le prince de Ligne : « Si on l'avait vu courir après la gloire, c'est qu'elle lui promettait de nouveaux succès, et qu'on est parfois bien venu d'écrire un billet doux sur une feuille de laurier. » Mais c'est dans le portrait de Pauline que la comtesse se surpasse :

« La princesse Pauline Borghèse offrait le type de la beauté classique, celle qui se retrouve dans les statues grecques. En dépit de tout ce qu'elle faisait pour hâter les *outrages du temps,* le soir, moyennant un peu d'art, elle enlevait encore tous les suffrages, et pas une femme n'eût osé lui disputer la *pomme* que lui décerna Canova après, disait-on, l'avoir *contemplée sans voiles.* Aux traits les plus fins, ainsi que les plus réguliers qu'il soit possible d'imaginer, elle joignait des formes admirables *et trop souvent admirées*. Grâce à tant de charmes, son esprit passait inaperçu ; on ne parlait que de ses galanteries, et certes il y avait matière à longs discours. »

Il n'y a pas là un détail qui ne soit connu, et cependant il y a dans ce portrait une sûreté de dessin, une délicatesse de touche qui renouvellent, pour ainsi dire, la physionomie de la célèbre Pauline. C'est un portrait qui est un tableau, pour nous servir d'une expression de la comtesse elle-même.

IV

Et ce charmant portrait n'est pas isolé. De nombreux personnages passent devant nos yeux, leurs attitudes se dessinent en un singulier relief, et leur être intérieur est finement analysé.

Parlons d'abord des portraits intimes. Voici Mme de Cracovie :

« Simple et modeste dans ses goûts, quoique noble et grande dans ses actions, elle dépensait en bienfaits les sommes énormes que son mari prodiguait en fêtes et en plaisirs de tout genre. Soutenant avec dignité le rang que sa naissance et sa fortune lui assignaient, elle dérobait à un luxe superflu les nombreux secours qu'elle ne refusa jamais à l'indigence et au malheur. Personne sur cette terre n'a jamais mieux laissé croire à la *possibilité* de la perfection, si généralement contestée. Pieuse sans bigoterie, bonne sans faiblesse, fière et douce, ferme mais sensible, bienfaisante sans ostentation, généreuse avec désintéressement, elle possédait toutes les qualités qui font aimer la vertu. Peut-être son esprit n'eût-il point suffi à une autre; mais on ne saurait cependant écrire avec plus de grâce, s'exprimer avec plus de distinction, faire les honneurs de sa maison avec plus de noblesse et s'occuper avec une bonté plus active de tous ceux qui vivent autour de soi. »

Combien il y a de tendresse dans ces lignes, et aussi combien de vérité! Mme de Cracovie méritait cette place d'honneur dans les *Mémoires* de sa petite-nièce.

Fille de Stanislas Poniatowski, l'ami de Charles XII, deuxième sœur du roi Stanislas-Auguste, Isabelle Poniatowska avait épousé à dix-huit ans (en 1748) le comte Branicki, seigneur de Bialystok, grand général, hetman de la couronne et castellan de Cracovie. Mariage politique s'il en fut. Les princes Czartoryski, oncles et cousins de la jeune fille, avaient favorisé cette alliance qui, suivant l'expression de Rulhière « ajoutait un nouveau lustre à leur crédit ». Ils avaient espéré qu'Isabelle gouvernerait Branicki et réduirait à néant les prétentions du grand général au trône électif de Pologne, et qu'ainsi ils éloigneraient un rival. Mais ils ne prévoyaient pas que Branicki déjouerait tous leurs calculs et se mettrait à la tête d'un parti. Ces factions assurèrent la royauté à Stanislas-Auguste. Aussi bien cette union ne satisfit personne, ni ceux qui l'avaient conseillée, ni ceux qui l'avaient contractée. Mme de Cracovie fut toujours regardée comme une victime. En 1764, le roi Stanislas-Auguste écrit à Mme Geoffrin à propos de son beau-père Branicki : « Sa femme est ma sœur, et je voudrais que vous connaissiez encore celle-là. Un bel esprit l'a comparée à Octavie, parce que son mari a visé à la couronne que je porte. Au moins elle en a la douceur et la vertu. Malgré l'extrême tendresse qu'elle me porte, elle a fait tout ce qu'elle a pu pour son mari, qui l'a durement chagrinée de toutes les façons depuis quinze ans qu'ils sont mariés. »

L'Anglais William Coxe, dans son *Voyage en Pologne,* consacre plusieurs pages à Mme de Cracovie et au château de Bialystok. Il fut invité à dîner par la comtesse Branicka. « Ses manières aimables, dit-il, son affabilité, sa conversation aisée et animée, nous persuadèrent toujours plus que la bonté et l'esprit sont les dons naturels de la famille de Poniatowski. » Mme de Cracovie conduisit elle-même son hôte dans tous les appartements du château, dont « la grandeur et la magnificence ont fait donner à Bialystok le nom de Versailles de la Pologne ».

Parmi les autres « intimités », il faut citer Mme Sobolewska, à propos de laquelle la comtesse nous parle, avec tact et discrétion, des sentiments que lui inspira d'assez bonne heure sa mère, la comtesse Tyszkiewicz. Mme Sobolewska est cette amie, jeune ou vieille, qui est un des rayonnements de l'existence de toute femme un peu exaltée. La comtesse eut la joie de trouver en elle la consolation d'une amitié vraie; elle sentit auprès de Mme Sobolewska le charme de cette sympathie mutuelle si bien comprise par le poète :

Mon cœur me l'avait dit : toute âme est sœur d'une âme.
Le monde peut en vain un temps les séparer,
Leur destin tôt ou tard est de se rencontrer ;
Et quand ces sœurs du ciel ici-bas se rencontrent,
D'invincibles instincts l'une à l'autre les montrent.

Et comment passer sous silence ce délicieux chapitre sur ces émigrés français réfugiés à Bialystok, ces Bassompierre qui se font passer pour des appuis du trône et que Louis XVIII ne connaît pas ! Cette histoire vraie a un air de comédie à surprises ; — on en pourrait tirer un petit acte *ad usum puellæ*, — le scénario est tout prêt.

Les portraits historiques offrent une plus grande variété. A côté de plusieurs jolies silhouettes de l'Empereur qui consoleront les admirateurs de Napoléon de la gravure à la manière noire burinée par Mme de Rémusat, nous avons un grand-duc de Berg en pied, panache compris, un Murat don Juan qui, rebuté par la comtesse, dira, avec son accent du Lot, ce mot délicieux : « Madame Alessandre, vous n'êtes pas ambitieuse, vous n'aimez pas les princes ! » Ici un Narbonne jouant les Céladons, et un Davout en bras de chemise qui fait pendant au Davout de Thiébault ; là un prince de Ligne très authentique, et un admirable Joseph Poniatowski. La galerie est complète, et dans tous ces croquis il y a au moins quelque nouveauté; — je ne sache que la *raideur* d'Alexandre I" ait jamais été aussi exactement observée, cette raideur du plus serré des uniformes qui « donnait à l'Empereur l'aspect d'un charmant officier plus que celui d'un jeune monarque ». Et où trouverait-on des renseignements aussi précis sur les yeux *discords* de Novosiltzoff, sur ces yeux dont l'un flattait et dont « l'autre scrutait au plus profond de l'âme la pensée qu'on cherchait à lui dérober »? Le grand-duc Constantin, dont la sauvagerie de moujik et la pusillanimité sont indiquées avec vigueur, et Mme Zaïonczek, « moitié ministre, moitié Ninon, moins la publicité », ne sauraient être oubliés dans cette énumération, pas plus que le prince Adam Czartoryski, qui est jugé avec une grande impartialité; pleine justice est rendue à son admirable dévouement et à ses hautes qualités morales.

Talleyrand a évidemment posé devant bien des objectifs, mais il est tout entier dans cette visite qu'il s'avise de faire à la comtesse quand il apprend qu'elle a dîné à Saint-Cloud avec l'Empereur. De Pradt est moins connu, et le moment était bien propice, alors qu'il était « magnifique ambassadeur (1) », pour faire de lui un portrait qui ne pouvait être qu'une caricature admirable, étant donné le talent de la comtesse Potocka. Le récit du dîner (à Natoline) est une vraie scène de Molière, — quelque chose comme le *Bourgeois ambassadeur* ou le *Gentilhomme bourgeois*. On voit arriver Monseigneur traîné pas ses gros andalous, et on l'entend débiter son chapelet de vieilles anecdotes. Un repas succulent lui est servi; il s'en étonne, il croit sans doute à tout ce qu'a inventé Philippe Desportes, le poète de Henri de Valois, dans son *Adieu à la Poloigne*... « Il en dit tant, raconte Mme Potocka, que je lui déclarai que mon chef était *Français!* Sa surprise fut extrême, — il ne cessa de m'accabler de questions. — Son nom? — le lieu de sa naissance? — l'école à laquelle il avait étudié! J'ignorais tous ces détails; aussi eus-je l'idée de faire appeler l'artiste lui-même. Les jeunes gens de l'ambassade, honteux de cette

(1) On trouvera dans le premier volume des *Souvenirs du duc de Broglie* quelques pages trop discrètes sur de Pradt en 1812, et sur la société polonaise.

petite scène passablement ridicule, en souffraient visiblement. »

Quelle charmante leçon de bonnes manières et de savoir-vivre!

La famille impériale est fort agréablement représentée, comme on a pu s'en rendre compte par le portrait de Pauline; voici encore l'un des frères de Napoléon, le jeune roi de Westphalie, qui, à Varsovie, joue « à la couronne, comme les enfants jouent à la madame », et veut faire comprendre aux Polonaises qu'elles n'ont *rien à refuser au frère de l'Empereur*. Marie-Louise est cruellement et justement montrée dans toute sa laideur et dans toute sa gaucherie tudesque.

On verra aussi la foule parisienne, les groupes serviles des *ralliés,* la cour qui, « si magnifique de loin, perdait à être vue de près... On eût cru assister à une répétition où les acteurs venaient essayer leurs costumes et répéter leurs rôles. Ce mélange singulier aurait prêté à rire, si le personnage principal n'avait inspiré une sorte de respect et de crainte qui faisait disparaître l'idée du ridicule, ou, du moins, en paralysait l'effet. »

Il y a tout cela dans ces *Mémoires,* et cinquante autres traits. Nous n'avons donné que des indications forcément sommaires; le lecteur aura ainsi le plaisir de découvrir lui-même dans le volume plusieurs passages qui ne lui auront pas été signalés particulièrement. Il verra avec quel talent la comtesse présente non seulement les êtres et les choses, mais encore les caractères individuels ou collectifs, mettant dans ses observations autant d'esprit que de profondeur, — présentant ses personnages avec une sobriété que ne dédaigneraient pas nos romanciers les plus stendhaliens.

Disons enfin que l'auteur a le droit de parler de sa véracité; ces *Mémoires* pourront, sans perdre de leur valeur, être confrontés avec les récits historiques. Parfois la comtesse se laisse entraîner par une sorte d'illusion patriotique, comme lorsqu'elle parle des dispositions des différentes puissances au congrès de Vienne, dispositions qui n'étaient pas aussi unanimement favorables à la reconstitution de la Pologne que Mme Potocka le dit; — elle a confondu son rêve avec la réalité. Ailleurs elle est d'une précision remarquable : aucun des détails qu'elle donne sur le dîner à Saint-Cloud chez l'Empereur n'est fantaisiste. Ses yeux d'étrangère ont même remarqué des choses qu'on n'avait pas encore notées avec autant d'exactitude. Ces qualités sont précieuses. Sur certaines périodes, comme le séjour des Français à Varsovie de 1806 à 1812, les renseignements que nous avions jusqu'ici étaient fort succincts, et, bien qu'on ne puisse guère vérifier les renseignements que nous donne la comtesse, on est porté à les accepter comme vrais, — son respect de la vérité étant une suffisante garantie.

Ce livre délicat et captivant satisfera donc autant les psychologues que les lecteurs oisifs, — ceux qui cherchent simplement à se distraire; — il satisfera même les historiens, qui trouveront à y glaner maints petits faits ignorés ou peu connus.

V

Quand je vis, en 1863, la comtesse Potocka, — alors comtesse Wonsowicz, — ravagée par l'âge, étendue sur une chaise longue de damas bleu clair, dans son salon de la rue d'Astorg, où se réunirent tant de gens célèbres de la société du second Empire, je fus frappé de l'éclat de ses yeux, qui avaient gardé quelque chose de leur jeunesse. En terminant ce travail, je les revois ces yeux si beaux, si expressifs, et je comprends pourquoi il y a tant de charme et tant de vie dans certaines pages de ce manuscrit jauni par le temps que de pieuses mains m'ont confié (1).

(1) Mme Pauli, de Sieldce, a bien voulu me prêter le manuscrit original de ces *Mémoires;* qu'elle trouve ici l'expression de toute ma reconnaissance.

Casimir STRYIENSKI.

Décembre 1896.

Je n'ai pu nommer, dans l'Introduction ou au bas des pages du volume, toutes les personnes qui m'ont aidé dans ma tâche délicate d'éditeur. Je tiens cependant à adresser aussi mes remerciements à Mme la comtesse Alfred Potocka, née princesse Sanguszko, petite-fille de l'auteur de ces *Mémoires;* à Mme la comtesse Thomas Stadnicka; à Mme la comtesse Adam Potocka; à Mme la comtesse Xavier Branicka, de Willanow; à Mme la baronne de Saint-Prégnan de Chazelles; à Mme la comtesse Henri du Pont de Gault-Saussine; à M. le comte François de Nion; à M. Frédéric Masson; à M. C.-M. Gorski, délégué de l'Académie de Cracovie; à mon cousin, M. Gabriel Cottreau, et à M. Jules Lion, agrégé d'histoire, qui tous ont bien voulu s'intéresser à cette publication ou me fournir de précieux renseignements.

C. S.

MÉMOIRES
DE LA COMTESSE
POTOCKA-WONSOWICZ

PREMIÈRE PARTIE
SOUVENIRS DE JEUNESSE

I

LE CHATEAU DE BIALYSTOK.
(1794)

Pourquoi la comtesse écrit ses *Mémoires*. — La margrave de Baireuth. — Le dernier roi de Pologne. — Bialystok. — Madame de Cracovie. — Le 18 avril 1794. — Les belles dames au camp de Kosciuszko. — Massacre de Praga (4 novembre 1794).

C'était en 1812. Je venais de lire les singuliers Mémoires de la margrave de Baireuth (1), ceux dont la publication, au dire de Napoléon, équivalait pour la maison de Brandebourg à une seconde bataille d'Iéna, tant ils dévoilent de petitesses et de turpitudes.

J'étais alors fort jeune. L'envie me prit d'écrire

(1) Parus en 1812, 2 vol. in-8°, Paris. La margrave était la sœur du grand Frédéric.

mes souvenirs à mesure que j'avancerais dans la vie. En ce temps-là, on ne fabriquait pas encore des *Mémoires* à la douzaine. On écrivait plus ou moins franchement les *siens*. Il me sembla, sans trop de vanité, que j'étais en mesure de recueillir des matériaux plus intéressants que ceux avec lesquels la bonne margrave a construit son immortalité, et je me mis à l'œuvre.

N'est pas qui veut la sœur d'un grand homme; cela m'inquiétait parfois, — je comprenais fort bien qu'on venait chercher Frédéric II sous l'amas des grossières anecdotes (1).

Quoique issue de sang royal, soit dit en termes margraviaux, je n'avais *point reçu de soufflet;* il n'y avait jamais eu *de cheveux dans ma soupe,* et je ne m'étais jamais vue condamnée aux *arrêts forcés.* Au lieu d'une pauvre et sale principauté, nous habitions un des plus beaux châteaux (2) du continent, ce qui n'est ni aussi nouveau, ni aussi piquant que ce que la margrave raconte sur sa résidence (3). Mais, contemporaine du grand siècle,

---

(1) « Cette jeune femme a des crudités de Saint-Simon. » SAINTE-BEUVE, *Causeries du lundi,* XII, p. 330.

(2) Le château de Bialystok, en Lithuanie.

(3) Il faut citer au moins l'un des détails rapportés par la

je fondais mes espérances sur l'intérêt attaché à ces temps glorieux.

Écrire ses souvenirs sans parler de soi ne me semble guère possible; si l'on veut inspirer la confiance, ne faut-il pas commencer par se faire connaître?

Ma mère (1) était nièce du dernier de nos rois, Stanislas-Auguste Poniatowski. La noble figure de ce monarque, la dignité de ses manières, son regard doux et mélancolique, ses cheveux argentés et sa belle main légèrement parfumée, tout est encore présent à ma mémoire. L'époque à laquelle se rattachent ces souvenirs est celle de nos derniers malheurs (2).

Ma mère suivit le Roi à Grodno, où la faction

margrave : « Il y avait devant les fenêtres de ma chambre une galerie découverte de bois qui faisait la communication des deux ailes du château. Cette galerie était toujours remplie d'immondices, ce qui causait une puanteur insupportable dans mes appartements. » *Mémoires*, I, p. 60. « On ne se fait, dit Sainte-Beuve, aucune idée, quand on ne l'a pas lue (la margrave), de la grossièreté gothique et ostrogothique qu'elle nous démasque. » *Causeries du lundi*, XII, p. 330.

(1) Constance Poniatowska, 1756-1830, mariée en 1775 à Louis, comte Tyszkiewicz. Elle était fille du frère aîné du Roi, Casimir Poniatowski, grand chambellan de la couronne (1721-1800).

(2) Troisième partage de la Pologne (1794).

russe l'avait forcé de se rendre, lors du troisième partage. Là, d'une petite chambre, dans laquelle on m'avait logée avec ma gouvernante, j'apercevais tous les matins ce cortège royalement esclave. Les gardes russes à figures plates et décolorées, dont le knout fait des mécaniques ambulantes, effrayaient à tel point mon imagination enfantine qu'il fallait toute l'autorité de ma mère pour me forcer à franchir le seuil de la porte, et encore ce n'était jamais sans résistance et sans pleurs.

Un morne silence régnait dans ce château où la famille se trouvait réunie pour dire un dernier adieu à l'infortuné auquel, après l'avoir couronné, Catherine avait imposé des chaînes. Emmené à Pétersbourg, il y expia dans une lente et cruelle agonie (1) les fautes que l'Impératrice lui avait fait commettre, et dont elle sut profiter avec un machiavélisme dont l'histoire offre peu d'exemples.

Dans d'autres circonstances, Poniatowski eût occupé dignement le trône. Son règne fait époque dans les annales de la science. Il ranima en Pologne le goût des arts et des lettres qu'avait étouffé la domination des électeurs de Saxe, dont l'abru-

(1) Stanislas-Auguste mourut à Pétersbourg le 12 février 1798.

tissement produisait une réaction funeste sur tout le pays...

Lorsque Auguste buvait, la Pologne était ivre !

Stanislas, au contraire, ne se plaisait qu'à des occupations nobles et utiles : ses loisirs furent en grande partie consacrés aux savants et aux artistes (1). A une instruction solide et variée il joignait un esprit plein de charme et un goût exquis. Parlant avec facilité les langues mortes et les langues des pays dans lesquels il avait voyagé, il possédait à un haut degré le talent de captiver son auditoire et l'art d'adresser à ses interlocuteurs les paroles qui pouvaient le mieux flatter l'orgueil national ou la vanité personnelle de chacun. Son cœur était grand et généreux; il pardonnait sans réserve, et ses bienfaits allèrent souvent un peu trop loin. Mais la nature si prodigue envers l'homme privé avait refusé au monarque ce qui seul fait régner : la force et la volonté (2).

---

(1) Voir à ce sujet l'intéressante *Correspondance de Stanislas-Auguste et de madame Geoffrin*, publiée en 1875 par M. Charles DE MOUY, et le curieux article du comte Pierre de Ségur : Voyage de madame Geoffrin en Pologne, *Revue de Paris*, 15 décembre 1895.

(2) Cette page fait le plus grand honneur à l'auteur de ces

Lorsque le Roi fut parti, nous retournâmes à Bialystok, — c'est là qu'habitait ma tante, madame de Cracovie (1). Elle était veuve du comte Branicki, castellan de Cracovie, et sœur du roi Stanislas-Auguste Poniatowski. Son mari avait joué un rôle marquant dans la Confédération de Bar (2); en 1764, il fut porté sur la liste des pré-

Mémoires; la comtesse Potocka-Wonsowicz n'a pas craint, tout en défendant l'homme privé, de montrer les faiblesses d'un roi dont elle était la petite-nièce.

(1) Isabelle Poniatowska, femme du comte Jean-Clément Jaxa Branicki, hetman de la couronne, castellan de Cracovie; née en 1730, elle mourut à Bialystok en 1808. Voir plus loin, 2ᵉ partie, ch. VIII.

(2) La *Confédération* était, en Pologne, une très ancienne institution politique. En cas de guerre intérieure (invasion de l'ennemi ou guerre civile) ou d'atteinte aux lois existantes, les gentilshommes de chaque palatinat se réunissaient pour sauvegarder leurs droits, même *manu militari*. Pendant une Confédération, l'autorité des pouvoirs exécutifs était suspendue. En somme, c'était une sorte de révolte légale.

La *Confédération de Bar* (1767-1772) fut proclamée de la ville de Bar en Podolie par un groupe de sénateurs et quelques centaines de gentilshommes, mécontents de l'avènement au trône du roi Stanislas-Auguste et de l'influence prépondérante de la Russie en Pologne. Cette Confédération déclara la guerre à la Russie et au gouvernement national soutenu par les armées russes. La France et l'Autriche favorisèrent cette insurrection et envoyèrent aux Polonais révoltés de l'argent et quelques officiers distingués, parmi lesquels Dumouriez, Kellermann, de Choisy, etc. La chute de Choiseul et les victoires remportées par les Russes

tendants au trône. Mais le parti de son beau-frère s'étant trouvé le plus fort, il se retira dans ses domaines, où il vécut en roi.

J'ai encore vu le château de Bialystok meublé avec une rare magnificence. Des tapissiers français, amenés à grands frais, y avaient apporté des ameublements, des glaces, des boiseries, dignes du palais de Versailles. Rien ne pouvait surpasser les vastes proportions des salons et des vestibules ornés de colonnes de marbre. Le château avait vu passer tout ce que la Pologne offrait de grands seigneurs et les voyageurs les plus distingués (1). L'empereur Paul, encore grand-duc, et sa femme s'y étaient arrêtés quelques jours, lorsqu'ils entreprirent (2) ce mémorable voyage qui occupa toute l'Europe. L'ordonnance des jardins et des parcs, le luxe des différentes serres, la beauté et la profusion des orangers, tout cet ensemble faisait de

---

sur les Turcs mirent fin à la Confédération, dont le résultat fut le premier partage de la Pologne. Les principaux chefs de la Confédération étaient Adam Krasinski, évêque de Kamieniec, le palatin Michel Krasinski, Joseph et Casimir Pulaski, Michel Oginski, etc.

(1) Voir Introduction.

(2) Sous les noms de comte et comtesse du Nord. Sur ce voyage, consulter les *Mémoires de la baronne d'Oberkich.*

ce lieu un séjour réellement royal. Du vivant de M. de Cracovie, deux troupes de comédiens, français et polonais, ainsi qu'un corps de ballet, entretenus à ses frais, abrégeaient par des spectacles variés les longues soirées d'hiver. Le théâtre décoré par un artiste italien pouvait contenir de trois cents à quatre cents personnes. Ce bâtiment tout à fait séparé du château se trouvait à l'entrée du parc aux daims. Je l'ai encore vu en assez bon état.

Tel était alors le genre d'existence que les grands seigneurs de l'*opposition* menaient chez eux. De mon temps, il n'en restait plus que les souvenirs que je me faisais raconter par des serviteurs centenaires.

La veuve du comte Branicki, simple et modeste dans ses goûts, quoique noble et grande dans ses actions, dépensait en bienfaits des sommes aussi énormes que celles que son mari prodiguait en fêtes et en plaisirs de tout genre. Soutenant avec dignité le rang que sa naissance et sa fortune lui assignaient, elle dérobait à un luxe superflu les nombreux secours qu'elle ne refusa jamais à l'indigence et au malheur.

Personne sur cette terre n'a jamais mieux laissé

croire à la *possibilité* de la perfection, si généralement contestée. Pieuse sans bigoterie, bonne sans faiblesse, fière et douce, ferme, mais sensible, bienfaisante sans ostentation, généreuse avec désintéressement, elle possédait toutes les qualités qui font aimer la vertu. Peut-être son esprit n'eût-il point suffi à une autre, mais on ne saurait cependant écrire avec plus de grâce, s'exprimer avec plus de distinction, faire les honneurs de sa maison avec plus de noblesse et s'occuper avec une bonté plus active de tous ceux qui vivent autour de soi.

Mes enfants, lorsque vous passerez par Bialystok, je vous demande une pensée pour elle et un souvenir pour moi. C'est là que s'écoulèrent les paisibles jours de ma jeunesse. Là fut décidé mon mariage, et là pour la première fois j'ai vu mourir!... Ma mère quittait rarement cette tante chérie, et je fus élevée sous ses yeux. Nous passions les hivers à Varsovie, et l'été nous retournions dans la belle habitation que je viens de décrire; mais à dater du jour où le Roi se vit traîné à Pétersbourg, sa sœur s'établit à la campagne et ne quitta plus son château. L'hiver de 1794 fut donc le dernier que nous passâmes en ville.

Je me rappelle parfaitement la révolution qui

mit fin à notre existence politique. D'un commun accord le commandement fut remis à Kosciuszko, qui défendit avec ardeur la plus sainte des causes.

Le 18 avril, nous fûmes éveillés par le bruit du canon et par une fusillade très vive (1). Mon père étant absent, et les domestiques ayant sur-le-champ couru aux armes, sans s'inquiéter de ce que nous deviendrions, il fallut réunir le conseil féminin, qui décida que le plus sûr parti à prendre était de se cacher dans les caves. Nous y passâmes toute la matinée sans savoir rien. Vers trois heures de l'après-midi, la fusillade ayant cessé dans notre quartier, le Roi nous fit dire de tâcher d'arriver au Château, qu'il habitait. Nous ne trouvâmes ni cochers ni laquais, et d'ailleurs une voiture eût circulé difficilement dans des rues encombrées de cadavres; nous fûmes obligées de traverser à pied tout le faubourg de Cracovie, où l'on s'était battu pendant plusieurs heures. La vue de ce champ de bataille où les Russes gisaient par centaines me glaça d'horreur!... Mais ce fut la seule

(1) C'était pendant la semaine sainte. Igelstrom, général russe, s'était proposé d'égorger les habitants de Varsovie pendant qu'ils seraient réunis dans les églises. Ce projet fut déjoué, les Russes furent momentanément chassés de la ville.

impression pénible que je ressentis : les balles perdues qui sifflaient au-dessus de nos têtes ne m'inquiétaient nullement.

Depuis ce jour jusqu'au massacre de Praga (1), nous ne quittâmes plus le château, la ville étant dans une fermentation perpétuelle. Tout ce qui se passa dans cet intervalle est entièrement effacé de ma mémoire. Je ne me rappelle que vaguement d'avoir accompagné ma mère au camp de Kosciuszko, où de belles dames, le petit bonnet sur l'oreille, traînaient des brouettes remplies de terre devant servir à construire des remparts. J'enviais leur sort, et mon cœur d'enfant battait déjà aux récits de nos victoires.

Matin et soir une bonne m'engageait à prier Dieu dévotement afin qu'il bénît nos armes. Je me prêtais de tout cœur à ce qu'elle me disait de faire, mais je ne comprenais pas bien au juste ce qui se passait, et pourquoi on devait tant en vouloir à ces jolis officiers russes que j'avais regardés plus d'une fois avec plaisir caracoler sur de beaux chevaux. Le massacre de Praga vint me l'apprendre, et mon cœur s'ouvrit de bonne heure à

---

(1) 4 novembre 1794.

des sentiments que j'ai transmis à mes enfants. Neuf mille habitants sans défense se virent égorgés dans l'espace d'une nuit, n'ayant d'autre refuge ni d'autre tombeau que leurs habitations réduites en cendres ! Le château du Roi étant situé au bord de la Vistule, qui seule nous séparait du faubourg de Praga, nous entendions distinctement les gémissements des victimes et les hourras des bourreaux. Il était même possible de discerner les cris et les pleurs des femmes et des enfants, des hurlements et des imprécations des pères et des maris qui mouraient en défendant ce que l'homme a de plus cher. Une obscurité profonde ajoutait encore à l'horreur de cette scène. Des tourbillons de flamme dont s'exhalait une fumée blanchâtre faisaient ressortir en silhouettes infernales des Cosaques qui, pareils à des fantômes sataniques, couraient à cheval çà et là, leur lance en avant, s'excitant par d'horribles sifflements à continuer leur œuvre meurtrière.

Quelques heures s'écoulèrent de la sorte ; après quoi on n'entendit plus rien que le fracas des poutres et des solives qui s'écroulaient. Plus de cris, ni de pleurs, plus de bruit d'armes, ni de trépignements de chevaux. Le silence de la mort planait sur le faubourg de Cracovie... et le nom de Souwaroff fut voué à l'exécration (1) !

(1) Le 7 novembre, Varsovie capitula, et en janvier 1795 le troisième et dernier partage de la Pologne était consommé.

II

LES ÉMIGRÉS ET LOUIS XVIII.
(1798)

Les Bassompierre à Bialystok. — Le comte. — Un poète de société. — Madame de Rigny. — Le pied-à-terre. — Souvenirs glorieux. — Arrivée de Louis XVIII. — Le désappointement des Bassompierre. — Projets de mariage entre le duc de Berry et Anna Tyszkiewicz. — Une admiratrice de Bonaparte. — Le comte Tyszkiewicz. — Sa noble et patriotique conduite. — Colère de Catherine.

Notre révolution avait suivi de près la révolution de France ; mais, entourés de trois ennemis puissants, nous eûmes le malheur de succomber, et les efforts les plus généreux, les dévouements les plus admirables n'aboutirent qu'au démembrement total de notre pays. Il n'en fut pas de même de la France, qui marche d'un pas ferme vers la gloire. Un seul point de comparaison s'établit : chacun de ces deux pays eut son émigration. En France, les nobles, les royalistes, le clergé. Chez nous, les patriotes, les victimes, les exilés. La France eut sa Vendée, et nous nos

Légions (1)! Moins heureux en tout, nous fûmes condamnés à aller verser notre sang sous un autre hémisphère.

A la fin du siècle dernier, la Pologne se trouvait encombrée d'émigrés français qui, pour la plupart, se disaient de grande maison et recevaient l'hospitalité qu'on leur offrait (avec empressement) comme s'ils eussent accordé une faveur. Madame de Cracovie avait toute la famille Bassompierre. Il en était d'abord venu un, puis deux, puis trois, et enfin toute la lignée maternelle et sempiternelle.

On n'avait pas l'air de faire grand cas de l'aîné de la famille; mais cependant, dès que l'occasion s'en présentait, on lui prodiguait le titre de *marquis*. Certes, le pauvre homme n'était pas taillé à la Moncade! Puis venait le *comte,* âgé d'environ cinquante ans, mari d'une jeune et assez jolie femme, qu'il avait épousée à cette époque de bouleversement général; dans toute autre circonstance, mademoiselle de Rigny (au dire des con-

(1) Les légions polonaises organisées dès 1794 par le général Dombrowski. — Voir sur l'héroïsme de ces légions le magnifique épisode de Somo-Sierra publié par M. Frédéric Masson, d'après la brochure de Niegolewski, dans *Aventures de guerre*, 1782-1809, 1 vol. in-4°, Boussod, Valadon et Cⁱᵉ, 1895.

fidents) n'aurait pu aspirer à un établissement aussi brillant! Le comte, petit, chétif, avec les cheveux en vergette bien poudrés, et la queue de rigueur comme signe de ralliement, n'était pas des plus agréables. Il avait un grand nez pointu, le regard sombre et une bouche pincée. On le traitait de bel esprit. Il citait les dates avec bonheur et faisait de petits vers passablement tournés. Chaque fois qu'il y avait un spectacle improvisé, une surprise à ménager, une fête à célébrer, nous allions lui demander des couplets. Il se faisait toujours prier et finissait toujours par nous livrer « ses enfants », tout en nous recommandant de ne point les *estropier*. Alors venaient les répétitions; c'était une affaire importante! Il fallait relever certains *mots heureux*, glisser sur une rime, appuyer sur un hémistiche!... Rarement l'auteur paraissait satisfait; il nous ennuyait mortellement.

La mère de la comtesse conservait des restes de beauté et paraissait fort avisée. Il n'était nullement prouvé qu'elle n'eût, par d'anciens *sacrifices*, préparé le *glorieux établissement de sa fille.* Un neveu de vingt-trois ans, auquel on aurait pu faire porter la blouse, et une petite fille charmante qui s'appelait Amélie, complétaient la famille. D'abord ils ne voulurent accepter qu'un modeste logement, et vinrent partager nos repas. Plus tard, on trouva l'appartement trop exigu et l'on s'aperçut qu'il ne suffit pas de dîner... il y a tant d'autres besoins *indispensables*. On se *résigna* donc à recevoir, *bien secrètement,* une assez forte pension. Au bout de quelques mois, on manifesta le désir de posséder *un pied-à-terre :* il est si doux d'être chez soi !... Aussitôt on obtint une jolie petite villa, à un quart de mille du château.

Un nouvel établissement demande bien des soins ! Le comte, *absorbé* par les intérêts politiques, ne pouvait ou ne voulait s'en occuper — la comtesse était si jeune ! elle ne savait comment s'y prendre ; — d'ailleurs, des étrangers risquent toujours d'être trompés ! La maman se chargea donc de laisser *deviner* à madame de Cracovie l'embarras où les jetait cet accroissement de bien-être. Aussitôt les ordres furent donnés, et le cottage mis en état de recevoir ses nouveaux hôtes. Rien n'y manqua : les appartements furent remeublés avec une élégante simplicité, les buffets garnis, le pigeonnier fut peuplé, le jardin ratissé, les sentiers furent sablés ; on pensa même à la remise et à l'écurie, vu qu'il fallait à la famille des moyens de transport pour se rendre au château. L'oncle était trop vieux, et Amélie trop jeune, pour qu'une course aussi longue ne les fatiguât point.

Tant de bienfaits accumulés sur une famille étrangère excitèrent l'envie, et si jamais pareil sentiment peut être excusable, il le fut, étant donnée la manière dont on acceptait ces bienfaits. C'étaient des comparaisons perpétuelles entre le passé et le présent, des allusions désobligeantes ou des regrets peu délicats. Si quelque nouveau venu complimentait nos émigrés sur l'arrangement de leur petite villa qui, réellement, était charmante, on lui répondait par un profond soupir, par un regard résigné, par quelques mots sans suite qui voulaient dire : *Ce serait bon pour d'autres, mais pour nous!...* Et puis l'on parlait des châteaux qu'on s'était vu forcé de quitter, de la vie délicieuse et splendide qu'on y menait! De là au maréchal de Bassompierre et à l'amitié qui avait uni le grand Roi et ce grand homme, il n'y avait qu'un pas; et, une fois sur ce terrain, c'était à n'y plus tenir! Les soupirs devenaient des sanglots, et les allusions des injures.

Ce fut pour les Bassompierre un contretemps

fâcheux que la visite de Louis XVIII, qui s'arrêta à Bialystok en allant à Mittau, où l'empereur Paul l'avait engagé à fixer sa résidence (1). Il voyageait sous le nom de comte de Lille. On lui avait préparé l'appartement destiné aux souverains. Il y fut installé avec tous les égards dus à sa naissance et au malheur. Madame de Cracovie s'avança jusqu'au salon d'attente pour le recevoir. Il parut très sensible à cet accueil et fit de grands frais d'amabilité. Je n'étais pas encore d'âge à le juger, mais il me plut, car il avait l'air tout bon et tout rond. Sa suite était peu nombreuse. Les rois détrônés n'ont guère de courtisans. Louis XVIII avait mieux que des flatteurs : il était accompagné d'un ami sincère et dévoué, le comte d'Avaray.

Nous étions fort curieux de voir l'accueil qu'il ferait à l'illustre famille exilée. Hélas ! ce fut là un de ces désappointements dont on a peine à se remettre ! *Le Roi ne les connaissait point !* pas plus le marquis que le comte ! pas plus la jeune

(1) Louis XVIII part de Blankenberg le 10 février 1798, le 16 il est à Bromberg, et dans les premiers jours de mars en Lithuanie; il arrive à Mittau le 13 mars. Voir sur ce voyage : *Les Bourbons et la Russie pendant la Révolution française*, par Ernest DAUDET.

comtesse que la vieille maman! Il traita même assez lestement ces appuis du trône qu'il n'avait jamais vus et qui n'avaient rien fait pour étayer la royauté chancelante. M. d'Avaray, surpris des airs que prenaient nos Bassompierre, se crut obligé de nous raconter ce qu'il en savait. C'étaient bien, à vrai dire, des Bassompierre, mais pauvres et dégénérés, n'ayant hérité que de l'orgueil de leurs souvenirs, au nombre desquels il fallait ranger ces châteaux dont ils parlaient sans cesse. La Révolution les avait enrichis. Ils n'avaient jamais possédé d'établissement aussi agréable que celui qui leur était offert par une généreuse hospitalité.

Ces éclaircissements ne changèrent en rien les procédés de madame de Cracovie; elle continua jusqu'à sa mort à combler ses hôtes de bienfaits. Toutefois la jeune comtesse profita de la leçon : — elle parla moins de Paris qu'elle n'avait *jamais vu;* s'abstint de rapprochements peu flatteurs entre le pays qu'elle avait été forcée de quitter, et celui où elle trouvait un si noble accueil. Désormais elle porta son linge sans plus oser se plaindre de *l'odeur du savon de Pologne;* et comme le Roi s'était récrié sur la bonne chère, chose à laquelle il était fort sensible, elle se crut libre depuis de ne plus faire la grimace en mangeant son potage.

Était-ce à la suite d'un projet éphémère ou simplement pour se rendre agréable et payer de cette manière la réception royale qu'on avait faite à son maître, je ne sais, mais, avant de quitter Bialystok, le comte d'Avaray proposa à ma mère de me marier au duc de Berry (1). Ne sachant trop que répondre, ma mère objecta ma grande jeunesse, s'engageant cependant à transmettre cette proposition à mon père, qui ne voulut pas en entendre parler. Il répondit à ma mère qu'un prince errant lui faisait toujours plus ou moins l'effet d'un aventurier; qu'il n'y avait nulle probabilité à ce que les Bourbons rentrassent jamais en France; que d'ailleurs une union qui, aujourd'hui, leur semblait peut-être désirable à cause des avantages de fortune, pourrait leur paraître plus tard impolitique et inégale; que d'ailleurs n'ayant qu'une fille, il préférait la marier à un noble polonais.

---

(1) Le duc de Berry n'était pas du voyage. « Quant au duc de Berry, Votre Majesté Impériale a approuvé qu'il allât embrasser son père dont il est séparé depuis quatre ans, avant de se rendre dans ses États. Il partira donc pour l'Écosse en même temps que je partirai pour Mittau, et viendra me rejoindre au printemps. » Réponse de Louis XVIII à Paul Ier en date du 27 janvier 1798. Voir Ernest DAUDET, ouvrage cité, p. 119.

Ce refus modifié et arrangé fut transmis à M. d'Avaray, qui s'en étonna plus encore qu'il n'en fut choqué. — Je n'appris que longtemps après cette singulière proposition, et j'ai pensé bien des fois, à mesure que les événements les plus extraordinaires se déroulaient sous mes yeux, à l'étrange situation dans laquelle je me serais trouvée. Déjà Bonaparte faisait retentir l'Europe du bruit de ses triomphes. Tant d'éclat et de gloire brillait au front du conquérant, tant de bonheur couronnait toutes ses entreprises, qu'il me semblait que je voyais apparaître Alexandre ou César. J'étais élevée au milieu des détracteurs du grand homme, — mais mon admiration souvent contenue par la crainte de déplaire n'en devenait que plus vive. Comment aurais-je pu concilier des sentiments de cette nature avec une destinée semblable à celle qui m'avait été offerte? Comment sauter de joie à la nouvelle des victoires de Napoléon, étant la femme d'un Bourbon?

Puisque j'ai parlé de mon père (1) et que j'écris principalement pour mes enfants, il est de mon devoir de leur faire connaître le noble caractère

(1) Le comte Louis Tyszkiewicz, maréchal et hetman de Lithuanie.

de leur aïeul. Lors du dernier partage, il se rangea parmi le petit nombre de ceux qui refusèrent de signer l'acte d'iniquité dicté par la Russie à l'abjecte Confédération dite de Targowica (1). A la suite de cette courageuse résistance, toute sa fortune fut séquestrée; mon père se soumit en silence aux rigueurs que lui avaient attirées sa fermeté et son patriotisme.

Quelques années plus tard, le grand-duché de Lithuanie envoya une délégation à Pétersbourg afin d'obtenir de la Czarine que l'ancien code pénal (*Statut Litewski*) fût conservé. La députation, se trouvant composée des seigneurs les plus riches

---

(1) Prononcez : Targovitza. Cette Confédération fut proclamée en 1792 (après la déclaration de guerre faite par la Pologne à la Russie) contre le gouvernement national et les réformes établies par la Constitution du 3 mai 1791, qui portaient atteinte aux privilèges de la noblesse en instituant l'hérédité du trône, l'égalité devant la loi, l'égalité des cultes, etc. Les chefs principaux de cette Confédération étaient Stanislas-Félix Potocki, les frères Kossakowski, Alexandre Sapieha, Séverin Rzewuski. La Confédération triompha, grâce à l'appui de la Russie, et paralysa les derniers efforts de la défense nationale. — Les deux notes sur la Confédération de Bar (p. 6-7) et sur Targowica ont été rédigées d'après les renseignements qu'a bien voulu me fournir un historien polonais distingué, M. J. Korzeniowski, délégué de l'Académie des sciences de Cracovie. Qu'il trouve ici l'expression de ma reconnaissance. (C. S.)

et les plus marquants du pays, fut reçue par Catherine avec les démonstrations qu'elle savait si bien prodiguer à ceux qu'elle désirait ranger parmi ses admirateurs. Sa cour était sans contredit une des plus brillantes de l'Europe. Les bals et les fêtes se succédaient. Les députés polonais se virent engagés par la gracieuse souveraine, *une fois pour toutes,* à ces splendides réceptions, et se crurent contraints de ne point manquer à une telle invitation. Mon père seul se borna à n'aller à la cour qu'autant qu'il y était obligé par les devoirs que lui imposait sa mission.

L'Impératrice, surprise et offensée de ce manque d'empressement, ne put s'empêcher de lui en marquer son mécontentement, et, l'apostrophant avec vivacité, elle déclara que seul il ne manifestait aucune curiosité de voir les beautés qui faisaient l'ornement de ses réunions. Loin de paraître interdit, mon père s'inclina profondément, comme s'il eût pris ce reproche pour une marque de bienveillance, et répondit à haute voix que, dans la position où se trouvait son pays, il n'était guère possible à un Polonais de dissimuler les impressions douloureuses qu'il éprouvait, et qu'à son avis il ne fallait jamais assombrir des fêtes brillantes en y apportant une tristesse invincible. La rusée Catherine, jugeant aussitôt l'homme qui avait osé lui répondre de la sorte, s'écria qu'elle n'admirait rien tant que l'indépendance et l'élévation des sentiments.

Puis elle ajouta :

— Je compatis comme femme à des malheurs qu'une politique sévère m'empêche de prévenir, en tant que souveraine.

Au moment de se retirer, elle ôta de sa ceinture une petite montre entourée d'émeraudes et l'offrit à mon père, lui demandant d'accepter ce souvenir comme une marque toute particulière de l'estime qu'elle lui portait, affectant de comprendre parfaitement et d'apprécier tout ce qu'il y avait de noble dans la conduite du comte Tyszkiewicz. Cette gracieuseté fut suivie de la levée du séquestre qui pesait sur les biens de mon père.

III

L'ASTROLOGUE.

(1802)

Mademoiselle Duchêne, lectrice de madame de Cracovie. — Vie de château. — Chateaubriand et Rousseau. — Charles XII. — Wolczyn. — L'astrologue suédois. — Il prédit le trône à Stanislas-Auguste. — Le bon vieux temps.

Il y avait au château une personne fort remarquable par son esprit, son instruction et sa prodigieuse mémoire. C'était mademoiselle Duchêne, lectrice de madame de Cracovie. Parisienne de naissance, elle avait d'abord été chez madame de Tessé (1), et y avait pris non seulement le ton et les manières de la bonne compagnie, mais encore recueilli quantité d'anecdotes curieuses. C'était une de ces personnes privilégiées qui n'oublient jamais rien, pas plus ce qu'elles ont lu que ce qu'elles ont vu ou entendu. On l'avait surnommée

(1) L'amie de la marquise de Créqui et de Necker. Il est de madame de Tessé, le mot bien connu : « Si j'étais reine, j'ordonnerais à madame de Staël de me parler toujours. »

l'Encyclopédie ambulante. Comme elle s'était liée avec ma gouvernante, je la voyais beaucoup, et je lui dois en grande partie le peu que je sais. Madame de Bassompierre, dont l'éducation avait été fort négligée, lui fut encore plus redevable que moi. Mademoiselle Duchêne se dévoua de tout cœur à la famille Bassompierre, dont les habitudes, le langage et même les défauts lui faisaient, pour ainsi dire, retrouver sa patrie.

Élevée au milieu de ces Français, je saisis instinctivement l'esprit de leur langue, et m'adonnai de préférence à leur littérature.

J'aimais de passion leur causerie tantôt spirituelle et futile, tantôt instructive et sérieuse, mais toujours enjouée, même au milieu des discussions les plus graves auxquelles la politique donnait lieu. Car c'étaient des Français d'autrefois qui, en somme, riaient de tout, et faisaient de la vie l'affaire la moins grave qu'ils pouvaient.

L'existence que nous menions était fort indépendante. Nous ne nous voyions guère que le matin. Chacun s'occupait à sa manière. Les uns travaillaient, les autres s'amusaient.

La tolérance de madame de Cracovie allait si loin que personne, pas même les proches, n'était obligé d'assister à la messe qui se disait tous les matins au château.

La cloche, vers trois heures, sonnait le dîner; c'était le signal de la réunion. Tous les soirs, excepté au milieu de l'été, il y avait lecture au salon de sept à neuf heures. On pouvait y assister, à condition toutefois de garder le silence. La lectrice n'était occupée que pendant ce court espace de temps, consacré par la châtelaine à se tenir au courant des journaux et des nouveautés littéraires. Lorsque celles-ci venaient à manquer, on relisait les classiques. C'est ainsi que je fis connaissance avec M. de Chateaubriand, qui réunissait tout à la fois les traditions classiques et l'esprit nouveau.

Le *Génie du christianisme* venait de paraître(1). Il est, hélas! deux choses impossibles à concilier : la morale et l'imagination. J'en préviens les mères qui voudront faire lire à leurs filles cette religieuse poésie. L'auteur y a inséré un passage de la *Nouvelle Héloïse* (2), celui où Julie se plaint du vide qu'éprouve le cœur après avoir épuisé les plus décevantes émotions de la vie. Je n'ai point oublié

(1) En 1802.
(2) Voir *Génie du christianisme*, III, ch. IV.

l'effet que produisit sur moi la prose harmonieuse de Rousseau. Je volai ce livre pour y retrouver ce passage; il me rendit triste et rêveuse. M. de Chateaubriand avait, je le comprends, les meilleures intentions, il voulait que ce vague besoin d'aimer tournât au profit de Dieu; mais, je le répète, cette citation est dangereuse pour les filles de quinze ans; elle produit un effet tout opposé à celui que l'auteur espérait.

La lecture finie, les portes s'ouvraient à tout venant, et l'on causait. Les vieillards racontaient, les jeunes écoutaient attentivement. Madame de Cracovie, fille aînée de Poniatowski (1), l'ami et le compagnon de Charles XII, avait recueilli de la bouche de son père des anecdotes intéressantes sur le héros suédois.

Jamais homme ne sembla doué de qualités plus propres à faire de grandes choses. Joignant à un corps de fer une âme de feu, rien ne pouvait ni l'étonner, ni l'arrêter. Il ne croyait pas aux obstacles physiques, et traitait les exigences et les faiblesses humaines de chimères puériles et de lâchetés volontaires. Un jour, les vivres man-

(1) « Poniatowski, infatigable agent du roi de Suède. » VOLTAIRE, *Charles XII*, liv. V. (Voir le Tableau généalogique.)

quaient; le Roi, qui chevauchait toujours à la tête de son armée, sauta tout à coup à terre, arracha une touffe d'herbe qu'il se mit à mâcher. Après un instant de silence :

— J'essayais la conquête du monde, dit-il à son fidèle compagnon, qui le regardait avec surprise. Si j'étais parvenu à nourrir mes troupes de cette manière, je sens que j'aurais sinon surpassé, du moins égalé Alexandre et César.

Il ne redoutait qu'une puissance au monde, celle de la beauté; une jolie femme pouvait seule se vanter de le rendre poltron,... elle le faisait fuir.

— Tant de héros, disait-il, ont succombé à l'attrait d'un beau visage ! Alexandre, que j'aime de préférence, n'a-t-il pas brûlé une ville pour plaire à une absurde courtisane ? Je veux que ma vie soit exempte d'une telle faiblesse, et que l'histoire n'y trouve pas cette tache.

On vint, un jour, lui dire qu'une jeune fille implorait sa justice en faveur d'un père aveugle et octogénaire, que des soldats avaient maltraité.

Le premier mouvement du Roi, si sévère sur la discipline, fut de courir vers la plaignante, afin d'apprendre par lui-même les détails du délit. Mais, s'arrêtant tout à coup, il demanda :

— Est-elle jolie ?

Et comme on lui assura qu'elle joignait à une grande jeunesse une beauté remarquable, il lui fit dire de se voiler, sans quoi il ne saurait l'entendre.

Combien je regrette de n'avoir pas eu dès lors l'idée d'écrire tout ce que j'entendais! Maintenant ce ne sont plus que des faits isolés qui se présentent à ma mémoire; alors, c'était l'histoire de toute une vie, le récit fidèle des incidents les plus curieux, des faits les moins connus qu'une personne avancée en âge et d'une rare exactitude transmettait encore palpitants à un auditoire attentif. Celle qui nous faisait, pour ainsi dire, toucher à ces temps reculés, tenait ces récits d'un témoin oculaire et les racontait avec une naïveté de langage, une précision de dates qui tenaient à ce qu'elle ne se serait jamais permis d'altérer un fait, d'omettre ou d'ajouter un incident : tant la vérité lui était chère, tant sa noble droiture avait d'influence jusque sur les moindres actions et sur les plus simples délassements de la vie.

Au temps de Charles XII, il y avait encore des astrologues de profession. Une anecdote de la jeunesse de ma tante se rattachait à ce genre de superstition.

Assise aux pieds de ma mère, je me pressais contre ses genoux avec un léger frisson, un battement de cœur difficile à contenir. Que cela ait été enfantillage ou crédulité, peu importe. Aujourd'hui même je n'en rougis pas et je conviens de tout le plaisir que j'éprouvais à avoir peur. Voici l'histoire de l'astrologue de ma bien-aimée grand'-tante; peut-être rencontrera-t-elle un lecteur impressionnable qui n'y sera pas indifférent, d'autant, je le répète, qu'il n'y a là aucune fiction.

A la mort de Charles XII (1), Poniatowski, qui lui avait été tendrement attaché, revint en Pologne; peu après, il épousa la princesse Constance Czartoryska (2) et s'établit avec elle dans sa campagne de Wolczyn (3). Élevé à la première dignité du pays, celle de castellan de Cracovie, dont son gendre (4) hérita après lui, il vivait honoré de ses

(1) En 1718.
(2) Le mariage eut lieu le 14 septembre 1720; Constance Czartoryska était la sœur du prince Adam-Casimir Czartoryski dont il sera question au ch. v.
(3) Sur Wolczyn, voir *Mémoires du prince Adam Czartoryski*, I, p. 4-5.
(4) Le mari de madame de Cracovie, l'hetman Branicki. Voir plus haut, p. 6.

voisins et chéri de sa famille, se reposant d'une existence agitée et des nobles travaux auxquels il avait consacré ses plus belles années. Il était déjà père de quatre enfants; au moment (1) où se passait le singulier incident que je vais rapporter, on attendait le cinquième. L'agitation qu'entraîne un événement de cette nature régnait au château, dont on avait, à dessein, éloigné les enfants, qui jouaient insoucieux dans la cour à se lancer des boules de neige, tandis que leur père, absorbé par l'inquiétude, fixait machinalement son regard sur les nuages de fumée qu'exhalait sa chibouque orientale.

Un bruit soudain vint l'arracher à cette vague préoccupation. C'étaient les enfants accourant tous à la fois; ils amenaient un étranger qui demandait à parler au maître de la maison.

Une bienveillance extrême et une exquise politesse étaient les qualités distinctives de M. de Cracovie, qualités qu'il a transmises à tous ses enfants, et particulièrement au roi Stanislas. A

(1) En 1732, les quatre enfants étaient : Casimir (1721-1800), grand-père maternel d'Anna Tyszkiewicz; François (1723-1758), chanoine de Cracovie; Louise (1728-1797), qui épousa le comte Zamoyski, palatin de Cracovie; Isabelle (1730-1808), madame de Cracovie, dont il est question plus haut.

la vue de l'étranger, l'inquiétude fit place à une vive curiosité. La mise extraordinaire et les façons distinguées de cet homme étaient bien propres à exciter l'attention.

M. de Cracovie l'ayant fait entrer au salon, on s'empressa de lui offrir des rafraîchissements. Dès que les domestiques se furent retirés, l'inconnu raconta très simplement qu'étant Suédois de naissance et astrologue de profession, il voyageait dans l'intérêt de la science; il désirait s'aboucher avec un rabbin célèbre qui demeurait à Kozieniec, petite ville située non loin de Wolczyn.

Quoique au fait des idées cabalistiques, grâce aux relations qu'il avait eues avec des Suédois, Poniatowski était inaccessible aux pratiques de ce genre. Il ne put réprimer un léger sourire.

— Ah! je vois que vous doutez du plus beau, du plus sublime des droits que l'homme se soit arrogés, celui de lire dans les astres, s'écria l'astrologue. Eh bien! pour vaincre votre incrédulité et vous laisser un souvenir de ma visite et de la reconnaissance que m'inspire l'accueil bienveillant que j'ai trouvé sous votre toit, je vais vous tirer l'horoscope de vos enfants.

Aussitôt toutes les têtes brunes et blondes

s'avancèrent, toutes les petites mains s'allongèrent, et le devin, après avoir demandé les renseignements les plus précis sur le jour et l'heure de la naissance de chacun des enfants, prédit aux filles les établissements les plus brillants et aux garçons la gloire militaire, les honneurs, les richesses.

A cet instant, le silence fut troublé par les cris du nouveau-né que la sage-femme venait présenter à son père; tous l'entourèrent.

L'astrologue, ayant jeté un coup d'œil rapide sur l'enfant, parut en proie à une nouvelle extase.

— *Je te salue roi des Polonais* (1), s'écria-t-il avec force, *je te salue roi dès aujourd'hui, tandis que tu ignores encore et l'élévation à laquelle tu es prédestiné, et les malheurs qui en seront la suite.*

Quelque armé que fût M. de Cracovie contre toute espèce de superstition, sa fille nous assura qu'il avait avoué plus d'une fois, bien avant que cette prédiction fût accomplie, qu'aux dernières paroles de l'astrologue, il s'était senti saisi d'un froid mortel.

Le roi Stanislas ne parlait jamais de cette pro-

(1) L'enfant était Stanislas-Auguste.

phétie, mais tous les aînés s'en souvenaient et la racontaient chacun à sa manière (1).

Combien enviable est la supériorité de caractère qui nous donne le droit, sans crainte du ridicule, d'avouer bonnement qu'il y a des choses qu'on ne saurait expliquer, surtout lorsqu'il est impossible de les nier !

Vive le bon vieux temps où l'on croyait à *tout !*

D'abord, on croyait à la Providence, et cela simplifie bien des choses ; puis on croyait au paradis, ce qui fait supporter bien des chagrins. On croyait à la vertu et à la résistance aux penchants mauvais, car les auteurs les plus spirituels, les plus charmants romanciers n'avaient pas encore établi que cette résistance est pour le moins superflue, — la passion justifiant tous les écarts.

On ajoutait foi aux miracles, on croyait à l'amour désintéressé, au dévouement en amitié, on croyait même à la reconnaissance !...

Après les croyances sérieuses venaient les

(1) Aussi ne faut-il pas s'étonner que Rulhière donne une autre version. Suivant lui, la prédiction fut faite par un familier de la maison, par un aventurier italien, nommé Fornica, moitié astrologue, moitié alchimiste, qui était entretenu au château à titre de chirurgien. *Œuvres posthumes,* 6 vol. Paris, 1819, vol. I, p. 238.

croyances aimables et superflues, celles qu'on se reprochait et dont il était de rigueur de se confesser.

On croyait aux philtres, aux sorts, aux pressentiments, aux diseuses de bonne aventure, aux astrologues, aux revenants ! Ces croyances-là enfantaient des poètes, des visionnaires, des sectaires, des héros et des fous !

Maintenant, les têtes fortement organisées, les esprits profonds et positifs, dont le siècle surabonde, ne veulent plus croire à rien ou ne croient plus qu'à la hausse et à la baisse !!!

Dieu sait, cependant, si la hausse et la baisse reposent sur de meilleures garanties, et si bien souvent on n'en est pas dupe !

IV

MARIAGE AVEC LE COMTE ALEXANDRE POTOCKI.

(1802)

Projets de mariage. — Arrivée du comte Potocki à Bialystok. — Le comte Stanislas Potocki. — Le comte Tyszkiewicz et le général Beningsen. — Mort de Paul Ier. — Éducation de la comtesse. — Ses goûts. — La comtesse Tyszkiewicz. — Madame Sobolewska.

J'étais fille unique, je devais hériter de deux grandes fortunes (1), j'avais un beau nom, une figure agréable, une éducation soignée. J'étais, en un mot, ce qu'on est convenu d'appeler un beau parti. A l'âge de quatorze ans, je devais épouser le prince Stanislas Poniatowski (2), frère de ma mère; mais il approchait de la cinquantaine, il était long, sec et sérieux, je ne voulus pas entendre parler de lui, je résistai à l'attrait des bijoux et de la corbeille.

(1) Celle des Poniatowski et celle des Tyszkiewicz.
(2) Né en 1754, il mourut à Florence en 1833. M. J. Korzeniowski a publié dans la *Revue d'histoire diplomatique*, 9e année, n° 4, les *Souvenirs du prince Stanislas Poniatowski*.

Mon esprit et mon cœur étaient, je ne sais trop comment, remplis d'une sorte d'exaltation enfantine, alimentée par la lecture des grands poètes qu'on n'avait pu me défendre. Je voulais des héros comme ceux de Racine ou des chevaliers semblables à Tancrède. Il me fallait des passions profondes, des sympathies subites, de grandes et sublimes actions!... J'attendais! Mais comme je vis enfin que ni Britannicus ni Gonzalve de Cordoue ne se présentaient, et qu'il n'était même pas probable que je rencontrasse Grandisson, je consentis à descendre de mon nuage et je songeai tristement qu'il me faudrait finir par me marier comme tout le monde, guidée par la raison et les convenances.

Différents partis furent proposés à mes parents. Les uns ne leur convinrent pas, car ils n'étaient pas assez brillants; les autres me semblèrent impossibles, parce qu'ils étaient peu agréables. Mais enfin M. Alexandre Potocki se déclara, et comme, lui aussi, il se trouvait être un des premiers partis de la Pologne, il fut accepté sans hésitation; nos parents avaient tout arrangé par lettre, et lorsque M. Potocki vint à Bialystok, il savait d'avance qu'il ne serait pas refusé.

Je crois être encore à l'instant où sa voiture entra dans la cour d'honneur du château. C'était un soir du mois d'avril; j'étais enrhumée, et l'on m'avait défendu de quitter ma chambre. Le son d'un cornet de poste éveilla mon attention, je courus à la fenêtre et je vis un jeune homme s'élancer de fort bonne grâce d'une calèche de voyage et monter rapidement les marches du perron. Je me dis aussitôt que ce ne pouvait être que le voyageur attendu. L'émotion que j'éprouvais ressemblait beaucoup à de la peur!... Que n'aurais-je donné afin de pouvoir remettre au lendemain cette première entrevue! Mais on ne me consulta pas, et je vis entrer ma mère à laquelle M. Potocki donnait le bras.

Il revenait de lointains voyages; c'était là une grande ressource pour une première visite. Il nous dit des choses fort intéressantes sur Londres, sur Paris... il avait vu le *grand Napoléon!*... mais, sur ce point, je le trouvai fort peu éloquent; il racontait sans enthousiasme ce qu'il avait vu, et ne paraissait nullement ébloui de tant de gloire!

On servit le thé; nous nous observions mutuellement; M. Potocki m'avait vue fort jeune encore, chez ma mère. Je me le rappelais, il m'avait fait l'impression d'un dandy dédaigneux, qui ne parlait pas aux petites filles.

Nous nous retrouvions à cet âge heureux où le temps, après avoir mis la dernière main à son ouvrage, semble s'arrêter, comme pour en jouir, quitte à se dédommager plus tard de ce moment d'arrêt. Nous nous regardions à la dérobée et éprouvions un mélange de surprise et de satisfaction; nous étions plus contents de notre lot que nous ne l'avions espéré. Trois semaines s'écoulèrent, au bout desquelles nous crûmes nous connaître parfaitement et nous convenir. Il n'y avait cependant aucune analogie entre nos caractères et nos goûts.

Le comte Stanislas Potocki, mon futur beau-père (1), vint nous rejoindre afin d'assister à notre mariage. Le comte était un des hommes les plus remarquables de cette époque, si fertile en gens

---

(1) « Stanislas, frère du célèbre Ignace Potocki, avait été naturellement désigné pour la présidence du Conseil par son nom et par ses antécédents. C'était un homme instruit, animé d'excellentes intentions; le seul défaut qu'on pût lui reprocher était de n'avoir pas le degré nécessaire d'énergie pour obtenir un ascendant conforme à son titre de président, aussi bien qu'à l'intérêt public. » *Souvenirs d'un diplomate. — La Pologne en 1811-1813*, par le baron BIGNON, 1 vol. in-12. Paris, 1864, p. 40.

d'esprit et de cœur. Son frère Ignace et lui-même avaient puissamment travaillé à la Constitution du 3 mai (1), et tous deux furent victimes de leur dévouement, expiant dans des cachots, l'un en Russie, l'autre en Autriche, au Spielberg, le noble élan qui les avait portés à travailler pour la liberté et l'indépendance de leur patrie. Il est bien rare de voir deux frères aussi richement dotés par la nature; à l'extérieur le plus agréable, ils joignaient un esprit supérieur, une instruction et une mémoire prodigieuses; et, quoique gens du monde, ils savaient tout et avaient du temps pour tout.

Le comte Stanislas possédait, de plus, des connaissances artistiques que je n'ai jamais rencontrées au même degré chez aucun amateur. Plusieurs séjours en Italie avaient contribué à développer en lui ce noble amour du beau qui constitue, pour ainsi dire, un sens de plus. Toujours aimable et bon, il était toujours disposé à écouter ceux qui venaient réclamer ses conseils. Son humeur facile et son extrême politesse contrastaient singulièrement avec une vivacité, une irri-

---

(1) Voir p. 23, note.

tabilité qui souvent prêtaient à rire. Il y avait des jours où, à la moindre contrariété, il se mettait en colère comme un enfant et s'apaisait de même. C'était surtout au jeu qu'il semblait comique de voir cet homme d'État, cet homme de goût, ce grand seigneur qui, par ses manières élégantes, s'était fait remarquer dans toutes les cours de l'Europe, s'emporter au point de jeter cartes et jetons à la tête de son partenaire. Et pourtant il jouait à un sol et ne se faisait jamais payer.

— Mais, s'écriait-il dans sa plaisante colère, si je jouais des coups de bâton, je voudrais encore les gagner !

Je m'arrête à ces détails, car je trouve plaisir à parler de mon beau-père que j'ai beaucoup aimé et dont j'ai toujours eu à me louer. Je lui dois tout ce que je sais en fait d'architecture ; il se plaisait à développer en moi cette passion pour les arts qui, depuis, a fait le charme de ma vie et que ma mère avait cherché à m'inspirer.

Revenons à mon mariage qui eut lieu à Wilna, où mon père se trouvait. Comme il souffrait beaucoup d'une attaque de goutte, il lui avait été défendu de quitter la chambre, et la cérémonie eut lieu dans son salon.

Peu de jours après, mon beau-père, ennuyé de l'inactivité dans laquelle il était forcé de vivre et désireux de retourner à ses occupations habituelles, nous emmena à Varsovie, où ma belle-mère m'attendait.

Je pris congé de mon père avec l'affreux pressentiment que je ne le reverrais plus. L'obstination qu'il mit à ne point se rendre aux eaux lui coûta la vie. Il était devenu sombre et mélancolique, ne quittait la campagne qu'autant que sa santé ou ses affaires le forçaient à aller en ville, où le contact des autorités russes lui était odieux. Afin d'y échapper, ses souffrances lui servant de prétexte, il ne sortait jamais et se dispensait même des visites d'étiquette. Le général Beningsen, pour lors gouverneur de Wilna, le comblait d'égards et venait souvent le voir. Un jour, il se laissa entraîner au point de lui raconter tous les détails de la fameuse conspiration qui avait fait monter Alexandre sur le trône. Il parla même de la part qu'il avait prise à l'assassinat. Autant que je me rappelle, il réclamait l'honneur d'avoir le premier porté la main sur l'infortuné monarque, qui disputa sa vie avec un courage auquel on était loin de s'attendre. Beningsen n'éprouvait nul embarras à parler de cette scène d'horreur où un seul homme s'était longtemps débattu contre cinq assassins. Il se considérait comme un moderne Brutus. A vrai dire, la tyrannie de Paul et ses extravagances qui allaient jusqu'à la cruauté, justifiaient jusqu'à un certain point ceux qui, n'ayant pu lui arracher son abdication, se virent forcés de lui ôter la vie; mais il n'en est pas moins vrai qu'on ne pouvait écouter sans frémir celui qui se *vantait* ainsi d'avoir joué un rôle *actif* dans ce drame.

Nous quittâmes Wilna tous ensemble. Ma mère voulait rester à Bialystok, car elle désirait ne me distraire en rien des devoirs que m'imposait ma nouvelle position. J'éprouvai une vive douleur à me séparer de ma mère. Jamais je ne l'avais quittée; elle s'était beaucoup occupée de mon éducation, je prenais mes leçons dans sa chambre, — il y en avait qu'elle me donnait elle-même. Paresseuse pour tout ce qui ne tenait pas aux choses de l'imagination ou aux arts, j'aurais volontiers dessiné toute la journée (1). Et, lorsqu'à treize ans

(1) Le charmant portrait d'Angelica Kaufmann qui sert de frontispice à ce volume nous donne une idée fort exacte des goûts de la comtesse.

je lus l'*Iliade,* je ne voulus plus entendre parler d'autres livres. Ma mère s'inquiétait de ce qui peut-être eût charmé une personne moins raisonnable. Elle était sérieuse et froide, elle avait l'esprit juste et solide, elle aimait l'étude et se livrait par goût à la réflexion.

Jamais contraste ne fut plus frappant que celui qui existait entre nos caractères.

Ma propre expérience m'a fait voir que l'éducation peut, à la rigueur, modifier le naturel, mais qu'elle ne saurait le changer. Ma mère bannissait la folle gaieté, le goût du monde et de la parure. Je lui cachais mille petites choses; cependant je n'ai jamais su feindre ni dissimuler mes impressions, et j'ai commis plus d'une faute par trop de franchise. J'ai été élevée seule, pour toute récréation on me laissait causer avec de vieux amis; malgré cela, ma gaieté est restée inépuisable. On ne me donnait que de bons exemples, je ne lisais que des livres sérieux, on ne racontait jamais en ma présence que les choses que je pouvais entendre, mais je devinais presque toujours ce qu'on voulait me cacher. Il est possible que sans une surveillance aussi exacte, j'aurais fort peu répondu aux soins que l'on me prodiguait; mais il est certain que je n'ai jamais bien su que ce qu'on m'avait le moins appris.

J'aimais tendrement ma mère, je sentais que je lui devais beaucoup, et que sa haute vertu et la supériorité de son caractère méritaient toute ma vénération; mais ce sentiment s'alliait à une sorte de crainte qui gênait nos rapports. Elle voulait ma confiance, j'éprouvais souvent le besoin de la lui donner tout entière; mais dès l'instant où mon opinion ou ma volonté était contraire à la sienne, elle me reprenait sévèrement et faisait rentrer un aveu prêt à s'échapper de mon cœur.

J'éprouvais le besoin d'une affection, sinon plus tendre, du moins plus confiante. Parmi les jeunes personnes dont le hasard m'avait rapprochée, se trouvait madame Sobolewska. Je me sentis attirée vers elle, j'aimais l'extrême douceur de sa figure et de ses manières. Elle avait quelques années de plus que moi. Elle joignait à ses avantages tant de modestie et d'*humilité* qu'on ne pouvait éprouver nulle envie en la voyant obtenir tous les suffrages. Seule elle en paraissait surprise.

Lorsque son esprit agréable et cultivé parvenait à s'échapper de la *stricte réserve* dans laquelle elle le tenait caché, elle était charmante; et j'ai peu vu de femmes aussi aimables, lorsqu'elle *osait* être aimable. Son âme enveloppait toutes ses actions de quelque chose d'élevé et de pur. Je me sentais meilleure lorsque je la quittais. Je l'aimai d'abord d'instinct. Quand je sus réfléchir, je l'aimai parce que je la trouvais parfaite, et je l'aimerai toute ma vie, car cette affection est devenue le besoin et l'habitude de mon cœur. Jamais je n'ai eu pour elle ni une pensée, ni une action secrète; jamais elle ne m'a vue meilleure que je ne suis. J'allais déposer dans son cœur mes peines, mes espérances, mes joies et mes regrets, et j'ai toujours trouvé en elle une amitié indulgente, une discrétion à toute épreuve, et le commerce le plus doux et le plus agréable.

Ma mère finit par voir avec plaisir notre intimité; c'est la seule personne qu'elle m'ait *permis* d'aimer.

V

LANÇUT ET PULAWY.

(1803)

Promenade sentimentale au clair de lune. — Ruse féminine. — Visites de noce. — La princesse maréchale. — Monseigneur de Laon. — Pulawy. — Le prince Adam-Casimir Czartoryski. — Sa générosité. — Le parc de Pulawy. — Le temple de la Sibylle. — La Maison gothique. — Souvenirs du grand Frédéric. — L'empereur Joseph II. — Le prince de Kaunitz.

Nous arrivâmes à Varsovie dans la plus belle saison de l'année, et nous fûmes bientôt établis à Willanow (1), campagne admirable, illustrée par le souvenir de Jean Sobieski, qui en avait fait sa résidence.

En prenant possession du joli appartement que ma belle-mère (2) m'avait préparé, je me crus au

(1) Aux environs de Varsovie. Le fils de la comtesse Alexandre, le comte Auguste Potocki, hérita de Willanow. Depuis la mort de la comtesse Auguste Potocka, née Potocka, Willanow appartient au comte Xavier Branicki, marié à la comtesse Anna Potocka.

(2) La comtesse Stanislas Potocka, née Lubomirska, fille de la princesse Lubomirska dont il sera question dans ce chapitre. Elle mourut à Cracovie en 1831.

faîte du bonheur. Ma mère, par principe, m'avait élevée dans des habitudes d'économie; je me trouvais tout d'un coup riche et indépendante.

Sans avoir pour mon mari un sentiment passionné, je commençais à l'aimer tendrement. Je retrouvais mon amie, madame Sobolewska; mes parents adoptifs étaient aimables et bons, — rien ne manquait à mon bonheur... si ce n'est plus de raison. En voici la preuve. — Un clair de lune faillit troubler pour quelque temps la pure félicité dont je jouissais. — J'ai déjà dit que j'avais la tête romanesque, et qu'une position calme et simple ne pouvait longtemps me satisfaire.

Il me vint donc tout à coup à l'esprit de voir mon mari passionnément amoureux de moi.

Un soir que nous nous promenions au bord de la Vistule, sous ces arbres séculaires qui prêtèrent leur ombrage aux amours moins innocentes de la belle Marie d'Arquien (1), je mis la conversation sur le *sentiment* — je soutenais qu'il n'y avait de bonheur possible sur cette terre que dans un attachement réciproque, dont la vivacité égalerait la durée!... Mon mari, après m'avoir écoutée

---

(1) Femme de Jean Sobieski.

quelque temps avec indulgence, regarda à sa montre, me fit remarquer qu'il était tard, que les cousins devenaient insupportables, et qu'il fallait rentrer!...

J'avais pris un ton si différent de celui qu'il prit pour me faire cette observation que, rentrée chez moi, je fondis en larmes, et me trouvai la femme du monde la plus malheureuse d'être aussi peu appréciée ou de l'être si vulgairement; je ne pouvais concevoir qu'on m'aimât autant dans ma chambre qu'en plein air, au clair de la lune.

Dès cet instant, je ne rêvais qu'aux moyens de faire naître une passion à laquelle j'attachais tout mon avenir et tout mon bonheur. Après avoir mûrement réfléchi, je crus découvrir que, pour rendre un mari malheureux, il fallait commencer par le rendre jaloux, et, ne voulant pas faire intervenir de tiers dans ce petit poème intime, j'imaginai de m'écrire à moi-même une lettre passionnée. Pour donner à mon épître plus de naturel et de vraisemblance, j'entremêlai à cette déclaration d'un amour également timide et ardent des plaisanteries assez piquantes sur les personnes qui m'entouraient. Je contrefis si bien mon écriture que mon mari (il trouva ce billet sur la caisse d'un oranger) y fut entièrement pris et le porta à sa mère afin de s'en amuser avec elle. Charmée d'avoir si bien réussi à intriguer mon monde, je triomphais, sans me douter de la tournure que les choses allaient prendre. |Les plaisanteries que contenait ma lettre, quoique fort innocentes, piquèrent ma belle-mère; elle lut et relut le billet, elle confronta l'écriture, et finit par découvrir que j'étais l'auteur de cette petite mystification.

On décida donc de *m'éprouver* et de voir jusqu'à *quel point* je soutiendrais un mensonge qui devait paraître d'autant plus coupable qu'on en ignorait le but. Mon beau-père me fut délégué.

Inquiète, et déjà désolée de ce que j'avais fait, quand je le vis entrer dans mon cabinet avec l'air de quelqu'un qui venait *m'interroger*, je perdis tout à fait la tête, et, craignant d'avouer une telle folie, je la niai le plus gauchement du monde.

Mon beau-père mit en tout cela une extrême délicatesse; voyant que je m'obstinais, il se retira et abandonna la place à mon mari, qui recommença l'interrogatoire. Je mourais de honte, et me défendais en désespérée. Il finit cependant par m'arracher ce fatal secret. Je versai des torrents de larmes, et me jetai à ses pieds; il me pardonna, car il comprit le mobile qui m'avait fait agir et ne vit dans ma plaisanterie qu'un enfantillage. Il n'en fut pas de même de ma belle-mère, elle conçut une idée très désavantageuse de mon caractère et s'obstina à attribuer cette lettre folle et ridicule à un goût pour l'intrigue. C'était la première fois de ma vie que j'avais fait quelque chose de semblable. Je faillis être malade de chagrin, et, comme on me croyait enceinte, on fit tout pour me calmer.

Cependant je compris parfaitement que les soins qui m'étaient prodigués étaient exceptionnels, et que rien ne me rendrait la confiance et l'affection de ma belle-mère, qui, douée de grandes qualités, n'avait pas un esprit suffisamment supérieur pour discerner toutes les nuances des sentiments qui se pressaient dans mon âme.

Bientôt l'espoir de devenir mère fit une heureuse diversion à la gêne que j'éprouvais, et comme on désirait, par-dessus tout, un *héritier*, je devins l'objet d'une sollicitude qui ressemblait à la plus vive tendresse.

Je souffris beaucoup jusqu'à la moitié de ma grossesse, ce qui contraignit mon mari à retarder la tournée de visites que nous devions faire, —

je devais être présentée à tous mes grands-parents.

Lorsqu'il me fut possible de supporter le mouvement de la voiture, nous partîmes pour le château de Lançut (1), où la grand'mère de mon mari, la princesse Lubomirska, avait fixé sa résidence. On la nommait la princesse maréchale. Il n'était guère possible de rencontrer une personne qui joignît à autant de qualités supérieures des travers aussi extraordinaires. Elle n'aimait ni ses enfants, ni son pays, et, par ennui, elle ne cessait de se déplacer (2). Étrangère à tout, hormis aux vieilles traditions de la cour de France, elle connaissait bien mieux le siècle de Louis XIV que les événements qui avaient bouleversé sa patrie. Spectatrice des horreurs qui souillèrent la révo-

(1) Sur Lançut, voir : Madame DE STAEL, *Dix années d'exil*, ch. VIII.

(2) Sur Élisabeth Czartoryska, princesse Lubomirska, cousine du roi Stanislas-Auguste, voir la *Correspondance de Stanislas-Auguste et de madame Geoffrin*. La princesse est désignée sous le nom d'Aspasie. « Malgré tout le passé, j'aime toujours tendrement Aspasie. Mais plus je l'aime, et plus je suis peiné de l'extrême ennui qui la poursuit à un point qu'elle est réellement très malheureuse, et désire continuellement de changer de place sans réussir, je crois, à trouver le contentement nulle part. » Lettre du Roi, 11 mars 1767.

lution de 1789, amie intime de la princesse de Lamballe, elle détestait toute idée nouvelle. Napoléon n'était pour la princesse qu'un *misérable* que des circonstances *fortuites* avaient porté à un degré d'élévation où il ne *pouvait se soutenir*. Elle évitait de parler de lui, et lorsqu'elle se trouvait contrainte de proférer ce nom abhorré, elle appelait l'Empereur le *petit Buonaparte*. Fidèle aux Bourbons, elle porta le deuil du duc d'Enghien, et combla de bienfaits tous les émigrés qu'elle put ramasser sur les grandes routes.

Lorsque nous fûmes à Lançut, nous trouvâmes Mgr l'évêque de Laon (1) établi dans le château. On lui rendait tous les honneurs dus à la tiare.

Quand la princesse faisait le voyage de Vienne, ce qui arrivait presque tous les hivers, depuis que son grand âge, joint au *changement de dynastie*, lui avait interdit le séjour de Paris, rien ne changeait à Lançut. Tous les matins, l'intendant venait prendre les ordres de monseigneur. Il était là comme dans son propre château, et certes il s'y trouvait mieux que chez lui, car, en aucun pays,

(1) Louis-Hector-Honoré-Maxime de Sabran, sacré en 1778. (*Almanach royal* de l'année 1790.)

je n'ai vu d'établissement aussi magnifique et tout à la fois aussi élégant. Riche comme une princesse des *Mille et une Nuits,* la maréchale s'était plu à réunir autour d'elle le confort anglais et le goût français.

Elle eut, de plus, le mérite d'employer dignement l'immense fortune que le hasard avait mise entre ses mains. Sa générosité avait cela de remarquable qu'elle était parfaitement raisonnée et s'exerçait principalement sur ses nombreux vassaux. Pas de village où elle n'eût établi une école, un médecin, un hôpital et une sage-femme. Ses gens d'affaires étaient chargés de surveiller ces établissements de bienfaisance; car, si elle voulait que tout chez elle fût somptueux et recherché, elle n'oubliait jamais cependant ses pauvres.

Mais, chose bizarre et inexplicable, cette même personne, dont le nom était béni par l'indigent et dont personne autour d'elle n'avait à se plaindre, était dure et injuste avec ses enfants, qui pourtant l'adoraient.

Dès les premiers moments je m'aperçus que mon mari était traité par elle en *petit-fils,* et que cette antipathie venait jusqu'à moi. Toutefois je ne me décourageai point, et, mettant en œuvre tout ce que j'avais de gaieté et de petits talents (1), je parvins à me faire pardonner d'être la femme d'Alexandre.

Après être restés une quinzaine de jours à Lançut, nous nous rendîmes à Pulawy (2), magnifique résidence appartenant au prince Czartoryski (3), frère de la princesse maréchale, et par conséquent notre grand-oncle. On ne le nommait jamais que le prince général; il était d'usage chez nous de prendre le nom de son titre, comme en France on prenait celui de son principal fief.

Ce château contrastait complètement avec celui que nous venions de quitter. Tout y était dépourvu

(1) Je chiffonnais avec adresse les bonnets à la Louis XV, et pus rendre ainsi quelques services à la princesse qui avait gardé les modes de son jeune temps. (Note de la comtesse.)

(2) Delille avait été en Pologne : « J'ai cru, dit-il, que je trouverais dans ce pays des Sarmates habillés en peau d'ours, le bâton en main et menant la vie errante des nomades : j'ai trouvé Athènes sur les bords de la Vistule. » Pulawy figure dans les *Jardins* :

> Et pourrais-je oublier ta pompe enchanteresse,
> Toi, dans qui l'élégance est jointe à la richesse,
> Fortuné Pulawy, qui seul obtint des dieux
> Les charmes que le ciel partage à d'autres lieux?
> Quel tableau ravissant présentent les campagnes!
> De quel cadre pompeux t'entourent ces montagnes!
> . . . .

(3) Le prince Adam-Casimir Czartoryski, staroste général de Podolie, 1734-1823, père du prince Adam dont on a publié les *Mémoires* en 1887. 2 vol. Plon.

d'élégance; on n'avait d'autre prétention que de faire revivre ou plutôt de *continuer* les anciennes traditions, et de ne rien changer aux coutumes des aïeux. Même cordialité, même bonhomie dans les rapports. De prime abord on se sentait à l'aise. Le prince cachait sous des dehors légers un profond savoir. Orientaliste consommé, il possédait, de plus, plusieurs langues et *connaissait à fond* toutes les littératures. Il se faisait pardonner son érudition à force de saillies et de franche gaieté. Son esprit était fin, brillant, prime-sautier; je n'ai rencontré que le prince de Ligne qui pût lui être comparé à cet égard, mais le prince général avait, en outre, l'âme la plus noble et les sentiments les plus élevés. S'il n'eût été livré trop tôt à toutes les séductions du monde et à toutes les futilités de la vie, peu d'hommes auraient osé se mesurer avec lui, et son influence politique ne serait pas restée sans résultats marquants.

Lorsque je le vis pour la première fois, son âge avancé n'ôtait encore rien à la grâce et à la vivacité de son esprit. C'était un petit vieillard sec et poudré, parfaitement propre et bien tenu. Je ne sais trop à quelle occasion Joseph II l'avait nommé feld-maréchal autrichien, car il n'avait jamais été à la guerre. Toujours est-il que sous cet uniforme étranger et ces couleurs ennemies battait un noble cœur, plein de patriotisme et de dévouement. Sa parfaite bonté se manifestait en toute circonstance; aussi était-il adoré dans le pays. Il faisait élever à ses frais nombre de gentilshommes pauvres, il s'inquiétait lui-même de leurs dispositions, suivait leurs progrès, les faisait voyager, etc. Quantité de sujets distingués durent le développement de leurs talents à ce qu'on nommait l'*École de Pulawy* (1), école à laquelle la générosité du prince donnait une immense étendue, car elle avait des ramifications jusques en France et en Angleterre. Il compromit ainsi une fortune considérable et fit des dettes que ses fils payèrent plus tard.

C'était là une belle aristocratie, et qui, j'ose le dire, ne se rencontrait qu'en Pologne. Quand le prince général avait assuré le sort d'une honnête famille, il s'en allait secrètement la remercier de la confiance qu'elle lui avait témoignée. Ses économies ne portaient jamais que sur sa table. Très

---

(1) Ces traditions ont été conservées dans la famille. La comtesse Dzialynska, née princesse Czartoryska, entretient encore aujourd'hui un pensionnat de jeunes filles polonaises à l'hôtel Lambert, sa résidence.

frugal lui-même et condamné par son médecin à prendre seul son modeste repas, il était toujours le premier à rire de nos mauvais dîners. Mais il y avait cinquante personnes à table, et cent personnes au moins vivaient de la desserte. Lorsque, après avoir terminé son repas d'anachorète, il venait rôder autour de nous, c'était un ravissement général, il égayait tous ses convives par son humeur joviale. Si par hasard il rencontrait son intendant, il lui frappait sur l'épaule et lui demandait s'il était toujours fidèle *au même système*.

— Car, disait-il, ce fripon-là a fait vœu de ne jamais faire servir que du vin encore jeune et du bœuf déjà vieux!...

Et tout le monde riait, et personne ne songeait à se plaindre, excepté cependant quelques vieux sybarites dont l'égoïsme s'indignait de tant d'indifférence pour ce qu'ils appelaient les premiers besoins de la vie.

La princesse (1) n'était pas une personne sans mérite. . . . .
. . . .

(1) La princesse Isabelle Czartoryska, 1746-1835; elle était fille du comte Fleming, dont la famille était d'origine hollandaise.

A l'époque dont je parle, elle s'occupait beaucoup des indigents. Dès l'aube, on voyait sa porte assiégée par tous les pauvres et tous les malades des villages avoisinants. Après avoir pourvu aux besoins de chacun, elle se rendait dans son magnifique jardin et passait une grande partie de la matinée à surveiller les travaux.

Les bâtiments construits dans le parc de Pulawy sont très intéressants. Le plus remarquable est consacré aux souvenirs historiques et nationaux; c'est une copie du temple de la Sibylle qu'on admire à Tivoli. L'architecte intelligent auquel la direction de cet édifice a été confiée s'est rendu en Italie afin de le reproduire fidèlement, et il s'est acquitté de sa tâche à merveille. Ce sont les mêmes proportions, le même fini dans les détails, la même solidité dans la construction, et, comme le ciel d'Italie est la seule chose qu'on ne saurait copier, une coupole de glace d'une seule pièce idéalise notre atmosphère brumeuse.

Là se trouvent réunis les insignes de nos rois, les joyaux des reines, les armes de nos grands hommes, ainsi que les trophées pris sur l'ennemi. Rien de beau, rien de noble comme cette collection de souvenirs patriotiques dans laquelle chaque famille illustrée par un fait glorieux est venue déposer ses titres à l'immortalité(1).

Le fronton du temple porte une inscription qui semble redire à la fois notre splendeur, nos revers et nos espérances : *Le passé à l'avenir*. Puisse ce legs pieux être respecté par le temps, afin que nos arrière-neveux viennent aiguiser leurs armes sur les marches de ce temple glorieux!

Une seconde fabrique qu'on nomme la *Maison gothique* est, dans un genre tout différent, un heureux mélange de flamand et de mauresque. On dirait une construction recommencée à diverses époques et achevée avec un goût infini. La princesse s'est plu à l'enrichir des souvenirs de tous les pays et à y réunir les célébrités de tous les temps.

A côté d'une natte de cheveux d'Agnès Sorel conservée dans un magnifique cadre de cristal de roche monté en pierres précieuses, la jatte informe servant au sacre des czars de Russie, enlevée à

(1) Tous ces trésors ont été sauvés du pillage de Pulawy (1830) et se trouvent maintenant à Paris, à l'hôtel Lambert. (Note de la comtesse.) Depuis, ces collections ont été transportées à Cracovie et forment une grande partie du musée des princes Czartoryski. Voir ma brochure sur *Cracovie*, 1 vol. Laisney, 1893. (C. S.)

Moscou par nos braves. Sous un admirable portrait de Raphaël, peint par lui-même (1), le fauteuil de Shakespeare, dont le bois vermoulu est pieusement recouvert de bronze et de velours. Tout auprès, une table qui a appartenu à Voltaire, et dont la clef d'or, richement ciselée, ouvre un tiroir dans lequel des trésors sans nombre se trouvent entassés. D'abord une collection de lettres des hommes remarquables qui ont illustré le siècle de Louis XIV; entre autres, une belle lettre de Turenne écrite entièrement de sa main peu de jours avant sa mort. Un petit livret avec sa vieille reliure contenant des dessins de fortifications tracés par le maréchal de Vauban, qui dédia ce recueil au duc de Bourgogne. Des lettres autographes de tous les rois de France depuis François Ier jusqu'à Napoléon. Le livre de prières de madame de la Vallière, ainsi que nombre de curiosités de ce genre qu'on regrette de ne voir qu'en passant.

Les murs de l'édifice sont couverts d'inscriptions anciennes ayant principalement trait à l'histoire de Pologne. La princesse était occupée d'un

---

(1) On a reconnu que ce portrait célèbre était celui du duc d'Urbin, neveu de Jules II.

catalogue raisonné de ses richesses. Et l'on grave maintenant tous les objets remarquables de cette précieuse collection. C'est un ouvrage immense et qui prouve jusqu'à quel point la princesse a étudié l'histoire des différents pays dont elle a recueilli les reliques. La révolution de France a enrichi la *Maison gothique*. C'était le temps où les vieux souvenirs se vendaient au rabais; la comtesse Zamoyska (1), fille de la princesse, s'étant trouvée à Paris à cette époque de frénésie, y a fait des acquisitions qui maintenant sont sans prix.

Je ne puis dire tout l'intérêt et le plaisir qu'on éprouvait à écouter celle qui, après avoir passé sa vie à rassembler autant d'objets rares et précieux, les montrait elle-même, rattachant à presque tous une légende curieuse.

Le soir, lorsque, après avoir parcouru le magnifique parc et ses jardins, on se réunissait chez la châtelaine, je me plaisais à évoquer ses nombreux souvenirs. Elle avait beaucoup voyagé, et, déjà fort avancée en âge, elle mettait en scène les personnages historiques dont elle parlait comme si elle les eût quittés d'hier.

---

(1) La comtesse Sophie Zamoyska, 1779-1837.

Présentée à la cour de Frédéric le Grand, elle avait trouvé moyen de se glisser un jour dans son cabinet, au moment où il venait de le quitter.

— C'était prendre, disait-elle, l'homme sur le fait.

Devant un bureau couvert de papiers et de cartes, une assiette de cerises portait une étiquette écrite de la main du Roi : *J'en laisse dix-huit.* Tout à côté, un vieil uniforme de hussard étalé sur une causeuse attendait qu'on le réparât à peu de frais. Auprès d'une lettre de Voltaire encore ouverte, le compte d'un épicier, fournisseur de la cour. Un cahier de musique jeté au hasard sur un pupitre, et, non loin de cet appel à l'harmonie, une chaise curule, semblable à celle qui se trouve au Capitole, avec cette différence que l'une est en rouge antique, et que l'autre était en bois vulgaire, et n'avait rien qui déguisât son usage abject. C'était là un singulier cabinet pour un roi ! Certes, Napoléon jouit bien mieux de son droit de conquête que Frédéric ne jouissait de son droit de naissance (1).

---

(1) « On respecte dans l'ancien château de Potsdam les taches de tabac, les fauteuils déchirés et souillés, enfin toutes les traces de la malpropreté du prince renégat. Ces lieux immortalisent à

Il fallait infiniment de tact et d'adresse aux voyageurs pour se tirer d'embarras, à Berlin, avec les deux cours. Le Roi avait la sienne, toute composée de militaires et de savants. La Reine, qu'il ne voyait jamais, réunissait les femmes à la mode et l'élite de l'aristocratie. On était mal vu à l'une, si l'on fréquentait l'autre. C'était presque un titre d'exclusion.

Lorsque le Roi parlait de sa femme, ce qui arrivait rarement, il ne l'appelait jamais que vieille sotte; *vice versa,* elle l'appelait le vieux fripon ou le vieux ladre.

Frédéric était pétillant d'esprit, mais acerbe et peu aimable.

La princesse Czartoryska préférait de beaucoup la conversation de l'empereur Joseph II qu'elle avait eu l'occasion de connaître de plus près. L'infortunée Marie-Antoinette, l'ayant admise dans son intimité, lui avait donné une lettre pour son frère en lui recommandant de la remettre secrètement, toutes ses démarches étant strictement épiées. La princesse s'acquitta de cette

la fois la saleté du cynique, l'impudence de l'athée, la tyrannie du despote et la gloire du soldat. » CHATEAUBRIAND, *Mémoires d'outre-tombe,* I, 182.

mission délicate avec empressement. L'empereur Joseph, après s'être étendu sur toutes les chances probables et possibles de la Révolution qui déjà se préparait, s'écria, un jour, comme animé d'un esprit prophétique :

— Cela ira ainsi jusqu'à ce qu'un homme d'un génie puissant s'empare de l'autorité et remette les choses à leur place. Pour ce qui est de ma sœur, il est, je crois, malheureusement trop tard ! ajouta-t-il, et je crains beaucoup qu'elle ne soit victime de ses imprudences et de la faiblesse du Roi son mari.

Joseph II était un des hommes les plus spirituels de son époque. Il aimait la société et causait volontiers. Son cercle intime se composait de plusieurs femmes aimables, au nombre desquelles la princesse Czartoryska prit une place distinguée. Nous héritions de ses souvenirs.

Un jour, à la fin du dîner, elle nous raconte qu'elle avait connu le prince Kaunitz (1), qui, entre autres réputations, avait celle d'être fort impertinent. Ayant de belles dents, il les soignait sans le moindre égard pour ses convives. Dès que

(1) Venceslas-Antoine, prince de Kaunitz, 1711-1794. Il fut envoyé comme ambassadeur à la cour de France en 1750.

l'on avait desservi, son valet de chambre posait devant lui un miroir, un bassin et des brosses, et là le prince recommençait sa toilette du matin, comme s'il se fût trouvé seul dans son cabinet de toilette, tandis que tout le monde attendait qu'il eût fini pour se lever de table. Je ne pus taire ma surprise, et demandai à la princesse si elle aussi avait attendu.

— Hélas! oui, me répondit-elle, j'étais tellement décontenancée que je ne retrouvai mon esprit qu'au bas de l'escalier; mais plus tard il n'en fut pas de même : je me plaignis de la chaleur et me levai au dessert.

A ce même dîner se trouvait, chez le prince de Kaunitz, un noble vénitien, nommé Grandenigo. Le prince, qui était en belle humeur, s'amusa à l'interpeller tout haut, l'appelant *grand nigaud*. Le pauvre étranger ne savait pas le français, et, surpris des rires immodérés, en demanda l'explication à son voisin.

— C'est, dit celui-ci, que Son Altesse aime qu'on soit gai à sa table !

Mais le Vénitien, que cette réponse n'avait pas rassuré complètement, restait préoccupé et ne prenait pas garde aux plats qu'on lui présentait. Le prince, s'étant aperçu que ces distractions gênaient le service, dit tout haut à son maître d'hôtel :

— Pourquoi ne lui donnes-tu pas un coup de poing ?

A entendre de tels détails, ne croirait-on pas reculer de quelques siècles ? Certes, le prince de Metternich, qui occupe aujourd'hui la place du prince de Kaunitz, ne hasarderait pas des manières aussi étranges, lors même qu'il en serait tenté, ce que je me garderai bien de supposer, l'ayant toujours vu parfaitement convenable et poli. Je n'en dirai pas autant de sa femme.

VI

MYSTIFICATION.

(1803)

Retour en ville. — L'illuminé. — Piège tendu. — Soirée au Théâtre français de Varsovie. — Départ mystérieux. — L'antre du devin. — Consultation. — Le rideau noir se lève. — Apparition. — Le souper. — Mot de l'énigme. — Le prince Radziwill. — Tracasseries de belle-mère. — Naissance d'un héritier. — Natoline.

L'hiver nous ramena en ville. Les parents de mon mari y étaient déjà établis, nous allâmes habiter leur hôtel. Peu après ma mère vint occuper le sien, afin d'assister à mes couches.

Je crois avoir déjà fait comprendre que j'aimais le merveilleux, et que mon imagination se plaisait aux choses extraordinaires. Sachant que mon beau-père était franc-maçon, et qu'il fréquentait le Grand-Orient, loge très renommée qui alors existait à Varsovie, il me prit une extrême envie de pénétrer des mystères dont je m'exagérais l'importance. Je brûlais de curiosité, tout en frémissant de crainte, quand on me parlait des ténèbres et des flammes au travers desquelles il fallait se frayer un chemin..., des fenêtres par lesquelles on était forcé de se jeter dans l'abîme..., des clous sur lesquels on vous obligeait de marcher!

J'avais vainement essayé de faire jaser mon beau-père, il me riait au nez et restait impénétrable; j'en étais désolée. Tout à coup, je crus m'apercevoir que lui, si causant et si communicatif d'ordinaire, avait des instants de préoccupation. Souvent on l'attendait pour dîner; il arrivait tard, paraissait distrait, parfois même il ne venait pas du tout. Ma belle-mère savait évidemment quelle était la raison de ces absences, car elle n'avait pas l'air de s'en inquiéter, mais elle se taisait. J'interrogeai mon mari, il convint de la préoccupation de son père; toutefois il m'assura en ignorer la cause.

Les choses en restèrent là pendant quelque temps, et ma curiosité ne fit que s'accroître. Enfin, un beau jour, ma belle-mère risqua une demi-confidence, et me dit qu'elle commençait à craindre qu'on vînt à découvrir des réunions secrètes auxquelles l'arrivée d'un célèbre *illuminé* donnait lieu, lesquelles réunions absorbaient tous les jours davantage mon beau-père. Elle me recommanda la plus scrupuleuse discrétion, et me fit promettre de ne rien dire à mon mari, prétextant l'inquiétude qu'il pourrait concevoir. Je n'examinerai pas le cas : fit-elle bien ou mal, de m'apprendre à avoir des secrets pour mon mari ? La réponse est délicate, — mais j'avouerai qu'il m'en coûta de ne point lui parler de ce qui m'occupait exclusivement.

Mon beau-père étant d'une santé fort délicate, on soignait infiniment son régime, et tous les jours, à peu près à la même heure, il faisait un tour en voiture fermée. Je l'accompagnais souvent, car mon état demandait aussi de l'exercice, et la saison ne me permettait pas de marcher autant que j'en avais l'habitude.

Un matin que nous étions allés plus loin que de coutume, il me parut encore plus absorbé et plus silencieux ; je ne pus y tenir et je hasardai une question... c'était où il voulait m'amener.

Après quelques paroles insignifiantes :

— Si vous n'étiez pas aussi jeune, me dit-il, comme entraîné malgré lui, et si je pouvais compter sur une discrétion absolue, je vous dirais des choses surprenantes !

Que fallait-il de plus ? Je priai, je suppliai, je

jurai même! et j'appris qu'un illuminé au fait des sciences occultes se trouvait caché dans un des faubourgs de la ville.

— J'en ai vu plus d'un, me dit mon beau-père, dans les différents pays où j'ai voyagé; mais jamais je n'ai rencontré rien de comparable.

Il me confia alors qu'ils étaient plusieurs, tous gens d'esprit (je les connaissais), qui, chaque soir, allaient secrètement entendre et voir des choses!... mais des choses si extraordinaires que, s'il me les racontait, je ne voudrais pas y croire.

J'écoutai avec une attention si avide que je ne remarquai pas que la voiture rentrait dans la cour de notre hôtel.

Ce jour-là, il me fut impossible de reprendre un sujet auquel je pensai toute la journée et rêvai toute la nuit.

Le lendemain, les confidences devinrent plus claires. Je sus que moyennant un sacrifice d'argent (1), je pourrais espérer d'être admise à franchir le seuil du sanctuaire, sinon à être initiée à toutes les merveilles que les adeptes seuls ont le droit de connaître. C'était bien plus que je n'osais

(1) La somme était destinée à soulager les pauvres, — l'illuminé se piquait de philanthropie. (Note de la comtesse.)

demander : jusque-là mes modestes vœux s'étaient bornés à entendre le récit des miracles.

Je courus donc toute joyeuse chercher l'argent que j'avais épargné, et j'obtins en retour une *demi-promesse;* car il fallait avant tout parvenir à toucher le cœur de l'illuminé par l'appât des charités qu'il pouvait faire *gratis,* et l'amener ainsi insensiblement à me recevoir.

Cette difficile négociation prit encore quelques jours, qui me parurent des siècles; mais enfin mon beau-père vint m'annoncer que m'ayant prise *sous sa responsabilité,* et que mon offrande étant acceptée, je serais appelée à ouïr ce que peu d'oreilles ont entendu, et à voir ce que peu d'yeux ont vu. Ma joie éclata avec de tels transports qu'il en fut effrayé. Et maintenant lorsque je me rappelle toutes ces émotions auxquelles on m'exposa, je m'étonne encore que ma santé n'en ait pas été altérée.

Une fois le jour des épreuves fixé, il fut convenu que j'irais comme de coutume au Théâtre français (1), et qu'à l'heure indiquée mon beau-père me ferait un signe : qu'alors je me plaindrais

---

(1) A Varsovie.

de la chaleur, et qu'il s'offrirait à me ramener. Seulement il me donna le conseil de me munir d'un voile, vu qu'une femme de qualité ne doit jamais s'exposer à être reconnue lorsqu'elle va mystérieusement où que ce soit.

Au moment de monter en voiture, je m'aperçus que les lanternes n'étaient point allumées, et que les gens n'avaient point de livrées.

— C'est de rigueur dans une telle circonstance, me dit mon beau-père; je pense que cela ne vous effraye pas.

Et moi d'affirmer que rien ne saurait ébranler mon courage : je commençais cependant à sentir mes nerfs fort agités.

La voiture roulait avec une extrême rapidité. Nous parcourûmes ainsi un espace considérable. Comme il faisait très froid, les glaces se trouvaient levées, et je ne pouvais savoir par quelles rues nous passions. On avait dit au cocher d'aller *là où il allait tous les soirs.* Soudain, je n'entends plus le pavé !

— C'est donc hors de la ville? demandai-je.

— Oui, certainement, car cet homme est forcé de se cacher; s'il était découvert, il serait arrêté. Aussi, ajouta mon beau-père, n'oubliez jamais que la plus légère indiscrétion nous perdrait tous infailliblement.

— Ah! m'écriai-je, que les gouvernements sont absurdes de persécuter ainsi la science!

Bientôt la voiture passa sur des pavés; nous entrâmes dans une cour; nous nous arrêtâmes, et le valet ouvrit silencieusement la portière. Mon beau-père descendit avec empressement, et me pria d'attendre quelques minutes, afin qu'on vînt m'éclairer. L'obscurité et le silence étaient complets. Je me sentais déjà un peu moins héroïque. Cependant une vive curiosité soutenait encore mon courage. Mon beau-père revint accompagné d'un petit homme en redingote noire : il portait une lanterne sourde. L'escalier était étroit et roide, je le montai difficilement.

— Voilà donc, pensai-je, comme sont logés les êtres doués de facultés occultes.

Lorsque nous fûmes entrés dans un petit vestibule, froid et sombre, notre conducteur, qui était le domestique de l'illuminé, s'inclina sans proférer une parole, et nous laissa dans une complète obscurité.

— Maintenant, dit mon beau-père, je vais donner le signal convenu!... Il frappa à trois reprises d'une manière tout à fait particulière. Après un instant d'attente, nous entendîmes une voix sépulcrale qui ne prononça que ces trois mots : *Entrez, mon frère!*

Pour le coup, je me mis à trembler comme une feuille, et je me suspendis au bras de mon beau-père.

La chambre où nous nous trouvâmes était vaste et obscure. Une petite lampe munie d'un abat-jour l'éclairait faiblement; cette lampe était posée sur une grande table placée au milieu du salon, et recouverte d'un drap noir. Assis auprès de cette espèce de bureau, un vieillard, dont le vêtement bizarre rappelait plus l'Oriental que l'Européen, lisait attentivement. Absorbé dans sa lecture, l'homme ne leva pas même les yeux à notre approche. Il avait d'énormes lunettes; ses cheveux blancs retombaient sur ses épaules, et son attitude courbée et pour ainsi dire souffrante disait de longs travaux. Une écritoire en bois, une tête de mort, et une pile d'énormes in-folio, posés sur la table, complétaient la mise en scène.

Le salon n'était garni d'aucun meuble, les murailles étaient nues; je remarquai seulement, tout au bout de la pièce, un vaste rideau de drap noir qui couvrait toute la paroi du fond et paraissait cacher quelque chose. Tout près, une glace convexe d'une énorme dimension montée dans un large cadre de bois noir.

— C'est là, pensai-je, c'est sûrement dans ce miroir qu'on voit l'*avenir*, — et le rideau voile probablement des apparitions fantastiques. Car tout à mes yeux prenait un aspect surnaturel.

Nous étions entrés sans bruit.

— Maître! dit enfin mon beau-père, et le vieillard leva la tête. Voici la jeune femme que je vous ai annoncée; son cœur, *vous le savez*, est plein de *charité*, et son esprit avide de lumière; mais comme elle ne sait encore ni le grec, ni le latin, daignez lui parler français.

L'illuminé se tourna de mon côté.

— Que désirez-vous, ma sœur? dit-il du ton le plus grave.

Certes ce que je désirais, en ce moment-là, était de me retrouver dans mon salon, avec des candélabres allumés, et au milieu de la société agréable qui m'y attendait. Mais je me gardai bien de laisser voir que j'avais peur, et me contentai de jeter un regard suppliant à mon beau-père, afin qu'il m'aidât à dire ce que *j'étais censée désirer*.

— Elle sait, maître, que vous dominez la nature, que votre profonde science vous met à même de tout connaître, et que les esprits sont à vos ordres. Elle voudrait donc entrevoir un de ces prodiges qui vous sont familiers.

Le vieillard pencha la tête, et parut absorbé dans ses pensées. Le plus profond silence se fit encore une fois. Me trouvant placée auprès des in-folio, j'avançai machinalement la main, voulant ouvrir un de ces volumes.

— Ne touchez pas à cela ! s'écria le petit homme. Vous verriez là des images qui vous glaceraient d'effroi ; les profanes ne peuvent sans danger prendre connaissance de ce que renferment mes livres.

Cette phrase un peu longue révéla à mon oreille le son d'une voix qui ne m'était pas inconnue, et je me penchai vers mon beau-père pour lui dire tout bas :

— C'est absolument la voix de M. de R...

— C'est vrai, la première fois j'en ai été frappé comme vous, répondit-il avec une simplicité qui ne me laissa aucun soupçon.

— Que dit la sœur ? demanda le vieillard.

— Elle admire le son grave et majestueux de votre voix, répondit mon beau-père.

L'illuminé s'inclina avec une apparente humilité, et comme un homme auquel l'admiration qu'il inspire arrache la réalisation d'une promesse faite imprudemment.

— Puisque le frère l'*exige,* dit-il, et qu'il répond de vous, ma sœur, parlez hardiment : que souhaitez-vous voir ? Sont-ce les bêtes de l'Apocalypse, les morts ou les absents ?

A l'idée seule des morts et des bêtes, je me sentis défaillir, et je dis : Les absents.

— Je vous préviens, reprit l'illuminé, que mon pouvoir ne s'étend pas au delà des mers, et qu'il n'agit que sur douze mille six cent quarante lieues d'étendue. Voyez, d'après cela, qui vous désirez voir apparaître.

Mes affections se trouvant concentrées sur un seul point du globe, je lui fis grâce de douze mille six cent trente lieues, et demandai à voir ma mère, mon mari et mon amie (madame Sobolewska).

— C'est bien ; mais comme vous n'êtes pas encore une adepte, vous ne pouvez, reprit-il gravement, assister aux cérémonies préparatoires. Retirez-vous donc un instant dans la pièce voisine.

Il fallut, bon gré, mal gré, retourner dans ce

petit vestibule sombre et froid que nous avions traversé en arrivant. C'était la dernière épreuve, et non la moindre! Me trouver ainsi toute seule, après les émotions que je venais d'éprouver, me sembla au-dessus de mes forces. Appuyée contre la porte, je commençai à me reprocher une curiosité qui me parut criminelle, et priant ardemment mon bon ange de me protéger, je lui promis saintement de ne plus jamais rien tenter de semblable.

Au bout de quelques minutes, mon beau-père ouvrit la porte et me fit entrer.

— Sœur, vous allez être satisfaite! mais je vous préviens que si vous faites un pas, si vous proférez une parole, le charme sera aussitôt rompu, et tout disparaîtra. Maintenant, regardez attentivement, vous allez voir ceux qui vous sont chers, et dans le lieu même où ils sont à cette heure.

Après avoir prononcé ces paroles avec une imposante gravité, le vieillard frappa trois fois des mains. Le rideau noir que j'avais remarqué en entrant s'ouvrit comme de lui-même, et j'aperçus, au travers d'une légère vapeur, la loge que je venais de quitter, et les trois personnes évoquées qui avaient l'air d'écouter attentivement, comme si la pièce, dont je n'avais vu que le premier acte, ne fût pas encore terminée. Les traits, la mise, les mouvements, tout enfin était d'une ressemblance tellement parfaite que je ne pus retenir une exclamation. Le rideau retomba, et j'entendis des éclats de rire.

— Ah! pour le coup, me dit mon beau-père, vous vous êtes montrée si brave qu'il n'y a plus moyen de vous refuser une initiation complète à tous les sortilèges exercés dans cette maison. Venez.

Et m'entraînant vers le mystérieux rideau, il l'ouvrit. Et je vis, non au travers d'une vapeur, mais bien distinctement, une table élégamment servie, éclairée de cent bougies, autour de laquelle tous nos amis réunis soupaient gaiement. Je restai muette d'étonnement.

On se leva, on m'entoura, on me demanda ce que je pensais de mon goût pour le merveilleux.
— Le merveilleux!... je ne pouvais parler, je ne savais pas répondre. Il m'était impossible de discerner la vérité de la fiction.

— Mais où sommes-nous ? demandai-je enfin.
— Dans la maison de M. M... qui est absent. On vous a fait faire mille détours, vous êtes même sortie de la ville.

— Et cette entrée mystérieuse ?

— Un petit escalier de service par lequel vous n'êtes jamais passée.

— Et l'illuminé ?

— C'est M. de R...; vous avez été sur le point de le reconnaître au son de sa voix.

— Et la vapeur ?

— De la gaze.

— Et la loge ?

— Un décor en papier peint.

— Et les gros in-folio auxquels il était défendu de toucher ?

— *Le Voyage de Naples et de Sicile.*

— Et le festin ?

— Vos cent ducats d'épargne destinés aux charités de l'illuminé.

— Mais enfin la préoccupation de mon beau-père ?

— Une mystification préparée de longue main.

Le plus habile, le plus surprenant dans toute cette machination, c'était d'avoir aussi bien calculé le degré de mon courage et celui de mes affections, et d'avoir deviné d'avance que je ne troublerais pas le repos des morts et que je désirerais évoquer les personnes mêmes auxquelles on avait pensé.

Ma mère et mon mari n'avaient pas été admis dans le secret des préparatifs; ce ne fut qu'à la sortie du spectacle que ma belle-mère les prévint du lieu où il fallait se rendre et de ce qui allait se passer. On avait craint, à juste titre, que leur sollicitude ne les portât à trahir un mystère dont dépendait l'agrément de la soirée, et dont le but n'était pas sans utilité. J'appris là combien il est aisé d'égarer l'imagination et d'abuser de la crédulité, car il est certain que si je fusse partie au moment où le rideau était tombé et qu'on m'eût reconduite chez moi, en me faisant suivre le même chemin et faire les mêmes détours, on eût pu difficilement dans la suite me ramener à une juste appréciation des choses de ce genre. Je serais restée persuadée que les illuminés ont d'intimes relations avec les esprits, et que rien de surnaturel ne leur est impossible.

Je ne fus nullement piquée d'avoir été dupe; bien au contraire, personne ne s'en amusa davantage. Mais cette soirée me valut une suite d'ennuis incommensurables. Il fallut raconter pendant au moins quinze jours, à ceux qui ne s'y étaient pas trouvés, les détails de tout ce qui s'était passé; renseigner les uns, rassurer les autres, redire dix fois par jour la même chose, répéter les mêmes noms. Je crus en mourir, et je finis par être tentée de répondre comme un des familiers du prince Radziwill(1), qui, appelé en témoignage par ce fameux blagueur, afin d'affirmer que le prince avait assisté à une fameuse bataille (2), finit par dire : « Je ne saurais garantir le fait, Monseigneur ayant été tué dès le commencement de l'affaire. »

Ce même Radziwill, se trouvant à Paris au commencement du règne de Louis XV, y fit grand bruit par ses prodigalités. Il n'achetait jamais autrement que par moitié ou par quart de magasin, disant que cela prenait trop de temps de *choisir*, et qu'il était plus court de jeter ensuite par les fenêtres les objets dont on ne voulait pas. Les Parisiens, reconnaissants, donnèrent son nom à un passage qui existe encore.

Le reste de l'hiver s'écoula doucement, sans

---

(1) Charles Radziwill, 1734-1790, chef de la Confédération de Bar (voir plus haut, p. 6-7). Il séjourna longtemps à Paris et fit bâtir à ses frais le *passage Radziwill* qui conduit au Palais-Royal. Il est célèbre par ses hautes fantaisies.

(2) Pendant laquelle le prince, voyant que les munitions allaient manquer, se mit à ramasser de ses mains les boulets qui couraient après lui, et en rechargeait aussitôt les canons afin de les renvoyer encore chauds à l'ennemi. (Note de la comtesse.)

amener d'événements remarquables, si ce n'est pour moi, dont la manière de vivre encore nouvelle se composait de ces mille petits incidents qui restent dans la mémoire en raison de l'impression qu'on en a reçue.

Tout en habitant l'hôtel de nos parents, nous avions des ménages séparés. Il me parut donc tout à fait loisible d'inviter du monde chez moi et de réunir de temps à autre les personnes qui me plaisaient le mieux. Nous eûmes l'attention de prendre les jours où ma belle-mère n'était pas seule, et nous crûmes qu'elle ne trouverait pas à redire à nos petites réunions, où le plus vieux convive n'avait pas trente ans. Hélas! il n'en fut pas ainsi. Elle se piqua et crut voir une exclusion désobligeante dans ce qui n'était que le désir d'échapper à la gêne et de jouir des plaisirs de notre âge. Si elle se fût expliquée franchement, nous eussions volontiers sacrifié ces courts moments de folle gaieté : mais elle se fâcha *en silence,* et, dès lors, il s'établit entre nous une sorte de gêne qui n'a jamais cessé depuis.

Le 17 mars (1), après vingt-huit heures de

---

(1) 1803. Auguste, comte Potocki.

souffrances les plus vives, je mis au monde un fils dont la naissance, si ardemment désirée, combla tous mes vœux.

J'ai eu deux enfants (1) depuis, mais je n'ai jamais retrouvé la sensation que j'éprouvai au premier cri de ce premier enfant. Ma joie était un délire qui, pour quelques minutes, m'ôta le sentiment de ma faiblesse ; je tentai de me lever pour aller regarder mon fils. Mais je retombai épuisée par les douleurs excessives que j'avais éprouvées. Jeune et forte, je me remis promptement, et le neuvième jour, établie sur ma chaise longue, je reçus les compliments d'usage.

Mon bonheur semblait devoir s'affermir par la naissance d'un héritier. Hélas ! avec la santé, les petites tracasseries recommencèrent, et nous finîmes par nous apercevoir que, tout en étant fort bien chez nos parents, le mieux serait d'être chez nous. Ce fut à cette époque que nous allâmes habiter Natoline, et que je commençai à m'occuper de cette délicieuse campagne.

Je m'y livrai avec ardeur. Je dessinais tous les plans, m'intéressais à tous les détails. Sans les

---

(1) Nathalie (1807), princesse Sanguszko, et Maurice, comte Potocki (1812).

connaître, je rêvais l'Italie et la Grèce. Mon beau-père était mon guide et semblait fier d'avoir fait de moi une *artiste*. Dès ce moment, je ne connus plus d'autres fantaisies, mon amour-propre ainsi que mes prétentions se trouvaient concentrés à Natoline, dans ce petit chef-d'œuvre qui me paraissait digne de l'*immortalité*.

Lorsque nous manquions d'argent, je vendais des diamants, afin d'acheter du marbre et du bronze. Mon mari semblait partager mes goûts et, quoique froid et peu susceptible d'enthousiasme, jouissait avec orgueil de mes créations.

Heureux temps où mes insomnies n'eurent jamais d'autre cause que le trop-plein de mon imagination ! Que de fois je rêvais les yeux ouverts ! Avec quelle impatience j'attendais le jour pour eter sur le papier les idées que le calme de la nuit avait fait germer !

VII

L'EMPEREUR ALEXANDRE A WILLANOW.
(1805)

Un hôte inattendu. — Le prince Adam Czartoryski. — Le dîner. — La conversation d'Alexandre. — Le grand livre de Willanow.

Un soir que nous prenions tranquillement le thé au coin du feu, on remit à mon mari une lettre dont le contenu sembla le surprendre, et comme j'insistais pour savoir d'où elle venait, il me dit de deviner quel était l'étranger qu'on nous annonçait pour le lendemain. J'eus beau chercher, je ne devinai pas.

Comment aurais-je pu imaginer que c'était l'empereur Alexandre avec sa suite qu'il fallait se préparer à recevoir?

Plus j'ai vu de souverains, plus je suis convaincue qu'ils ne se doutent pas de la gêne et de l'embarras qu'ils causent. On leur parle tant, dès le berceau, du bonheur qu'ils prodiguent à ceux qui les reçoivent, qu'ils ne devinent même pas combien leur présence est encombrante.

Nos gens firent merveille. La proximité d'une grande ville aidant à un *impromptu* de ce genre, ils réussirent au delà de notre attente ; à deux heures, tout était prêt.

J'avais invité mon oncle, le prince Poniatowski (1), ainsi que sa sœur la comtesse Tyszkiewicz (2), les priant de m'aider à faire les honneurs de ce banquet royal, moi, pauvre novice, qui débutais ainsi par un autocrate.

L'Empereur arriva à quatre heures. Il était jeune et beau ; mais quoiqu'il fût d'une taille très avantageuse, sa tournure me parut plutôt élégante que noble et distinguée. Ses manières étaient dépourvues de cette sorte d'aisance que donnent presque toujours une position exceptionnelle et l'habitude de commander. Il semblait embarrassé ; son excessive politesse avait quelque chose de banal ; et tout, jusqu'à la *raideur* du plus serré des uniformes, lui donnait l'aspect d'un

---

(1) Le prince Joseph, le héros des guerres impériales.
(2) Marie-Thérèse, comtesse Vincent Tyszkiewicz, dont il sera longuement question lors du séjour de la comtesse à Paris, Voir 3ᵉ partie, ch. III.

charmant officier infiniment plus que celui d'un jeune monarque.

Le prince Adam Czartoryski, fils du prince général, accompagnait Alexandre. On disait que l'Empereur, influencé par cet ami qui ne connaissait d'autre passion que l'amour de sa patrie, avait inspiré à l'autocrate la résolution de rétablir la Pologne. Ce qu'il y a de certain, c'est que les Prussiens, alors maîtres de Varsovie, ne permirent pas à l'Empereur de traverser la ville, craignant l'enthousiasme que pourrait exciter sa présence dans un moment où l'on affirmait hautement qu'il allait se déclarer roi de Pologne.

Et c'est ce qui nous valait l'honneur de cette visite.

Le général prussien Kalkreyter, commandant de Varsovie, avait reçu l'ordre de se rendre audevant d'Alexandre et de le reconduire jusqu'à la frontière.

Précaution honorifique dont personne ne fut dupe et qui fit rire tout le monde.

Je ne sais plus comment mon mari s'y prit pour avoir les ordres de Sa Majesté au sujet des personnes qui devaient prendre place à sa table; toujours est-il que le prince Czartoryski et le général

Kalkreyter eurent seuls cet honneur. Le reste de la suite dîna dans un salon séparé.

Le prince Poniatowski s'étant fait excuser, ma tante vint sans lui : nous n'étions donc en tout que six convives.

On avait mis un couvert isolé au haut de la table; l'Empereur en parut contrarié et poussa son fauteuil auprès de ma chaise. Il mangea peu et causa beaucoup. Sa conversation était simple et réservée ; on ne pouvait présumer qu'il eût de grands moyens, mais il était impossible de ne pas lui accorder de l'élévation dans les idées et une mesure infinie. Il ne fut guère question des événements qui l'amenaient, et le peu de mots qu'il dit là-dessus furent très discrets. Les généraux qui composaient sa suite ne furent pas aussi modestes, ils nous demandèrent nos commissions pour Paris, imaginant que leurs conquêtes et leurs triomphes ne s'arrêteraient que là. Or, un mois après le départ de notre hôte illustre, nous apprîmes qu'il avait été battu à Austerlitz et s'était retiré d'une traite jusqu'à Pétersbourg.

J'en reviens au dîner, qui se prolongea fort longtemps. Alexandre avait l'oreille dure, et, comme tous les *jeunes sourds,* il affectait de parler fort bas; on n'osait lui faire répéter ce qu'il avait dit, et, par respect, on répondait le plus souvent à tort et à travers.

Après être passé au salon, il s'y arrêta encore deux bonnes heures, se tenant toujours *debout*. On affirmait qu'il était tellement serré dans ses vêtements que toute autre attitude lui devenait incommode. Vers minuit, il se retira enfin, choisissant des deux appartements qui étaient prêts à le recevoir le plus simple.

Le lendemain, il fallut se lever de grand matin pour assister au déjeuner de Sa Majesté et recevoir ses adieux. Ma santé ne s'accommodait guère de toutes ces fatigues. Prêt à monter en voiture, l'Empereur me demanda d'une façon fort aimable s'il n'y aurait aucune possibilité pour lui de nous témoigner sa reconnaissance.

J'eus grande envie, le voyant en si bonne disposition, de lui demander la *Pologne!* Mais un regard de mon mari, qui m'avait devinée, contint cet élan patriotique et me fit rentrer dans les bornes prescrites par l'usage et par l'étiquette, laquelle ne s'accommode d'aucune espèce d'*improvisation,* et dont un des enseignements les plus positifs est de ne jamais demander aux princes que ce qu'ils sont d'avance décidés à ne point refuser.

Il fallut donc se contenter de prier Alexandre d'inscrire son nom dans le grand livre de Willanow, où tous les étrangers laissent ce souvenir. Il voulut bien signer à la première page. Nous étions loin de penser que le nom de Napoléon pourrait bientôt se trouver à côté de celui de l'empereur de Russie.

DEUXIÈME PARTIE

LES FRANÇAIS A VARSOVIE
(1806-1807)

I

L'AVANT-GARDE.

Fin de la guerre de Prusse. — Entrée d'un régiment français à Varsovie. — M. de F...t. — Murat. — Bal donné par le prince Poniatowski. — Le panache de Murat.

Le premier été de notre séjour à la campagne s'écoula avec une rapidité extrême, absorbés que nous étions par les travaux et les projets sans nombre. Nous ne rentrâmes à Varsovie que vers la fin d'octobre.

Les journaux étrangers n'étant pas, comme aujourd'hui, un des premiers besoins de la vie, fort peu de gens y étaient abonnés. Les jours de poste, les portes des privilégiés étaient assiégées par tous ceux qui étaient curieux de savoir ce qu'allait devenir la monarchie prussienne.

Personne ne douta un seul instant de l'étoile de Napoléon. On était certain qu'il reviendrait victorieux de cette campagne, comme de toutes les autres; mais nul ne s'attendait à la promptitude avec laquelle il triompha d'une armée encore fière de sa discipline et de ses succès passablement récents. Dès lors, l'anéantissement de la Prusse et le rétablissement de la Pologne parurent aux plus sages un résultat probable.

Le public se gênait si peu dans l'expression de ses sentiments et de ses espérances que les Prussiens, maîtres détestés d'un pays qu'ils n'avaient pas conquis, mais qui leur était échu en partage (1795), ne purent se méprendre sur les sympathies que les événements réveillaient. Et pourtant, il faut en convenir, personne ne fut inquiété; les autorités prussiennes se contentèrent d'intercepter autant que possible les nouvelles. Les journaux furent supprimés, les lettres brûlées, on nous cacha soigneusement la marche triomphale de l'armée française, mais on ne put étouffer longtemps le retentissement glorieux qu'eurent la victoire d'Iéna et l'entrée de Napoléon à Berlin.

Dès ce moment, toutes les têtes s'enflammèrent, et l'on cessa de cacher sa joie. Les restaurants étaient remplis d'une jeunesse bouillante qui, au bruit des verres, chantait des airs patriotiques et appelait à grands cris les *libérateurs* et les *frères*.

Le général Kalkreyter, commandant de la ville, ayant appris secrètement que l'Empereur avait quitté Berlin et se dirigeait sur Posen, expédia en toute hâte un courrier afin d'obtenir des instructions; car, oublié dans la bagarre, il se trouvait fort embarrassé. Tout en songeant à sa retraite, il sut encore envelopper d'un profond mystère les mouvements de la Grande Armée, si bien que nous apprîmes presque le même jour le départ de Berlin et l'entrée de Napoléon à Posen.

Ce fut le signal de la retraite pour les autorités prussiennes qui abandonnèrent Varsovie, escortées par les huées des gamins, et allèrent rejoindre les Russes, campés de l'autre côté de la Vistule. Le roi de Prusse écrivit au prince Poniatowski (1), le nommant gouverneur de la ville et chef d'une garde nationale qui n'existait pas. Il le priait de veiller à la sûreté des habitants, affirmant qu'il ne saurait remettre en de plus dignes mains d'aussi graves intérêts; mais les Prussiens n'ayant

---

(1) Le prince Joseph

7

pas laissé un seul fusil, le prince se vit réduit à armer tant bien que mal une centaine d'individus qui, avec leurs piques et leurs bâtons ferrés, s'installèrent dans les corps de garde. Cet état de choses ne dura que peu de jours.

Le 21 novembre, au matin, fut signalée l'arrivée d'un régiment français.

Comment dire l'enthousiasme avec lequel il fut reçu? Pour bien comprendre de telles émotions, il faut, comme nous, avoir tout perdu et croire à la possibilité de tout espérer. Cette poignée de braves, en touchant notre sol, nous parut une garantie de l'indépendance que nous attendions du grand homme auquel rien ne résistait.

L'ivresse fut à son comble, toute la ville s'illumina comme par magie. Certes, ce jour-là, il ne fut pas nécessaire que les autorités s'occupassent de loger les nouveaux venus, — on se les disputait, on se les arrachait, — c'était à qui les recevrait le mieux. Ceux des bourgeois qui, ne sachant pas le français, ne pouvaient se faire comprendre, empruntaient un langage muet qui est de tous pays et, par des signes d'allégresse, des poignées de main, des éclats de joie, faisaient comprendre à leurs hôtes qu'ils leur offraient de grand cœur tout ce que la maison contenait, *la cave inclusivement.*

On dressa des tables jusque dans les rues et sur les places. On porta plus d'un toast à la future indépendance, à la brave armée, au grand Napoléon!... On s'embrassa, on fraternisa, on trinqua même un peu trop, car les soldats finirent par se livrer à des excès qui refroidirent momentanément l'enthousiasme avec lequel ils avaient été reçus.

Le lendemain (1), le prince Murat, alors grandduc de Berg, fit son entrée à cheval. On vit force panaches, uniformes brodés, galons d'or et d'argent, etc. Son logement était préparé à l'hôtel Raczynski; mais ne s'y trouvant pas bien, à cause d'une cheminée qui fumait, il vint s'établir chez nous.

J'étais très curieuse de voir un Français; ceux de la veille ne comptaient pas, on les avait regardés en *masse.* L'heure du souper étant venue, mon beau-père, le comte Potocki, envoya demander si les aides de camp de Son Altesse ne voulaient pas monter. A mon grand désappointement, ces messieurs firent remercier; ils ne

(1) D'après madame de Rémusat, ce fut le 28 novembre.

soupaient jamais. Mais à peine étions-nous à table qu'un bruit de sabres et d'éperons se fit entendre dans la salle voisine, et nous vîmes entrer un officier de hussards qui s'avança avec l'empressement qu'on ne témoigne qu'à de bonnes connaissances.

— Ah ! c'est Charles ! s'écria mon mari qui l'avait connu à Paris ; et, l'ayant embrassé, il nous le présenta.

Ce nom ne m'était pas étranger, j'avais entendu parler de M. de F... comme d'un homme très séduisant, qui avait inspiré une grande passion à une de mes compatriotes les plus distinguées.

Les femmes raisonnables font peu de cas des hommes à bonnes fortunes, ou, du moins, elles s'en méfient. Celles qui sont moins raisonnables et qui comptent sur *leurs principes* trouvent, au contraire, un certain plaisir à braver ces hommes. J'avouerai sans détour que j'étais de ce nombre : il me fut donc tout à fait désagréable d'être prise à l'improviste et de n'avoir pas soigné ma toilette. Je baissai la tête, décidée à n'être point vue et à ne point regarder ; mais un son de voix comme je n'en avais jamais entendu vint ébranler cette résolution, et je levai les yeux pour voir quelle figure pouvait avoir un homme qui parlait si harmonieusement. C'est, je crois, la seule personne qu'il me soit arrivé d'écouter avant de la regarder.

Charles avait vingt et un ou vingt-deux ans; sans être régulièrement beau, il avait une figure charmante. Son regard était voilé d'une mélancolie qui semblait trahir une peine secrète. Ses manières étaient élégantes, sans fatuité, sa conversation spirituelle, ses opinions indépendantes; jamais personne n'a mieux réalisé l'idée qu'on se fait d'un héros de roman et d'un preux chevalier. Aussi sa mère, madame de Souza (1), s'en est-elle servie comme d'un type qu'elle a reproduit, sous différents noms, dans ses délicieux romans.

Il passa avec nous une partie de la soirée. On l'accabla de questions sur cette surprenante campagne, terminée en quelques jours.

Ses réponses furent du meilleur goût, sans aucune jactance; il entendait l'art de la conversation en véritable Français, n'épuisant jamais l'intérêt, passant d'un sujet à l'autre sans brusquerie comme sans lenteur. Vers la fin de la soirée, la

(1) Sur madame de Souza, voir SAINTE-BEUVE, *Portraits de femmes.*

causerie m'entraîna; je crus m'apercevoir qu'il m'écoutait avec plaisir, et j'avoue que j'en fus flattée.

Deux jours après son arrivée, le prince Murat, m'ayant fait annoncer sa visite, monta, le soir, avec une suite nombreuse. C'était un grand homme, ou plutôt un homme grand, d'une figure soi-disant belle, mais qui déplaisait, car elle était sans noblesse et entièrement dépourvue d'expression. Il avait l'air majestueux des comédiens qui jouent les rois. On s'apercevait facilement que ses manières étaient factices, et qu'habituellement il devait en avoir d'autres. Il ne s'exprimait pas mal, car il se surveillait beaucoup; mais son accent gascon et quelques expressions par trop soldatesques démentaient un peu le « prince ». Il aimait à raconter ses faits d'armes et nous parla guerre pendant une heure au moins.

La prise de Lubeck était son sujet favori : il était entré dans cette place à la tête de sa cavalerie, comme on va à l'assaut. C'était là un beau fait d'armes, mais peu agréable à entendre raconter. Le sang ruisselait dans les rues, les chevaux se cabraient devant des monceaux de cadavres. Cette trop fidèle image de la guerre n'était pas réconfortante pour nous autres pauvres femmes qui allions voir courir aux armes tous ceux auxquels nous nous intéressions.

Murat avait déjà contracté les habitudes des princes : il ne causait pas, il parlait, se flattant qu'on l'écoutait, si ce n'est avec plaisir, du moins avec une respectueuse déférence.

Se levant enfin et saluant avec dignité, il nous dit qu'il retournait dans son cabinet pour étudier la carte de Pologne et les positions de l'armée russe.

Quelques jours après, il y eut grand bal au Château (1). Murat, pressé de se montrer, avait dit au prince Poniatowski qu'ayant entendu parler de la beauté des Polonaises, il désirait en juger par lui-même : mon oncle donna une très belle fête. J'étais indisposée et ne pus m'y rendre, mais on vint en toute hâte m'en donner des nouvelles; le prince s'y était montré en *grande tenue*. Je l'ai vu depuis avec ce costume tant soit peu théâtral, et tel qu'il convenait à un prince *de son sang*. Il n'y avait d'admirable dans tout cela que le panache, — ce panache tricolore qu'on voyait toujours

---

(1) Résidence des rois de Pologne.

flotter là où le danger était imminent ! Aussi les Polonais, charmés d'une valeur si grande, eussent-ils volontiers mis une couronne sur ce panache glorieux.

Nous n'avons jamais su si Napoléon avait donné un espoir de ce genre à son beau-frère ; mais il est certain que Murat avait conçu cet espoir et se complaisait à faire des rapprochements entre la fortune de Sobieski et la sienne. C'était même une de ses conversations favorites, il y revenait sans cesse et se faisait raconter tout ce qui avait trait à l'élévation de ce roi-soldat (1).

(1) On lit dans le bulletin qui annonçait l'entrée des Français à Varsovie : « Le trône de Pologne se rétablira-t-il ? Dieu seul, qui tient dans ses mains les combinaisons des événements, est l'arbitre de ce grand problème politique. » La question était posée — elle ne fut jamais résolue. Ce ne fut pas faute de compétiteurs. « Dès cette époque, dit madame de Rémusat, la famille de Bonaparte commença à convoiter le trône de Pologne. Son frère Jérôme avait quelque espérance de l'obtenir. Murat, qui avait montré en toute occasion, dans cette campagne, sa brillante valeur... entrevoyait des chances pour que ce grand pays fût un jour confié à sa domination. » *Mémoires*, III, p. 101-102.

II

ENTRÉE DE NAPOLÉON.

Le triumvirat. — Les préparatifs. — Arrivée secrète de l'Empereur. — La réception officielle.

Dès qu'on sut l'Empereur arrivé à Posen, il fut décidé qu'on enverrait une députation à sa rencontre. Ce n'était pas chose facile. Tout ce qu'il y avait de gens remarquables dans le pays était à la campagne, attendant l'issue des événements. De plus, les personnes dont la fortune se trouvait sous la domination de l'empereur de Russie se tenaient aussi à l'écart; elles avaient l'expérience du passé et savaient qu'un arrêt de confiscation serait le résultat inévitable d'une démarche imprudente.

On se tira d'affaire en improvisant un triumvirat assez insignifiant qui fut envoyé au-devant du vainqueur. Son coup d'œil d'aigle lui fit bien vite apprécier la valeur de cette députation, à laquelle il adressa des paroles tout à fait banales et nullement propres à soutenir les espérances que son approche faisait naître. Le prince Murat laissa entendre aux autorités que l'Empereur ferait son entrée avec une certaine pompe, ne fût-ce que pour envoyer un article brillant au *Moniteur*. On se hâta d'élever des arcs de triomphe, les illuminations furent préparées, les inscriptions rimées, les couronnes tressées. Tous ces préparatifs devinrent superflus; Napoléon s'amusa à déjouer l'attente générale, il arriva à quatre heures du matin sur un mauvais cheval qu'il s'était fait donner au dernier relais.

On se figure aisément l'alarme que cet événement fit naître au Château, où tout était plongé dans le plus profond sommeil. L'Empereur alla lui-même à la guérite éveiller la sentinelle, qui donna le signal convenu. Le bouleversement fut d'autant plus grand que les réparations qu'on avait été obligé d'entreprendre au Château, inhabité depuis nombre d'années, n'étaient pas terminées.

Fort heureusement l'appartement du dernier roi, resté intact, semblait attendre ce nouvel hôte. Cette partie du Château construite sous le règne de Stanislas-Auguste porte ce cachet de perfection qui échappe aux avaries du temps, ainsi qu'à l'absolutisme de la mode.

L'Empereur ne s'était fait suivre que de Roustam, son mamelouk. Les équipages étaient restés embourbés, — il n'y avait pas encore de chaussées, et les chemins de traverse, en cette saison, étaient impraticables.

Aussitôt arrivé, l'Empereur fit annoncer que le soir il recevrait les autorités, ainsi que les personnes qui avaient le droit de lui être présentées.

J'éprouve encore quelque émotion au souvenir de l'impatience avec laquelle nous attendions ceux qui venaient d'être admis au Château. Mon beau-père était à la tête de la députation officielle. Il rentra à dix heures du soir, — moins ravi et plus surpris que je ne saurais le dire.

Napoléon s'était exprimé avec cette volubilité et cette prolixité qui indiquaient chez lui une sorte d'excitation nerveuse. Il avait beaucoup parlé, sans cependant rien dire d'encourageant. Je suppose même qu'à la réflexion il eût volontiers retiré différentes phrases qui lui échappèrent.

Après s'être étendu sur ce qu'il venait d'accomplir en Prusse, détaillant minutieusement les motifs qui l'avaient décidé à cette guerre, il s'appesantit sur les immenses difficultés qu'il fallait surmonter pour qu'une armée aussi nombreuse pût avancer et se procurer assez de vivres.

— Mais, ajouta-t-il, en définitive, peu importe! Et, mettant les mains dans les poches, il ajouta : J'ai les Français là!... En gouvernant leur imagination, j'en fais ce que je veux!...

Une sorte de surprise silencieuse se peignit sur la figure de tous ceux qui l'écoutaient.

Après une pause, il ajouta :

— Oui!... oui... c'est comme je vous le dis!...

Et prenant une prise de tabac pour reprendre haleine, il se remit à parler très vivement; il fit une sortie virulente contre les magnats polonais qui, à son avis, ne témoignaient pas assez de zèle et de patriotisme.

— Il faut, s'écria-t-il, du dévouement, des sacrifices, du sang! Sans quoi vous ne serez jamais rien.

Mais au milieu de ce flux de paroles, il ne lui en échappa aucune qui pût passer pour une promesse. Aussi les plus raisonnables revinrent-ils de cette audience peu satisfaits, mais résolus à faire tout ce que l'honneur et l'amour de la patrie leur dicteraient.

Dès lors, il ne fut plus question que d'organisation militaire, de recrutement, etc. On donnait tout ce qu'on pouvait, et le peu qu'on se réservait était enlevé de force par les Français.

Quoi que Napoléon eût dit du peu de zèle des grands seigneurs, je puis affirmer qu'en aucun pays on ne fit jamais avec autant d'empressement d'aussi énormes sacrifices.

Il ne s'écoulait guère de jour qui n'apportât la nouvelle d'une offrande volontaire, d'un don patriotique. Lorsque l'argent vint à manquer, nous envoyâmes tous notre vaisselle à la Monnaie.

Dans les cantonnements, les officiers supérieurs étaient défrayés par les propriétaires.

Un riche gentilhomme, ayant voulu traiter splendidement un des maréchaux les plus renommés, ne fut pas peu surpris d'apprendre le lendemain que son argenterie avait disparu avec les fourgons du héros. La plaisanterie fut jugée trop forte et fut rapportée à l'Empereur, qui, indigné de cette manière d'agir, dans un pays ami, fit aussitôt restituer la vaisselle et mit cette *distraction* sur le compte des gens du maréchal, lesquels étaient peu faits à des réceptions de cette nature.

III

LES PREMIÈRES HOSTILITÉS.

Le salon de la comtesse. — Le prince Borghèse. — L'enfant malade. — Dévouement de M. de F.... — Projet de Savary. — Pultusk. — Réception au château. — Le Cercle. — La toilette de la comtesse. — Présentation à l'Empereur.

Je recevais beaucoup de Français. Mon mari faisait toujours partie de ces réunions et m'aidait à en faire les honneurs.

On jouait quelquefois, plus souvent on causait. Le prince Borghèse, beau-frère de l'Empereur, était au nombre de nos habitués, mais personne ne s'inquiétait de lui. Je n'oublierai jamais que dans les courts intervalles où la conversation devenait *un peu* sérieuse, il s'en allait chercher des chaises, les rangeait deux à deux, au beau milieu du salon, et s'amusait en fredonnant à danser des contredanses avec ces muets figurants. Nous avions habituellement le brave général Exelmans, l'aimable Louis de Périgord, qui mourut un an plus tard, durant un voyage de Pétersbourg à Berlin, regretté de tous ceux qui l'avaient connu; l'intéressant Alfred de Noailles, le beau Lagrange, et quantité d'autres dont le souvenir s'est effacé avec le temps, ou à cause de leur nullité.

Sur ces entrefaites, mon fils (1) tomba malade. Toute la maison était désorganisée, j'étais séparée de mon enfant. Il occupait une des ailes de l'hôtel attenant aux appartements cédés aux aides de camp du prince Murat; pour aller voir mon pauvre petit malade, il me fallait traverser la cour. On était au mois de décembre; ce court trajet, devenu dangereux parce que le sentier était glissant, m'avait été sévèrement interdit à cause de l'état dans lequel je me trouvais. Ne pouvant à toute heure voir mon enfant, je me le figurais beaucoup plus mal qu'il n'était, et, ne me sentant pas disposée à prendre part à la gaieté des autres, je me retirai ce jour-là beaucoup plus tôt que de coutume.

Dès l'aube j'envoyai chez la bonne afin d'avoir des nouvelles. Quelle fut ma surprise lorsque, au lieu d'une réponse verbale, on me remit un bulletin de tout ce qui s'était passé pendant la nuit! Je

---

(1) Le comte Auguste Potocki.

savais le nombre de fois que le petit malade avait pris sa potion, combien de temps il avait dormi, quel avait été le degré de la fièvre !... Mon cœur de mère, sans connaître cette écriture, la devina.

Ce jour-là je fus embarrassée en abordant M. de F..., et comme je hasardais quelques remerciements :

— Ah! mon Dieu! me dit-il, voilà comment parfois on se fait un mérite des choses les plus simples. J'étais de service cette nuit, il y a dans la chambre de votre fils un canapé commode sur lequel je me suis installé; et, ne voulant pas me laisser aller au sommeil, j'ai tâché de m'occuper de ce qui se passait autour de moi. Votre enfant est hors de tout danger, ajouta-t-il avec un accent qui alla jusqu'à mon cœur.

Je ne pouvais parler... il me prit la main, la serra, sans oser y porter les lèvres, et s'enfuit bien vite.

Dès ce moment, il s'établit entre nous une sorte d'intimité. On eût dit une vieille et sainte amitié qui avait tout le charme d'un nouvel amour mystérieux et craintif.

Fidèle à mes devoirs, je n'admis même pas la

possibilité d'un sentiment qu'il eût fallu écarter, et je me contentai de nier le danger.

Il me sembla permis d'avoir de l'*amitié* pour un homme qui réunissait toutes les qualités qu'on eût désirées dans un frère. J'éloignais le trouble que j'éprouvais lorsque je rencontrais ce regard doux et mélancolique, lorsque j'entendais Charles chanter ces délicieuses romances que jamais personne n'a chantées comme lui. J'oubliais enfin, et ce fut le plus grand de mes torts, qu'une jeune femme ne doit avoir d'autre confident et d'autre ami que son mari. Mais aussi pourquoi le mien ne m'en faisait-il pas souvenir?...

L'hiver de 1807 fut extrêmement rigoureux. Le pays, déjà appauvri par le passage de l'armée russe, se trouvait à bout de ressources quand il fallut subvenir aux besoins de cent mille Français arrêtés sur un seul point! Les troupes souffraient beaucoup et commençaient à murmurer, car elles manquaient de tout (1).

(1) Voir le 5e *cahier,* du capitaine Coigniet. — Voici à ce sujet une bien jolie anecdote racontée par Rapp : « Napoléon fut reçu avec enthousiasme; la nation croyait toucher au moment où elle allait renaître, elle était au comble de ses vœux. Il est difficile de peindre la joie des Polonais et le respect qu'ils avaient pour nous. Nos soldats étaient moins satisfaits... Quatre mots

Savary, alors aide de camp de l'Empereur, proposa ce qu'il appelait un parti *vigoureux*, — il s'agissait d'affamer la ville en fermant les barrières, et de s'emparer des vivres qu'on amenait journellement pour la subsistance des habitants.

Napoléon, fatigué des murmures de ses grognards (1), accepta cette proposition, et les ordres furent donnés. Nous étions donc à peu près condamnés à mourir de faim. L'*ami* nous avertit, bien en secret, de ce qui allait se passer. Une indiscrétion aurait pu le perdre, il fallait donc parer au mal, sans compromettre M. de F.... Nous tînmes conseil, et mon mari décida que, sous prétexte d'un soudain voyage, nous allions faire faire des provisions. Fort heureusement ces précau-

---

constituaient pour eux l'idiome polonais : *Chleba? niema; woda? saras.* — Du pain? il n'y en a pas; de l'eau? on va en apporter. C'était là toute la Pologne. — Napoléon traversait un jour une colonne d'infanterie aux environs de Nasielk, où la troupe éprouvait de grandes privations, à cause des boues qui empêchaient les arrivages. *Papa, chleba?* lui cria un soldat. *Niema*, répondit l'Empereur. Toute la colonne partit d'un éclat de rire; personne ne demanda plus rien. » (*Mémoires*, p. 106-108.)

(1) Ce fut pendant cette campagne que Napoléon traita ses soldats de *grognards*. — « Nom qui nous est resté et qui nous fait honneur aujourd'hui. » Capitaine COIGNIET, 5ᵉ cahier.

tions devinrent superflues. Le prince de Neufchâtel (1) et M. de Talleyrand ayant eu le courage de représenter à l'Empereur qu'il risquerait d'exciter une émeute, on se décida de faire ouvrir de force le cordon autrichien, ce qui nous procura, ainsi qu'à l'armée, des vivres en abondance.

Tandis qu'on commençait à s'étonner de la tranquillité apparente qui régnait au Château et que les dames s'indignaient du peu d'empressement que témoignait l'Empereur à les voir, Napoléon faisait ses plans d'attaque; et, sans s'effrayer des rigueurs de la saison, il partit subitement afin de se porter au-devant des Russes retranchés de l'autre côté de la Vistule, dans la petite ville de Pultusk. On se battit pendant quelques jours sans grand résultat. L'hiver mit obstacle à tout; des pluies continuelles avaient tellement défoncé les chemins que les canons restaient embourbés, — plusieurs soldats périrent dans les fondrières. Jamais rien de pareil ne s'était encore vu, et celui dont le génie semblait, jusque-là, avoir dominé les éléments, se vit forcé de revenir après avoir harcelé et repoussé l'ennemi,

(1) Berthier.

mais le laissant en mesure de résister encore longtemps.

L'on craignait, non sans raison, l'effet de cette première contrariété sur Napoléon ; et ce ne fut qu'en tremblant que les autorités allèrent l'attendre au Château.

Mais, au grand étonnement de tous, il se montra parfaitement calme.

— *Eh bien!* dit-il, *vos boues* (1) *ont sauvé les Russes, il faudra attendre les gelées.*

Il parla ensuite de l'administration du pays, insistant sur la nécessité qu'il y avait d'apporter beaucoup d'ordre et de prévoyance dans la manière de subvenir aux besoins de l'armée, désignant les points où il fallait établir des magasins, — entrant dans tous les détails avec une admirable lucidité et une connaissance déjà parfaite des lieux, des choses et des hommes à employer (2).

Cette fois, il n'en fut pas comme la première,

---

(1) « Le nom des *boues de Pultusk* s'est conservé dans le souvenir de nos soldats. » FEZENZAC, *Souvenirs militaires*, p. 130.

(2) « D'après les renseignements puisés dans la quantité énorme de dépêches que je reçus alors... j'ai dû regarder comme un chef-d'œuvre d'administration la manière dont l'Empereur établit à Varsovie un mode d'approvisionnement pour son armée qui manquait de tout. » BOURIENNE, *Mémoires*, VII, p. 141.

tous ceux qui se trouvèrent au Château revinrent pénétrés d'admiration pour l'étendue et la profondeur de ce génie également propre à conquérir et à gouverner.

Mon beau-père voulut bien venir me rendre compte de ce qui s'était passé à cette réception. A peine était-il assis que nous entendîmes un grand bruit d'hommes et de chevaux. C'était le prince Murat qui arrivait avec fracas; il revenait aussi de cette courte campagne, suivi de tout son état-major.

Personne ne manquait à l'appel, heureusement, quoique, selon son habitude, le prince eût été au-devant des balles caracoler à tous les avant-postes.

Quelques jours après, on annonça qu'il y aurait enfin *cercle* pour les dames. Nous allions donc à notre tour voir le grand homme et le juger! Il fallait songer à une belle toilette, — l'amour-propre national y était engagé.

Je fus fort satisfaite de la mienne. Mon état, encore peu visible, se trouvait entièrement déguisé à l'aide d'une robe de velours noir, brodée à la Mathilde (1) d'or et de perles. Une fraise ouverte

---

(1) Quelques années plus tard, une autre Polonaise, mais peu patriote, celle-là, se présenta aussi à Napoléon (à Wilna) dans

à la Van Dyck, des touffes de boucles légères et tous mes diamants accompagnaient parfaitement ce costume noble et sévère qui, à vrai dire, contrastait avec ma figure, alors fraîche et riante. La mode n'avait pas encore consacré ces costumes de fantaisie; je crois avoir été l'une des premières à les adopter, et mes toilettes tenaient plus de l'artiste que du journal de modes.

Nous arrivâmes au Château vers neuf heures du soir. Il fallut traverser toute une armée dorée et chamarrée, formant la haie pour voir passer les dames. Je suivais ma belle-mère, regardant à droite et à gauche pour juger de l'effet que produisait ma parure sur des juges également compétents et difficiles. J'avoue que je fus charmée lorsque, au milieu d'un chuchotement flatteur, j'entendis cette phrase toute française :

« Ah! que c'est original!... On dirait un joli portrait sortant d'un vieux cadre. A Paris, on ne voit rien de semblable! »

On nous fit entrer dans la magnifique salle où se trouvaient les tableaux historiques, emportés

une « robe très simple, en percale blanche, enjolivée *à la Mathilde* ». Comtesse DE CHOISEUL-GOUFFIER, née TYSENHAUS, *Réminiscences,* p. 6.

depuis à Moscou par ordre de l'empereur Nicolas. Cette salle était éclairée *a giorno*. Il y avait déjà quantité de dames rangées les unes à côté des autres, et, comme on ne s'était pas montré difficile sur le choix, l'assistance était très nombreuse.

Nous attendîmes assez longtemps, et, s'il faut l'avouer, notre curiosité n'était pas exempte d'une certaine crainte. Tout à coup le silence fut troublé par une subite rumeur, les battants de la porte s'ouvrirent avec fracas, et M. de Talleyrand s'avança, prononçant à haute et intelligible voix cette parole magique qui faisait trembler le monde : *L'Empereur!* Aussitôt Napoléon apparut et s'arrêta un instant comme pour se laisser regarder.

Il existe tant de portraits de cet homme étonnant, on a tant écrit son histoire, toutes les légendes redites par les enfants de ses vieux soldats resteront si longtemps palpitantes, que les générations à venir le connaîtront presque aussi bien que nous. Mais ce que l'on comprendra difficilement, c'est combien l'impression qu'on ressentait en l'apercevant pour la première fois était profonde et inattendue. Quant à moi, j'éprouvai une sorte de stupeur, une surprise muette, semblable à celle dont on est saisi à la vue de toute espèce de prodige. Il me semblait qu'il avait une auréole. La seule idée qui me vint lorsque je fus remise de ce premier éblouissement fut qu'il n'était pas possible qu'un tel être pût mourir, qu'une organisation aussi puissante, un génie aussi vaste dussent jamais s'anéantir!... Je lui accordais à part moi une *double immortalité*.

Il est probable — et je ne veux nullement m'en défendre — que l'impression qu'il produisit sur moi provenait de la jeunesse et de la vivacité de mon imagination. Quoi qu'il en soit, je raconte simplement ce que j'éprouvai.

Ma belle-mère se trouvait auprès de la porte par laquelle l'Empereur était entré; il s'adressa d'abord à elle, et lui parla de son mari (1) d'une manière très flatteuse. — Mon tour vint ensuite. Je ne saurais retrouver ce qu'il me dit, tant j'étais troublée. Ce fut probablement une de ces phrases banales qui vont à toutes les jeunes femmes. Je répondis sans doute assez gauchement, car il me regarda avec une sorte de surprise, ce qui me déconcerta encore davantage et me fit tout oublier,

(1) Le comte Stanislas Potocki, président du Conseil.

excepté le sourire gracieux et doux dont il accompagna le peu de mots qu'il m'adressa. Ce sourire, qui lui était habituel lorsqu'il parlait à une femme, ôtait à sa figure tout ce que son regard aurait pu lui donner de sévère (1).

Il fit ainsi très vite le tour du salon; plusieurs des dames essayèrent de lui parler des espérances que sa présence faisait naître; mais il ne répondit que par monosyllabes à ces élans patriotiques, passablement déplacés à une présentation, et nous expédia en moins d'une demi-heure. Arrivé à la porte par laquelle il était entré, il dit assez haut à M. de Talleyrand :

— Que de jolies femmes!

Se tournant ensuite encore une fois, il nous fit de la main un gracieux salut et rentra dans ses appartements.

(1) « Son regard avait quelque chose d'étonnant; c'était un regard fixe et profond, nullement l'air inspiré et poétique. Ce regard prenait une douceur infinie, quand il parlait à une femme... » STENDHAL, *Vie de Napoléon*, p. 276-277.

IV

GALANTERIES.

Bal chez M. de Talleyrand. — Le verre de limonade. — Une contredanse impériale. — Madame Walewska. — Un Greuze. — La clef des petits appartements du prince Murat.

L'Empereur déclara que, ne pouvant se battre, il voulait qu'on s'amusât. Le moment était propice, le carnaval venait de commencer; cependant il y avait un obstacle. Les *libérateurs* occupaient toutes les maisons, partout les propriétaires étaient comme nous réduits à quelques petites chambres, où l'on s'était casé tant bien que mal, mais où il était impossible de songer à donner des fêtes.

Le prince Poniatowski, qui, seul, aurait pu réunir au Château une société nombreuse, était gêné par la présence de l'Empereur.

Après bien des pourparlers, il fut décidé que le premier bal aurait lieu chez M. de Talleyrand, grand chambellan et ministre des affaires étrangères.

L'Empereur, ainsi que tous les princes, devait

y venir. On assurait qu'il n'y aurait que cinquante dames, mais cette sévère étiquette ne put tenir contre les mille petites intrigues d'usage en pareille occasion. Il est certain que c'était là une de ces fêtes que, pour rien au monde, on n'eût voulu manquer. Toutes les vanités et toutes les curiosités étaient en jeu. Pour moi, j'avais un vif désir de voir de près l'amphitryon, qui passait pour l'homme le plus aimable et le plus spirituel de son temps; — à dire vrai, il fit peu de frais pour nous paraître tel. Les intimes affirmaient que personne n'était à la fois plus habile et plus brillant; mais si je devais le juger d'après l'effet qu'il produisit alors sur moi, je dirais qu'il semblait blasé et ennuyé de tout, — avide de fortune, jaloux de la faveur d'un maître qu'il détestait, sans caractère comme sans principes, en un mot, malsain d'âme comme de figure.

Je ne saurais rendre la surprise que j'éprouvai en le voyant s'avancer péniblement jusqu'au milieu du salon, une serviette pliée sous le bras, un plateau de vermeil à la main, et venir offrir un verre de limonade à ce même monarque qu'à part lui il traitait de parvenu!

Dans sa jeunesse, M. de Talleyrand avait eu,

disait-on, de grands succès auprès des femmes ; et je l'ai vu depuis au centre de son vieux sérail (1)... C'était réellement fort comique ; toutes ces dames auprès desquelles il avait tour à tour rempli le rôle d'amant, de tyran ou d'ami s'efforçaient vainement de le désennuyer. La maussaderie résistait à tous leurs efforts. Il bâillait à l'une, brusquait l'autre, les traitait toutes de folles, relevant malignement les souvenirs et les *dates.*

Je reviens au bal de M. de Talleyrand. Ce fut un des plus curieux auxquels il me fut donné d'assister. L'Empereur y dansa une contredanse qui servit de prétexte à sa liaison avec madame Walewska.

— Comment trouvez-vous que je danse ? me dit-il en riant ; je pense que vous vous êtes moquée de moi.

— En vérité, Sire, lui répondis-je, pour un grand homme vous dansez parfaitement (2).

Peu avant, Napoléon était venu s'asseoir entre cette future favorite et moi ; après avoir causé

---

(1) Voir 3e partie, ch. VI.

(2) « Pendant cet hiver (1806), il (Napoléon) cherchait toutes les occasions de réunions ; il s'y montrait gai, et même y dansait un peu et *assez gauchement.* » RÉMUSAT, *Mémoires*, II, p. 98.

quelques minutes, il me demanda qui était son autre voisine. Dès que je l'eus nommée, il se tourna de son côté de l'air du monde le mieux informé.

Nous sûmes depuis que M. de Talleyrand avait étendu ses attentions jusqu'au point de ménager cette première entrevue et d'aplanir les difficultés préliminaires (1). Napoléon ayant manifesté le désir de compter une Polonaise au nombre de ses conquêtes, elle fut choisie telle qu'il la fallait, — délicieuse de figure et nulle d'esprit. On prétendit avoir remarqué qu'après la contredanse l'Empereur lui avait serré la main, ce qui, disait-on, équivalait à un rendez-vous.

Effectivement il eut lieu le lendemain soir. On raconta qu'un grand dignitaire était allé chercher la belle; on parla d'un avancement subit et non mérité pour un frère mauvais sujet, d'une parure en diamants qu'on assurait avoir été refusée. On

---

(1) D'après madame DE RÉMUSAT, *Mémoires,* I, p. 121, ce fut Murat qui fut chargé des véritables préliminaires : « Lors de la première entrée en Pologne, Murat, qui l'avait précédé à Varsovie, reçut l'ordre de chercher pour l'Empereur, qui allait arriver, une femme jeune et jolie, et de la prendre de préférence dans la noblesse. Il s'acquitta adroitement de cette commission, et détermina à cet acte de complaisance une jeune et noble Polonaise, mariée à un vieux mari. »

dit bien des choses qu'on ne savait peut-être pas et qu'on inventait à plaisir. On alla jusqu'à prétendre que Roustam, le mamelouk, avait servi de femme de chambre!... car que ne dit-on pas en pareille occasion? Ce qu'il y a de certain, c'est que nous fûmes toutes désolées qu'une personne admise dans la société eût montré autant de facilité et se fût aussi peu défendue que la forteresse d'Ulm.

Mais le temps, qui prête une couleur à tout, donna à cette liaison si légèrement contractée une teinte de constance et de désintéressement qui effaça en partie l'irrégularité du début et finit par ranger madame Walewska au nombre des personnes intéressantes de son époque (1). Délicieusement jolie, elle réalisait les figures de Greuze; ses yeux, sa bouche, ses dents étaient admirables. Son rire était si frais, son regard si doux, l'en-

(1) « L'Empereur, comme les officiers, paya tribut à leur beauté (la beauté des Polonaises). Il ne put résister aux charmes de l'une d'elles; il l'aima tendrement, et fut payé d'un noble retour. Elle reçut l'hommage d'une conquête qui comblait tous les désirs et la fierté de son cœur, et c'est la nommer que dire qu'aucun danger n'effraya sa tendresse, lorsqu'au temps des revers, il ne lui restait plus qu'elle pour amie. » Duc DE ROVIGO, *Mémoires*, II, p. 17. Le duc fait allusion au voyage de madame Walewska à l'île d'Elbe.

semble de sa figure si séduisant, qu'on ne pensait jamais à ce qui pouvait manquer à la régularité de ses traits.

Mariée à l'âge de seize ans à un vieillard octogénaire qu'on ne voyait jamais, elle avait, dans le monde, l'attitude d'une jeune veuve. Sa grande jeunesse, jointe à une situation aussi commode, prêtait à bien des propos, et si Napoléon fut le dernier de ses amants, on prétendait qu'il n'avait pas été le premier.

Dès que l'Empereur eut fait son choix, les princes de la famille voulurent l'imiter. C'était difficile, la gloire n'étant pas de moitié dans cette audacieuse entreprise.

Un matin, on m'annonça M. Janvier, secrétaire intime du prince Murat. Il entra, une clef à la main, fort embarrassé de son début. Ne sachant par où commencer, il restait coi et retournait sa clef sans oser me regarder, tandis que de mon côté je me torturais l'esprit pour deviner ce qu'il voulait de moi.

Pour que cette anecdote soit comprise, il faut dire un mot de la disposition du palais. Entre l'étage que ma belle-mère occupait et le rez-de-chaussée où se trouvait le grand appartement que j'avais cédé au prince Murat, il y avait de toutes petites mezzanines (1). Ma belle-mère ne s'en servait guère que dans les grands froids, parce que ces petites chambres établissaient une communication parfaitement chauffée entre les deux appartements, au moyen d'un *escalier dérobé.*

Ce gentil réduit, meublé et décoré dans le style de Louis XV, était regardé comme un appartement du grand appartement; la clef en avait été remise aux gens du prince Murat, au moment où il était venu habiter notre hôtel, et personne n'y avait songé depuis. C'était là cette clef que M. Janvier avait reçu l'ordre de me rapporter.

Homme d'esprit, il sentait toute l'inconvenance de sa mission et en fut doublement embarrassé quand il s'aperçut que je ne le comprenais pas et que je m'obstinais à refuser cette clef comme une chose qui m'était inutile, puisque, habitant le même étage que ma belle-mère, je n'avais que faire du petit escalier.

Voyant combien j'étais loin de la question, il se

(1) De l'italien *messo*. Les mezzanines sont des entresols. Beaucoup de termes d'art polonais furent empruntés à l'italien, les grands seigneurs faisant venir d'Italie leurs architectes, leurs sculpteurs, etc.

hasarda à me dire que Son Altesse, n'osant me proposer des réunions nombreuses, avait pensé qu'il me serait peut-être agréable de venir quelquefois prendre le thé dans ces élégants boudoirs. Je commençai à comprendre, et ma colère s'alluma!... Il dut le voir dans mes yeux, car je crus qu'il allait tomber de sa chaise. Il se leva en trébuchant et s'avança vers une console : il y déposa la malencontreuse clef et me fit une profonde révérence, se préparant à sortir.

Je me contenais avec peine... l'indignation m'inspira. Souriant le plus dédaigneusement qu'il me fut possible, je priai M. Janvier de dire au prince que ma belle-mère serait certainement très sensible à son attention, qu'à l'âge qu'elle avait on n'aimait guère les réunions trop nombreuses, et qu'il se pouvait qu'elle voulût profiter de l'offre obligeante de Son Altesse; qu'en tout cas, puisqu'il laissait la clef, j'allais la remettre à ma belle-mère. Et saluant de toute ma hauteur le pauvre secrétaire qui était resté pétrifié auprès de la porte, je quittai le salon.

V

LA PARTIE DE WHIST DE L'EMPEREUR.

Nouveaux bals. — La parade. — L'orchestre de l'Empereur. — Les députés hollandais. — L'enjeu. — L'héritier présomptif de Bavière. — L'entourage de Napoléon. — *Le comte de Comminges.* — Les princes dits *du sang.* — L'accent gascon de Murat. — Ses phrases à effet.

Le bal de M. de Talleyrand fut suivi de deux autres : l'un chez le prince Borghèse, l'autre chez le prince Murat. J'étais souffrante et n'allai pas au premier; ma belle-mère fut d'avis que je devais assister au second, afin de soutenir le rôle que j'avais adopté vis-à-vis de M. Janvier, et ne changer en rien les rapports de froide politesse qui régnaient entre notre hôte et nous.

Le temps continuant à rendre les chemins impraticables, l'Empereur ne quittait pas la ville, et ne sortait habituellement que pour aller à la parade qui avait lieu sur la place de Saxe. Quoique cet exercice fût à peu près journalier, la foule s'y portait en masse, toutes les fois que Napoléon s'y montrait; on le reconduisait jusqu'au Château avec des cris et des vivats spontanés qui lui prouvaient combien sa gloire et nos espérances l'avaient rendu cher à la nation. Il n'en paraissait nullement importuné, quoique souvent l'enthousiasme produisît de l'encombrement.

Outre les bals, il y avait cercle à la cour une fois la semaine. La soirée commençait par un fort beau concert et finissait par une partie de whist. On ne dansait jamais au Château.

L'Empereur avait à sa suite un orchestre complet, dirigé par le fameux compositeur Paër. C'était toujours de la musique italienne. Napoléon semblait l'aimer avec passion! Il écoutait attentivement, applaudissait en connaisseur, et l'harmonie paraissait avoir une grande puissance sur ses facultés morales. Nous en eûmes la preuve un jour d'assemblée.

On venait de lui annoncer que le général Victor, porteur d'une dépêche de la plus haute importance, s'était laissé prendre par les Prussiens! Cette nouvelle l'avait mis hors de lui! On prétendait qu'il y avait sinon trahison, du moins négligence impardonnable. Or, ce même jour, des députés hollandais, venus afin de complimenter l'Empereur sur la victoire d'Iéna, devaient avoir audience, immédiatement avant le cercle. Il était près de dix heures, nous attendions depuis longtemps, et commencions à nous douter qu'il se passait quelque chose d'extraordinaire, lorsque, la porte s'ouvrant avec fracas, nous vîmes les gros Hollandais en habit écarlate rouler plutôt qu'entrer. L'Empereur les poussait en leur criant assez haut :

— Avancez donc! avancez donc!

Il s'était fait sans doute un encombrement à la porte au moment où Napoléon s'y présentait, car il marchait fort vite, ainsi qu'il en avait l'habitude. Les pauvres députés perdirent la tête et dégringolèrent les uns sur les autres.

Dans tout autre instant cette scène ridicule eût prêté à rire ; mais l'accent du maître et l'expression de sa figure n'étaient pas rassurants, et, à vrai dire, nous eussions préféré ne pas assister à cette scène. Ce fut à tort, la musique calma l'Empereur soudainement ; vers la fin du concert, il retrouva son gracieux sourire et fit le tour du salon, adressant quelques paroles aimables aux dames qu'il préférait, avant de se mettre à sa table de whist.

La soirée, ainsi que je l'ai déjà dit, finissait par

le jeu. L'Empereur nommait toujours le matin les dames qui devaient jouer avec lui le soir. Ce choix tombait habituellement sur l'une des plus âgées et deux des plus jeunes. On m'apprit à jouer tant bien que mal, et la première fois que j'eus l'honneur si envié d'être désignée, il m'échappa une réponse assez inconsidérée qui apparemment ne déplut pas, vu que depuis ce jour ma place resta inamovible.

Au moment où l'on tirait les cartes, Napoléon, se tournant de mon côté, me demanda :

— Combien jouons-nous?

— Mais, Sire, répondis-je, quelque ville, quelque province, quelque royaume!

Il se mit à rire.

— Et si je venais à perdre? dit-il avec son regard le plus fin.

— Votre Majesté est en fonds, elle daignera peut-être payer pour moi.

Ce mot établit ma faveur : — elle ne s'est jamais démentie. En Pologne, comme à Paris, Napoléon m'a toujours accueillie avec distinction et traitée avec mille égards (1).

(1) Voir 3ᵉ partie.

On remarqua que madame Walewska n'avait jamais joué, et ce respect des convenances fut généralement admiré.

C'était chose réellement curieuse que de voir tous les petits princes allemands, qui suivaient le quartier général sous différents prétextes, venir faire le pied de grue pendant la partie de l'Empereur. Il y avait entre autres l'héritier présomptif du royaume de Bavière qui baisait respectueusement la main de Napoléon toutes les fois qu'il pouvait s'en *emparer;* mais il avait l'audace d'être amoureux de madame Walewska! Napoléon ne s'inquiétait nullement de cette rivalité. On dit même qu'il s'en amusait. Le prince horriblement disgracié de la nature était, de plus, sourd et bègue.

La chose est assez singulière, et on aura peine à la croire, mais, de tout ce qui composait la suite de l'Empereur, ceux qui avaient le plus de dignité et lui faisaient la cour le moins servilement n'étaient ni les grands noms d'autrefois, rattachés à sa fortune, ni les princes étrangers qui le suivaient, mendiant des couronnes, mais bien les nouvelles illustrations : les maréchaux et les dignitaires de sa création. Je n'ai vu que Savary qui semblât solliciter un regard; tous les autres étaient généralement respectueux sans bassesse.

A part les ministres étrangers et quelques-uns des grands dignitaires établis à des tables de jeu, personne ne s'asseyait en présence de l'Empereur, pas même ses beaux-frères. Cela ne paraissait pas déplaire au prince Murat, qui ne perdait pas cette occasion de se dessiner, et de prendre des attitudes qu'il croyait propres à relever la beauté de sa taille; mais le petit Borghèse en rageait, et n'avait cependant pas le courage de s'asseoir.

Après le jeu venait le souper. Napoléon ne se mettait jamais à table, mais il circulait afin de causer avec les dames, se divertissant à faire mille questions qui parfois devenaient embarrassantes, vu l'extrême précision qu'il exigeait dans les réponses. Il voulait savoir ce qu'on faisait, ce qu'on lisait, à quoi on pensait le plus, ce qu'on aimait le mieux.

Un jour, ou plutôt un soir que, appuyé sur le dos de ma chaise, il s'amusait à m'examiner de la sorte sur mes lectures, il me parla romans et me dit que de tous ceux qui lui étaient tombés sous la main, celui qui l'avait intéressé le plus vivement était le *Comte de Comminges* (1). Il l'avait lu deux fois et en avait toujours été touché aux larmes.

Je ne connaissais pas ce livre, et l'on pense bien que, rentrée à la maison, mon premier soin fut de bouleverser la bibliothèque de mon beau-père. Malheureusement, ce roman ne s'y trouvait pas. Ce ne fut que bien longtemps après cette conversation que je parvins à me le procurer, et je pleurai aussi !

Ma belle-mère, étant la seule Varsovienne qui eût conservé un salon, se vit obligée de donner des soirées dansantes. Quantité d'étrangers venus à la suite du corps diplomatique ne demandaient qu'à s'amuser. Les *princes,* dits du sang, ne manquaient aucune de ces réunions, sans cependant compromettre leur dignité, car ils ne dansaient qu'aux *bals de cour !*...

Mon état ne me permettant point de me livrer à ce genre de divertissement, je me trouvais condamnée à amuser les moins amusants : c'est presque toujours le sort des personnes appelées à faire les honneurs d'une maison.

Le prince Murat, peu découragé par l'insuccès

---

(1) Il s'agit sans doute du roman de madame de Tencin.

qu'avait eu sa ridicule tentative, saisissait cette occasion de me parler et m'accablait de fadeurs. Je ne me défendais guère de lui cacher l'ennui que j'éprouvais ; il finit, quoique un peu tard, par s'en apercevoir ; prenant alors un air de mélodrame, il me dit cette phrase si ridicule, — que relevait encore son accent gascon, — et qui a tant fait rire mes amis :

— *Madame Alessandre! vous n'êtes pas ambitieuse, vous n'aimez pas les princes* (1)!

On m'a raconté à Paris le *pendant* de cette anecdote. Le jour où Murat se vit proclamé roi de Naples, une belle, touchée de sa grandeur, lui accorda un rendez-vous. Les soins de son empire ne lui prenant pas encore beaucoup de temps, il y vint trop tôt, et, s'impatientant d'attendre, il porta la main à son front en s'écriant :

— Vit-on jamais un monarque plus infortuné?

Lorsque je pense combien tous ces princes de la famille de Napoléon nous parurent petits et ri-

---

(1) Madame de Rémusat cite aussi dans ses *Mémoires* une phrase de Murat, moins jolie que celle-ci, mais également parfumée d'accent gascon : « Talleyrand n'aimait guère Murat et sa femme. Aussi entendit-on Murat dire, avec cet accent du Midi qu'il a toujours conservé : *Moussu dé Talleyrand, il ne veut pas que je sois roué (roi)*. » II, p. 308.

dicules à côté du colosse qui les couvrait de son ombre, je me répète cette vérité prouvée par les siècles, qu'il n'y a que les grands caractères ou les grandes actions qui puissent légitimer aux yeux des hommes une subite élévation.

VI

EYLAU.

La relique rose. — Maret, duc de Bassano. — Le duc de Dalberg. — Naissance de Nathalie Potocka. — Madame Walewska au quartier général d'Osterode. — Les châles de Joséphine. — Jugement que Napoléon porte sur *Corinne*. — Bataille d'Eylau. — Retour des Français. — Haut fait d'armes du prince Borghèse.

On ne parlait plus de la guerre, beaucoup de gens croyaient même que l'Empereur attendait le printemps pour reprendre les hostilités; mais, soudain dans ses résolutions comme dans ses actions, il partit subitement le 5 février, et l'armée reçut l'ordre de se mettre en mouvement.

Un adieu est un dangereux écueil !... Il est bien difficile de ne point trahir alors un sentiment qu'on réprime toujours. Heureusement, je n'étais pas seule !

On (1) m'écrivit sous prétexte de recommander à mes soins un portefeuille auquel on désirait ne

(1) M. de F...

pas laisser courir les chances de la guerre. Il contenait les lettres d'une mère tendrement aimée et qui écrivait avec une grâce particulière. On me suppliait, en finissant, de ne point refuser, comme preuve d'une *amitié sainte,* une relique (qui aurait, disait-on, la vertu de détourner les balles), un ruban rose que j'avais porté la veille. Cette idée fit taire mes scrupules, je laissai prendre le ruban ! Les gens qui vont à la guerre ont le droit de tant exiger !... On me fit promettre que j'écrirais quelquefois. On me demandait la permission de me tenir au courant des progrès d'une armée qui allait se battre avec ardeur pour une cause qui était la nôtre.

Je soumis cette demande à mon mari ; — comme il n'y trouva rien à redire, — je promis, et l'on partit.

Le corps diplomatique, à la tête duquel se trouvait M. de Talleyrand, reçut l'ordre de rester à Varsovie.

Je n'ai pas encore parlé de Maret, duc de Bassano, ministre secrétaire d'État ; il était du nombre de ceux qui quittaient rarement l'Empereur. Cette fois, cependant, il dut attendre les événements.

Parvenu à une haute position, il fut peut-être

le seul à cette époque de fortune soudaine qui n'eût rien gardé de l'état dont il était parti, sans cependant abuser en rien de celui auquel il était arrivé. Ses manières, sa mise, sa conversation, tout, à l'exception de ses énormes mollets, appartenait à l'homme de bonne compagnie. Si son esprit n'avait pas l'étendue et la subtilité de celui de M. de Talleyrand, un tact parfait, joint à un rare jugement, lui venait en aide, et le rendait propre à tenir tête aux plus habiles... De plus, intègre et honnête homme, il s'était acquis le droit de marcher la tête haute.

Il était en rapport d'affaires avec mon beau-père; aussi le voyions-nous beaucoup. Après avoir longtemps travaillé, il venait au salon causer un moment avec nous; il appelait ces courts intervalles ses récréations. Sa politesse était de celles qui viennent du cœur; il ne manquait jamais l'occasion d'obliger. On l'accusait d'être accessible à la flatterie et d'avoir accordé sa confiance à des gens qui en étaient peu dignes, — c'est possible; — la véritable bonté a cet inconvénient, c'est qu'il est facile d'en abuser (1).

(1) Sur Maret, qui a été jugé si diversement, voir une longue

Je ne saurais oublier, en parlant de nos habitués, le plus spirituel d'entre eux, le duc de Dalberg (1). Il était le dernier rejeton de cette antique famille qui semblait avoir attendu pour s'éteindre qu'elle fût désormais inutile au sacre des Césars dont la puissance venait de s'évanouir. On eût dit que ces deux brillants souvenirs des siècles passés devaient disparaître à la fois (2).

De retour en France, le duc se maria avec mademoiselle de Brignole, dont il n'eut qu'une fille, morte en bas âge. Pendant son séjour en Pologne, il éprouva une forte passion pour une personne qui ne pouvait l'apprécier ou le comprendre, la nature ayant refusé au duc les dons propres à séduire une personne bornée. Il se montra dans cette occasion exalté comme un Allemand et délicat comme un Français. J'écoutais patiemment ses confidences, car il y mettait tout le charme de son esprit. C'était un singulier personnage, moitié

note de M. Paul DE RÉMUSAT, dans les *Mémoires de sa grand'-mère*, I, p. 227-230.

(1) Emmeric, duc de Dalberg, 1773-1833.

(2) L'histoire nous apprend qu'au moment du sacre d'un empereur d'Allemagne, un héraut d'armes avait mission de s'écrier à haute voix : *Ist ein Dalberg da?* Si la réponse était négative, le sacre n'était pas valable. (Note de la comtesse.)

illuminé, moitié philosophe du dix-huitième siècle; il était en relation avec tous les gens les plus éclairés et les plus compromis d'Europe. Imprudent à l'excès, il disait tout ce qui lui passait par la tête, ne ménageant personne, pas même Napoléon, qu'il traitait de *tyran* et d'*usurpateur*. Sa véritable mission était de surveiller les intérêts de l'Allemagne, qu'il négligeait passablement depuis que l'amour absorbait toutes ses facultés.

Admis dans l'intimité de M. de Talleyrand, il gémissait souvent avec lui sur les événements du jour! Et pourtant il faisait des vœux sincères pour le rétablissement de la Pologne, tout en désirant ardemment l'émancipation de l'Allemagne, — deux choses aussi difficiles à concilier que tous ses autres sentiments.

Et ce qui prouve que Napoléon n'était pas aussi méchant que le duc le prétendait, c'est que jamais Dalberg ne fut inquiété; l'on ne saurait pourtant admettre que sa façon de penser fût ignorée de l'Empereur.

* *
*

Le 18 mars (1807), à trois heures du matin, je mis au monde une charmante petite fille; elle combla tous nos vœux! Cette enfant qui a six ans au moment où j'écris (1) a été belle dès sa naissance. Ses petits traits avaient toute la correction que peut offrir un buste antique; il est certain que Hélène n'était pas plus belle en venant au monde. Elle continue à se développer avec cette parfaite régularité de traits que j'attribue à ma passion pour les arts. J'étais sans cesse entourée des plus beaux modèles, je contemplais avec délices les magnifiques tableaux qui se trouvaient chez mon beau-père (2) : il n'est pas surprenant que mon enfant fût comme le reflet de mes constantes préoccupations. Ma mère fut sa marraine, je la nommai Nathalie; ce nom me plaisait et allait à son petit minois grec.

Je ne sais comment il se fait que j'aie oublié de parler du baptême de mon fils (3), célébré avec toute la pompe qu'on réserve aux garçons, et surtout aux aînés. Le prince Joseph Poniatowski et le maréchal Potocki, frère de mon beau-père, furent ses parrains; la belle comtesse Zamoyska

---

(1) La première partie des *Mémoires* fut donc écrite en 1813.
(2) Au château de Willanow, près de Varsovie.
(3) Le comte Auguste Potocki, né en 1803. Voir plus haut, p. 86-87.

et la comtesse Tyszkiewicz, sœur du prince Poniatowski, ses marraines. Le prince Joseph fit à mon fils un don magnifique que nous conservons précieusement, et qui, je l'espère, ne sortira jamais de la famille. C'est le sabre de Sigismond Ier, qui servit au sacre de nos rois.

L'éclat n'étant pas attaché au sort des femmes, leur destinée semble différente dès le berceau ; Nathalie fut baptisée dans ma chambre, sans pompe et sans cérémonie. Si, un jour, elle s'en trouve offensée, qu'elle songe à toute la joie que me donna sa naissance et à l'admiration qu'inspirait déjà sa beauté (1).

**

L'Empereur, ayant établi son quartier général à Osterode, fit venir le duc de Bassano, et peu de jours après M. de Talleyrand. Le corps diplomatique, y compris un ambassadeur turc et un ambassadeur persan, nous resta. On allait regarder ces personnages orientaux manger, fumer, dire

(1) Nathalie, princesse Sanguszko, mourut en 1830. Elle fut célébrée par Delphine Gay (madame de Girardin). Voir Introduction.

leurs prières; c'était une sorte de spectacle, il y avait file à leur porte.

Les nouvelles du quartier général étaient, comme on le pense bien, très fréquentes. L'ennemi s'éloignait afin de mieux concentrer ses forces. L'Empereur, sûr de la victoire, ne s'en inquiétait pas et paraissait attendre qu'on l'attaquât. La saison étant encore fort rigoureuse, et ne sachant trop à quoi passer le temps, Napoléon envoya chercher madame Walewska. Le frère de la belle, devenu subitement colonel de lieutenant qu'il était, s'empressa de l'amener mystérieusement au quartier général. Il est des secrets impossibles à cacher lorsque autant de témoins désœuvrés sont intéressés à tout savoir afin de tout raconter. On sut donc presque aussitôt qu'une voiture, dont les stores étaient soigneusement baissés, avait fait son entrée, de nuit, et l'on devina le reste. La seule chose qui resta ignorée fut le lieu où avait été déposée la voyageuse.

Voici des détails qui me furent contés quelque temps après par une amie indiscrète de madame Walewska.

L'Empereur lui avait fait préparer un cabinet

tout à côté de sa chambre. Excepté les courts intervalles où Napoléon et madame Walewska causaient ensemble, cette dernière passait son temps dans la tristesse et la solitude. Elle ne voyait absolument personne. Le prince de Neufchâtel (1) fut le seul qui l'aperçut une fois au moment où elle s'esquivait du cabinet de Napoléon, avec lequel elle avait déjeuné.

En remarquant deux tasses sur le plateau, Berthier se permit de sourire.

— Qu'est-ce ? fit Napoléon, de l'air d'un homme qui va dire : *Mêlez-vous de ce qui vous regarde.*

Et aussitôt le ministre de la guerre entama l'affaire importante pour laquelle il était venu, se promettant apparemment de n'user qu'avec précaution du droit qu'il avait d'entrer chez l'Empereur sans se faire annoncer.

Lorsqu'il arrivait que madame Walewska ne fût pas prête au moment du déjeuner, elle criait à Napoléon de ne pas entrer, et il lui donnait son chocolat sans oser regarder dans la chambre, et n'entr'ouvrait la porte que juste autant qu'il fallait pour passer le plateau.

---

(1) Berthier.

Pendant que madame Walewska se trouvait à Osterode, l'ambassadeur de Perse envoya les présents qu'il devait faire accepter de la part de son maître. Il y avait, entre autres magnificences, quantité de châles destinés à l'impératrice Joséphine. Son infidèle époux voulut en distraire une partie; il insista même à plusieurs reprises pour que sa maîtresse choisît les plus beaux. Mais ce fut en vain, elle refusa obstinément, et, comme il se montrait blessé de l'entêtement qu'elle mettait dans ses refus, elle finit par prendre un châle bleu, — celui qui de tous était le plus simple et le moins précieux, — disant qu'elle avait une amie qui aimait le bleu, et qu'à son retour elle lui offrirait le châle.

Ce désintéressement plut à Napoléon.

— Vos hommes sont braves et dévoués, dit-il avec un sourire gracieux, et les femmes jolies et désintéressées. Cela fait une belle nation. Je vous promets tôt ou tard de rétablir la Pologne.

Et comme elle s'était jetée à ses genoux en le remerciant avec effusion :

— Ah! ah! dit-il, ce cadeau-là, vous l'accepteriez sans faire de façons!... mais attendez, il faut de la patience, on ne fait pas de politique comme on gagne des batailles, cela n'est pas aussi facile et demande plus de temps.

Dès que les hostilités commencèrent, Napoléon fit partir madame Walewska. Elle s'en retourna comme elle était venue. Son frère la ramena à la campagne, et le même mystère présida à son voyage. Il paraît que l'Empereur resta convaincu que tout le monde avait ignoré ce qui s'était passé.

La personne (1) qui m'a raconté ces détails curieux avait en sa possession une lettre que l'Empereur écrivit plus tard à madame Walewska, alors qu'il avait déjà la certitude qu'elle le rendrait père. Il l'appelait tour à tour *chère Marie* et *Madame,* et lui recommandait de se *bien ménager,* sur un ton peut-être plus impérieux que tendre. On voyait qu'il pensait plus à l'enfant qu'à la mère. Ce n'est pas ainsi que jadis il écrivait à Joséphine.

Le roman de *Corinne* venait de paraître (2); comme il faisait grand bruit, on l'envoya de Paris au quartier général. Il y arriva de nuit avec quan-

(1) Peut-être s'agit-il de madame Abramowicz. Voir Frédéric MASSON, *Napoléon et les femmes,* p. 202.
(2) 1807.

tité de dépêches qui furent remises aussitôt à l'Empereur.

Après avoir parcouru les plus importantes de ces missives, Napoléon jeta les yeux sur le roman et fit éveiller M. de Talleyrand, afin qu'il lui en fît la lecture.

— Vous aimez cette femme, lui dit-il, voyons si elle a le sens commun (1).

Après avoir écouté une demi-heure, il s'impatienta.

— Ce n'est pas là du sentiment, c'est un fatras de phrases..., une tête à l'envers. Ne voyez-vous pas qu'elle croit aimer cet Anglais parce qu'il se montre froid et indifférent?... Allez vous coucher... c'est du temps perdu... Chaque fois que l'auteur se personnifie dans son œuvre, l'ouvrage ne vaut rien... Bonsoir.

Le lendemain il donna *Corinne* au duc de Bassano qui me l'envoya, croyant que nous n'avions pas encore ce livre à Varsovie. J'ai conservé soi-

(1) On trouve dans la correspondance de Napoléon (26 mars 1807) une lettre datée d'Osterode dans laquelle il est assez longuement question de madame de Staël. Voir SAINTE-BEUVE, *Portraits de femmes*, p. 144. « La publication de *Corinne* vint confirmer et redoubler pour madame de Staël la rigueur du premier exil. »

gneusement cet exemplaire devenu historique.

Peu de jours après mes couches, un courrier apporta la nouvelle de la bataille d'Eylau, l'on chanta un *Te Deum,* quoiqu'on eût perdu trente mille hommes. A Pétersbourg il y eut aussi des réjouissances et l'on rendit grâces à la Providence qui avait permis que le champ de bataille fût longuement et cruellement disputé. Cela passait pour une victoire!...

J'eus aussitôt une lettre qui me rassura sur le sort de ceux auxquels je m'intéressais. Elle contenait plus de questions sur ma santé que de détails sur le combat. On (1) me disait seulement que l'action avait été meurtrière, que l'ennemi avait opposé une forte résistance, et qu'il fallait un bonheur tout particulier pour avoir échappé à la quantité de balles et de boulets qui avaient été lancés pendant les longues heures qu'avait duré la bataille. Ce bonheur tout particulier, on l'attribuait à un ruban couleur de rose auquel on accordait la vertu de préserver de toute espèce de danger. On me conseillait même de faire porter cette couleur à ma fille, de préférence à toute autre, car

(1) M. de F...

il était prouvé qu'elle portait bonheur; mais Nathalie était et resta vouée au bleu.

Pendant la courte trêve qui suivit la bataille d'Eylau, il nous vint quantité d'officiers du quartier général. Ces messieurs, sous différents prétextes, venaient un peu se refaire et revoir les objets de leur affection, car presque tous avaient fait leur choix; et je suis malheureusement forcée d'avouer que peu d'entre eux rencontrèrent des cruelles. Cependant celles qui le furent inspirèrent les sentiments les plus durables et les plus chevaleresques...; il y eut même quelques mariages, mais peu; les Français d'alors n'avaient guère le temps de se mettre en ménage.

Parmi les connaissances qui nous revinrent, se trouvait le prince Borghèse, tout triomphant de ses succès militaires. Comme il n'était encore que colonel et que l'Empereur voulait lui donner de l'avancement avec quelque apparence de justice, on lança son régiment dans une petite escarmouche où il y avait plus de gloire à gagner que de dangers réels à courir. Le colonel fut très fier d'avoir tiré le sabre pour la première fois et disait très sérieusement à M. de la Vaugiron qu'il rencontra chez moi :

— Dites donc à la comtesse comme j'ai tiré la *Sciabola!...*

Ce haut fait d'armes fut consigné dans les bulletins et présenté d'une manière pompeuse, et, peu après (1) la campagne, Son Altesse Impériale reçut en récompense de ses services et de sa valeur le gouvernement de Turin, où elle se reposa, sa vie durant, des fatigues de la guerre, n'ayant d'autres soucis que les nombreuses et *justes* inquiétudes que lui donnait la princesse sa femme.

(1) En 1808. Sur le séjour du prince Borghèse à Turin, voir Stanislas GIRARDIN, *Journal et Souvenirs*.

VII

TILSITT.

Distribution des drapeaux aux trois légions polonaises. — Le prince Poniatowski. — Victoire de Friedland. — Le comte Stanislas Potocki à l'entrevue de Tilsitt. — Les larmes de la reine de Prusse. — Finesse d'Alexandre. — Le banquet. — Création du duché de Varsovie.

On avait mis tant d'ardeur et de zèle à organiser l'armée qu'elle se trouva sur pied peu de temps après l'entrée de Napoléon à Varsovie. Le 3 mai de l'année 1807, les trois légions, ainsi créées par le coup de baguette du grand magicien et par l'enthousiasme général, reçurent leurs aigles et leurs drapeaux.

J'ai depuis vu bien des pompes, assisté aux fêtes les plus brillantes; j'ai pris ma part dans la joie des triomphes, et contemplé avec ivresse plus d'une apothéose; mais rien ne m'a laissé l'impression profonde que j'emportai de cette auguste cérémonie qui eut lieu sur la place de Saxe. Autour d'un autel de style sévère, dressé au milieu de la place, se pressait cette troupe jeune et superbe qui assista avec recueillement à la messe célébrée par l'archevêque. Rien n'est beau et imposant comme un élan patriotique où se mêlent la religion et la gloire.

Au moment de la bénédiction, les étendards furent apportés aux grands dignitaires qui devaient, selon un ancien usage, y planter un clou.

Le prince Poniatowski, en qualité de général en chef, présidait cette cérémonie. Jamais figure plus noble n'exprima avec plus de grandeur l'éclat de la naissance, le courage et la magnanimité. Aussi les mots ne peuvent-ils rendre l'effet qu'il produisit lorsque, en remettant à cette belle armée ses nouveaux drapeaux, il la harangua, faisant appel aux sentiments d'honneur dont il était le représentant.

Le prince voulut que les dames ne fussent point étrangères à un acte qui leur préparait tant de cruelles inquiétudes et d'amers regrets. Toute la jeunesse avait volé aux armes, et pas une mère, pas une femme ou une sœur qui ne tremblassent pour quelqu'un des leurs. Nous eûmes l'honneur de mettre, à notre tour, un clou à ces étendards que nous avions brodés.

La guerre continuant, on s'attendait à ce que l'armée polonaise reçût incessamment l'ordre de marcher.

Bien des cœurs battaient à cette attente! les uns d'espoir et les autres de crainte; tandis que les enfants ne pouvaient contenir leur joie, les mères se désolaient.

Le 17 juin, un courrier expédié, comme de coutume, du champ de bataille, apporta la nouvelle de la victoire de Friedland, qui décida de la paix. L'Empereur s'était rendu à Tilsitt afin de négocier et d'arrêter les conditions auxquelles il consentirait à signer la paix.

Je ne parlerai que peu de la célèbre entrevue. Mais je tiens du comte Stanislas Potocki, mon beau-père, quelques détails curieux et peu connus. Le comte avait été appelé à Tilsitt pour y rédiger, sous les yeux de Napoléon, les amendements convenables ou *indispensables* à la Constitution du 3 mai (1), qu'il voulait nous rendre avec des formes *tant soit peu* impériales.

Bien des gens pensèrent que la publicité que

---

(1) Cette constitution calquée sur la constitution anglaise fut la dernière manifestation de la vie politique de la Pologne. (Note de la comtesse.)

l'Empereur affecta de donner à cet acte constituait une sorte d'épouvantail destiné à frapper l'imagination de l'empereur Alexandre, auquel Napoléon montrait toujours la Pologne comme un spectre menaçant qui, tôt ou tard, devait secouer son linceul et revendiquer ses droits.

L'entrevue de Tilsitt fut, à coup sûr, un des moments les plus brillants du règne impérial. Le roi et la reine de Prusse y vinrent en suppliants. Ils durent à Alexandre la conservation de leur royaume, prêt à être effacé de la liste des nations : ce que nous souhaitions de toute notre âme.

La belle reine sembla vouloir se mettre à genoux (1); Napoléon s'empressa de lui offrir la main et la conduisit dans ses appartements.

Les deux monarques qui l'accompagnaient gardaient le silence... La Reine, après avoir fait tout bas appel à la magnanimité du vainqueur, eut recours aux larmes. Napoléon parut touché de ces démonstrations d'humilité et de douleur; il ne put cependant se défendre de témoigner à l'auguste souveraine qu'il avait ressenti les effets de

(1) Napoléon, se rappelant l'entrevue de Tilsitt, dit en parlant de la reine de Prusse : « On eût dit mademoiselle Duchesnois dans la tragédie. » *Mémorial,* 16 juin 1816.

son *impuissante* haine, et, enveloppant ce reproche des formes les plus courtoises, il lui dit qu'en la voyant il ne s'étonnait plus des nombreux ennemis qu'elle lui avait suscités et de l'acharnement avec lequel l'Allemagne s'était soulevée contre lui. Alexandre, sentant la nécessité de changer le tour d'une conversation qui commençait à devenir dangereuse, reprit, avec cette finesse qui était un des traits remarquables de son caractère, que tous les efforts étaient restés sans effet à cause du génie de celui contre lequel ils avaient été dirigés, avouant modestement que pour chercher à lui résister, il fallait ne pas le connaître.

Ainsi se termina cette première entrevue, qui fut suivie d'un banquet royal. Pour cette occasion, la Reine quitta le deuil et reprit le diadème et la pourpre, qu'elle portait avec une rare dignité. L'Empereur conduisit la Reine à table et la plaça à sa droite. Joignant à beaucoup d'esprit l'habitude de se mêler des affaires les plus importantes, elle entreprit de se rendre favorable celui qui tenait en sa main le sort de la Prusse.

Au moment des adieux, Napoléon, fasciné par les manières insinuantes d'Alexandre, — qu'il appelait le plus beau et le plus fin des Grecs, — et par la beauté *repentante* de la Reine, lui fit don de la Silésie, effaçant d'*un trait* de plume l'article du traité par lequel cette province se trouvait déjà séparée de la Prusse, libéralité du conquérant que M. de Talleyrand fut loin d'approuver.

Quant au roi de Prusse, sa nullité le rendit muet. Il avait fait la guerre pour satisfaire les désirs ambitieux de la Reine, il fit la paix, heureux de reprendre ses habitudes paisibles sans trop se rendre compte de ce qu'il aurait pu perdre ou de ce qu'il aurait pu gagner.

De toutes ces négociations, il ne résulta pour nous que la création du modeste duché de Varsovie. C'était moins que ne faisaient présager nos espérances et nos efforts. Mais on pensa à l'avenir afin de supporter le présent.

VIII

LE MARÉCHAL DAVOUT.

Le maréchal Davout, gouverneur de Varsovie. — La maréchale.
— Anatole de Montesquiou. — Le général Ricard. — Le prince
Murat et sa livrée. — Départ de M. de F.... — Sa lettre. —
Épilogue aux souvenirs de jeunesse. — Mort de madame de
Cracovie (1808).

L'Empereur retourna en France pour jouir de l'enivrement qu'avait fait naître cette campagne de Prusse, si courte et si brillante. On n'était pas encore las des victoires. Il nous laissa le maréchal Davout, lequel prit le commandement de la ville et eut l'influence politique que ses moyens assez bornés lui permirent d'exercer. C'était à tout prendre un des meilleurs hommes de l'armée. Il est à présumer que Napoléon, connaissant à fond tous ses maréchaux, désigna celui-là, parce qu'il était sûr de son dévouement ainsi que de sa moralité. Il ne voulait pas livrer au pillage un pays dont il pouvait, par la suite, se servir comme d'une puissante barrière contre ses ennemis. Il avait trop bien reconnu, pendant ce court espace de temps, les immenses ressources qu'il trouverait dans une nation toujours disposée aux plus énergiques efforts (et aux plus grands sacrifices, tant qu'on lui ferait entrevoir qu'elle pourrait recouvrer son indépendance), pour ne pas se réserver ce puissant levier, en cas de besoin.

Le maréchal eut donc l'ordre de nous ménager, de nous flatter et de nous amuser. Il fit venir sa femme, afin de tenir grand train de maison, et reçut comme apanage le grand-duché de Lowicz.

La maréchale (1), d'une beauté sévère, était une femme de mérite. Élevée chez madame Campan, elle y avait pris des manières distinguées, ainsi que le ton de la bonne compagnie qui manquait à son mari; mais elle ne sut pas se faire aimer, car elle était peu amène. On la disait préoccupée de la jalousie incessante que lui donnaient les amours fugitives du maréchal, qui, ainsi que tous les Français, raffolait des Polonaises et semblait gêné de la présence de sa femme; car il avait, de plus, une Française qu'on prétendait ressembler trait pour trait à la maréchale, et qui, grâce à ces légi-

(1) Aimée Leclerc, sœur du général Leclerc, premier mari de Pauline Bonaparte.

times dehors, avait suivi l'armée, au grand déplaisir de l'Empereur.

Toutes ces circonstances réunies firent que madame la duchesse s'occupa fort peu de rendre sa maison agréable, et que son époux alla chercher des distractions ailleurs.

L'état-major du maréchal n'abondait pas en individus distingués. M. Anatole de Montesquiou (1), fort jeune alors, fut le seul des aides de camp que nous vîmes avec plaisir : son éducation répondait à son nom.

Parmi les généraux qui se trouvaient dans ce corps d'armée, un seul était véritablement remarquable, et je m'étonne toujours qu'on n'en ait pas parlé davantage, sa supériorité était incontestable. Jadis ami et compagnon de Napoléon, le général Ricard s'était attiré sa disgrâce parce qu'il voua fidélité à Moreau, sous lequel il avait servi, et pour qui il professait une vive admiration. Il ne s'embarrassa nullement de dissimuler ses sentiments au moment où Moreau se vit abandonné de tous. Cette noble et courageuse fidélité ne l'empêchait nullement de rendre une justice écla-

(1) Voir plus loin, page 187.

tante au génie et aux talents supérieurs de Napoléon, qu'il révérait peut-être moins comme empereur qu'il ne l'avait révéré comme général en chef, quand Bonaparte, après avoir subjugué l'Italie, étonnait le monde par sa précoce habileté.

Le général Ricard éclipsait ses camarades, et pourtant, dans le nombre, il y avait des gens agréables. Les Français d'alors aimaient passionnément à s'amuser, et mettaient de l'entrain à tout. On jouait la comédie, on dansait, on organisait des parties de traîneaux. Il fallait bien jouir de ce moment de répit; la paix, sous Napoléon, n'était jamais qu'une courte trêve qu'on employait à se reposer et à se refaire, afin de mieux recommencer au premier appel. Tous ne furent pas également bien partagés, beaucoup passèrent tristement leur hiver dans des cantonnements au fond de la Silésie. M. de F... se trouva être de ce nombre. Le prince Murat ayant imaginé de faire porter à ses aides de camp les couleurs de sa livrée en manière d'uniforme de *fantaisie,* M. de F... encourut sa disgrâce en se rangeant parmi ceux qui refusèrent d'endosser cette livrée; il préféra se voir renvoyé à son régiment, au moment où le prince retournait à Paris, le front chargé de lauriers, et tout prêt à recevoir la couronne.

Le rebelle m'écrivit et me raconta son infortune. Il déclarait qu'il ne désirait nullement retourner à Paris, et qu'il allait s'adresser au maréchal Davout afin d'obtenir la permission de venir passer quelque temps à Varsovie. Au cas où le maréchal refuserait, M. de F... était décidé à faire le voyage secrètement, si toutefois, disait-il, la seule autorité à laquelle il se soumettait sans appel voulait bien ne pas le lui interdire, et s'il était certain de ne point déplaire à ceux qu'il désirait revoir.

Cette lettre me troubla. J'avais fait de sincères efforts pour chasser de mon souvenir une impression aussi dangereuse; je la vis se réveiller d'une façon menaçante. Mon amie (1) heureusement intervint. Je lui montrai la lettre, affectant de ne pas prendre pour moi les sous-entendus qu'elle renfermait. J'attribuai le voyage de M. de F... au désir bien naturel de se distraire et de s'amuser un peu. J'embrassai très vivement la défense de celui que personne n'attaquait.

Mon amie me laissa parler, et se garda bien de

---

(1) Madame Sobolewska. Voir plus haut, p. 47-48.

me contrarier; mais quand elle me vit calmée, elle me regarda fixement, et faisant appel à ma franchise, elle se contenta de me demander si réellement j'avais le moindre doute sur le but de ce voyage. Elle ajouta que si je donnais mon consentement, je signais d'avance ma défaite.

Je répondis à l'insidieuse lettre par des plaisanteries, et je fis si bien que j'éloignai toute idée de rapprochement.

Quelques mois plus tard, M. de F... se vit rappelé à Paris par les soins d'une personne très haut placée qui l'aimait depuis longtemps sans qu'il s'en doutât.

Une estafette envoyée par ma mère qui se trouvait à Bialystok changea bien vite le cours de mes idées. On m'annonçait que madame de Cracovie, étant fort mal, avait manifesté le désir de nous revoir, afin de nous bénir encore une fois. Nous partîmes aussitôt. Je retrouve parmi mes papiers un fragment de journal que j'écrivis en 1808, à une époque où je ne songeais pas encore à raconter mes souvenirs. Je le copie fidèlement.

Bialystock, 9 février 1808. — Me voilà dans ce château où j'ai passé tant d'années heureuses et tranquilles. A chaque pas, je retrouve un souvenir et j'éprouve un regret. Ce sentiment est tout à la fois doux et pénible... tout a passé!... tout passera donc!...

Je revois cette tante chérie; on tremble pour ses jours. J'ai entrevu la mort pour la première fois. Cette chambre si triste et si obscure, ces sanglots contenus et cette consternation muette m'ont fait une impression que rien ne saurait effacer.

La pauvre petite Amélie (1) pleure ardemment, et c'est avec raison, elle l'aimait tant! Le reste de la famille n'est que *convenable*.

Le 10, au matin. — Je n'ai pu fermer l'œil... et peut-être demain regretterai-je cette nuit qui m'a paru si longue! Au moins elle vit encore!

Ce matin, on l'a préparée à me voir. La nouvelle de notre arrivée a semblé la ranimer. Vers midi, le médecin est venu nous chercher. Mon Dieu! comment ai-je pu m'approcher d'elle avec courage, sourire en lui parlant, et ne point fondre en larmes, lorsqu'elle m'a donné sa main à baiser? *Je n'ai pas la force de vous dire combien je vous*

---

(1) Amélie de Bassompierre. Voir p. 16-17.

aime! m'a-t-elle dit, d'une voix plus émue qu'éteinte. Puis elle m'a parlé de mes pauvres petits enfants auxquels je ne pense plus depuis deux jours. Mon mari ne s'étant pas approché, elle ne le voyait pas à cause de l'obscurité qui régnait dans cette vaste chambre tendue de damas rouge à galons d'or. Elle m'a dit de l'appeler, — et quoiqu'elle semblât fatiguée, après s'être recueillie un instant, elle lui a serré la main en disant d'une voix assez ferme :

— Je vous recommande tout ce qui me reste de cher en ce monde : votre femme et sa mère. Occupez-vous toujours de leur bonheur.

Elle a fait signe qu'on s'éloignât, mais aussitôt elle m'a rappelée, et me regardant avec une ineffable bonté, de ce regard de sainte qui lui était tout particulier pendant sa maladie :

— Faites partir votre mère, me dit-elle, emmenez-la, je vous en conjure; quel spectacle pour elle !

Et comme je cherchais à la rassurer en lui déclarant que nous ne partirions pas avant qu'elle soit entièrement rétablie, elle secoua la tête, — un sourire de béatitude effleura ses lèvres, et me tendant la main, elle ajouta :

— Vous n'avez nulle idée du bien que vous me faites, vous me rendez le repos, — et puisque vous y êtes décidée, restez encore quelques jours, cela ne sera pas long. Maintenant je mourrai tranquille, — j'étais si tourmentée pour votre pauvre mère !

La voyant parfaitement calme, j'ai essayé de lui parler de différentes choses que je croyais propres à l'intéresser. Elle m'a écoutée avec attention.

Je suis toute la journée dans sa chambre, ou dans le cabinet attenant. Je ne pleure plus, et je commence même à m'habituer à ce triste spectacle; il y a une sorte de douceur attachée aux soins qu'on donne à une personne chérie, — et qui font taire tout autre sentiment. Je la reconduirai jusqu'où finit la vie. Cette âme si pure donnera à la mienne une certitude dont j'ai tant besoin.

Elle vient de faire ses dévotions et a reçu les sacrements. Je n'ai pu supporter l'appareil de cette cérémonie. Mais elle, avec quel calme elle s'y est préparée ! — On eût dit un festin qu'elle attendait avec impatience. Elle ne regrette nullement la vie, et pourtant il semble parfois qu'elle craint physiquement la mort et recule devant l'idée de la destruction. Il est donc bien difficile de mourir!...

Le 12, au soir. — Serait-il possible qu'on s'accoutumât à tout? Je ne me sens plus ni aussi triste ni aussi frappée : c'est peut-être que l'espérance s'est glissée dans mon cœur. Il est impossible de se faire à l'idée de perdre ceux qui nous sont chers, — et pour peu que le danger s'éloigne, il semble qu'il n'existe plus. Elle a eu une nuit passable et a pris un peu de nourriture. Cependant le médecin est désolant, il la trouve encore bien mal. Mais on affirme que très souvent les médecins se trompent. Elle prend intérêt à tout ce qui se dit. Mon Dieu, comme je suis heureuse lorsque je la vois sourire! Ce temps est peut-être un de ceux dont je conserverai le plus doux souvenir. Je me sens aimée et utile. Cela console de vivre. J'ai dit : *console!* non que je sois lasse de l'existence, mais je ne comprends pas qu'on y attache de prix autrement qu'en se sentant *nécessaire* au bonheur des autres.

Le 13, à midi. — Elle est fort mal! — La nuit a été affreuse; elle s'affaiblit visiblement et ne parle plus que lorsqu'il le faut absolument; mais elle est entièrement présente, et reconnaît tout le monde.

La poste n'est pas arrivée : je n'ai point de nouvelles de mes enfants; — dans tout autre moment je serais inquiète et désolée, car ma belle-mère nous avait promis d'écrire par tous les courriers. Aujourd'hui, je ne me permets pas de penser à tout ce qui m'attache à la vie, dans cette chambre où tout parle de mort, de détachement, d'éternité.

Lorsque je suis dans sa chambre et que j'entends sonner cette vieille pendule de Boule, involontairement je frémis à l'idée qu'elle sonnera bientôt l'heure fatale !

A minuit. — Il n'y a plus d'espoir. Elle a eu deux ou trois heures d'horribles angoisses.

Elle ne pouvait trouver de place pour poser sa tête. De temps à autre, elle demandait d'une voix faible si la nuit était claire, et s'il y avait beaucoup d'étoiles... Lorsque je me suis approchée pour baiser sa main, je l'ai trouvée toute glacée. Je l'ai prise doucement afin de l'appuyer sur mon front. Je crois qu'elle m'a comprise et m'a bénie; puis elle m'a dit bien bas de m'éloigner et de ne pas lui parler. Je crois qu'elle priait.

Il est cruel de la voir souffrir ainsi... est-ce donc là la mort du juste ? — Maintenant elle est assoupie, et le médecin assure qu'elle vivra jusqu'à demain. Mon Dieu ! quelle affreuse nuit !

Le 14. — Tout est fini ! elle a expiré vers deux heures. Sa fin a été douce comme sa vie, et sa figure a conservé cette expression de bonté qui la rendait si chère. Quelques minutes avant de mourir, elle a encore parlé. Le feu pétillait, elle a demandé qu'on ne remît plus de bois, désirant un silence et un calme absolus.

S'étant aperçue qu'une de ses femmes pleurait, elle lui a donné son mouchoir, en lui faisant signe de ne point parler. — Très souvent elle demandait si la nuit était belle, — la pauvre sainte pensait à son *voyage*. Elle paraissait pressée de quitter la terre, à chaque instant elle demandait l'heure. Vers deux heures elle s'endormit paisiblement et ne s'éveilla plus !...

Le médecin ayant déclaré à ma mère que la malade n'était pas près de sa fin, nous nous retirâmes pour prendre un peu de repos. A quatre heures, je fus réveillée par le son des cloches, je frémis, mais n'osai pas questionner. Je courus chez ma mère... nos larmes nous apprirent ce que nous redoutions de demander.

Le 17. — Nous partons demain. Je ne reverrai donc jamais cette chambre dans laquelle j'écris et que j'ai habitée pendant les plus belles années de ma vie. Moi aussi j'ai déjà vécu peut-être la moitié de ma vie. Il viendra pour moi, ce moment si redouté! Mais elle m'aidera, elle veillera sur moi! Puisse ma vie mériter une telle protection!

Le 20, à Varsovie. — Me voilà de retour. Parfois il me semble avoir fait un rêve cruel. Ce rêve a flétri mon cœur, il m'a désenchantée de la vie. Je fuis le monde; — mes enfants seuls me sont agréables.

Note. — Au bout de quelques années, les héritiers de M. de Cracovie, auxquels appartenait Bialystok, vendirent cette magnifique propriété à l'empereur Alexandre, qui fit entretenir le château avec soin et compter au nombre des résidences impériales cette splendide habitation.

L'empereur Nicolas, peu soucieux de souvenirs historiques, transforma le château en pensionnat et fit transporter à Pétersbourg les superbes orangers. Une grande partie des plus vieux arbres périrent dans ce long trajet.

TROISIÈME PARTIE
VOYAGE EN FRANCE EN 1810.

I

LES PRÉLIMINAIRES DU MARIAGE DE MARIE-LOUISE.

Mort du comte Tyszkiewicz, père de la comtesse Potocka. — Départ pour Vienne. — La société de Vienne. — L'hôtel de Ligne. — L'esprit du prince de Ligne. — Son mariage. — Le comte Charles de Damas. — La comtesse Palfy. — Nouvelles de Paris. — Récriminations de l'aristocratie viennoise. — Arrivée de Berthier. — Lettre de Napoléon à l'archiduc Charles.

Ceux qui écrivent leurs mémoires manquent généralement de franchise envers le lecteur. Presque tous rédigent leurs souvenirs après coup et les arrangent selon leur bon plaisir. A tort ou à raison, j'ai laissé aux miens toutes leurs imperfections, et je me suis abstenue d'en effacer l'empreinte du temps. En un mot, je ne les ai pas refaits. On y trouvera les nuances bien tranchées que les années apportent à nos impressions. Tout, jusqu'à la différence de l'écriture, atteste la véracité de ces pages (1).

Ici on remarquera une première lacune. Absorbée par la douleur que me causa la nouvelle de la maladie subite de mon père, je perdis de vue tout autre intérêt et me décidai sur-le-champ à demander un passeport pour Wilna. Les odieuses lenteurs du gouvernement russe me privèrent de la consolation de trouver mon père en vie et de recevoir au moins sa dernière bénédiction. J'arrivai trop tard.

Je revins à Varsovie, mais ma mère n'y était plus. Depuis la mort de Mme de Cracovie, elle s'était établie à Vienne. Ne voulant pas se faire présenter à la cour, elle avait ensuite fixé sa résidence à Baden, désirant y vivre ignorée. Elle n'avait pour toute société qu'une famille suisse à laquelle elle s'était attachée.

Au beau milieu d'un hiver passablement rigoureux, ma bonne mère nous engagea à aller la voir

(1) Le manuscrit qui m'a été confié est de trois périodes bien distinctes, que l'on reconnaît à la différence de l'écriture et du papier. La première et la seconde partie forment 120 pages, la troisième et la quatrième partie 288 pages, et enfin la cinquième partie 70 pages. Le tout est écrit sur du papier format in-4°.

à Baden. Au bout d'un mois, s'imaginant que nous faisions un trop grand sacrifice en renonçant aux plaisirs de la capitale, elle nous contraignit d'aller passer le reste de l'hiver à Vienne. Elle nous promettait que, sous peu, elle nous y suivrait. Aussi bien mon mari commençait-il à se lasser de la monotonie de notre existence; j'acceptai volontiers la proposition de ma mère.

L'hôtel de Ligne était alors le centre où tous les étrangers distingués se réunissaient. On briguait la faveur d'y être présenté. Accueillie avec une bonté et une indulgence toutes particulières, je m'y amusais plus que partout ailleurs. Ce modeste petit salon, ces chaises de paille qu'on allait chercher dans le vestibule, lorsqu'elles venaient à manquer au salon, ce frugal souper dont la causerie faisait l'unique charme, cette charmante bonhomie, tout cela vaut bien la peine que je m'y arrête avec complaisance, et ce serait de l'ingratitude que d'y manquer.

Le célèbre prince de Ligne, à plus de soixante-dix ans, était encore un des plus spirituels et des plus brillants causeurs de son salon, infiniment plus remarquable par sa conversation que par ses ouvrages. Indulgent, facile et bon, il était adoré de ses enfants et les aimait parce qu'ils étaient aimables, ne mettant de prix qu'à ce qui ajoute à l'agrément de la vie, car de bonne foi il se croyait mis au monde *uniquement* pour s'amuser. Si dans sa jeunesse on l'avait vu courir après la gloire, c'est qu'elle lui promettait de nouveaux succès, et qu'on est parfois bienvenu de pouvoir écrire un billet doux sur une feuille de laurier. Possesseur d'une fortune considérable qu'il avait dissipée ainsi que sa vie, de toutes les manières, il supportait avec une gaieté stoïque la gêne à laquelle l'avaient condamné ses prodigalités. Ses modestes chaises de paille, son gigot de mouton, son immortel morceau de fromage, donnaient lieu à mille plaisanteries spirituelles fort bien reçues. On eût dit qu'il avait gagné en gaieté ce qui lui manquait en fortune, et que, semblable à ce sage de l'antiquité qui jeta ses trésors à la mer pour être heureux, il avait voulu être pauvre.

La princesse ne possédait rien de ce qu'il eût fallu pour être aussi philosophe; le mari et la femme avaient l'air de ne pas parler la même langue, et de ne s'être jamais rien dit.

La princesse était issue d'une des plus nobles familles d'Allemagne; mais elle était pauvre, ainsi que le sont toutes les filles nobles de ce pays, et également dépourvue de charme et d'esprit; il était impossible de comprendre ce qui avait pu décider le prince à ce mariage, d'autant qu'il n'approuvait guère les alliances allemandes. Ses vieux amis rapportaient un mot qui lui échappa lorsque pour la première fois il amena sa jeune épouse à Bruxelles, où son régiment était en garnison. Ce mot peignait d'un seul trait sa malice et son extrême légèreté. Les officiers s'étant réunis afin d'être présentés à la princesse :

— Je suis très sensible, messieurs, leur dit-il, à votre aimable empressement; vous allez la voir; je vous préviens, hélas ! qu'elle n'est nullement jolie, mais du moins étant fort bonne et fort simple, elle ne gênera personne, pas *même moi !*...

Au temps dont je parle, déjà fort avancée en âge, elle prenait facilement de l'humeur, mais on ne s'en inquiétait guère ; il était même d'usage de la laisser à son métier de tapisserie, et pendant qu'elle faisait les plus abominables broderies, on se groupait autour du prince et de ses filles, et l'on causait avec un enjouement, une liberté pleine de goût et de grâce, que je n'ai jamais rencontrés ailleurs. Au dire des Français d'autrefois, la conversation des salons de Paris s'était réfugiée dans ce modeste petit hôtel, depuis que la Révolution l'avait bannie des demeures de la capitale, où elle avait jadis établi son domicile. Il est certain qu'à Paris je ne me suis jamais trouvée dans une réunion aussi agréable ; l'esprit de parti y gâtait l'esprit de salon. Au nombre des habitués les plus distingués qui fréquentaient l'hôtel de Ligne, je citerai le comte Charles de Damas, qui, obstiné dans l'émigration, attendait de *pied ferme* la rentrée des Bourbons. Établi à Vienne depuis nombre d'années, il n'avait fait qu'une seule absence pendant ce qu'il nommait l'*envahissement des bleus*.

Aussitôt la ville évacuée par les Français, il revint s'installer, comme par le passé, chez ses vieux amis ; mais ce ne fut pas sans peine qu'il pardonna au prince de Ligne d'avoir reçu des *compatriotes égarés*. Ainsi nommait-il tous ceux qui s'étaient rattachés au nouveau gouvernement. Plein d'esprit, mais sujet aux boutades les plus bizarres, on lui passait toutes ses folies, en faveur de son noble caractère et de son extrême originalité. Je l'ai entendu employer toute son éloquence à prouver qu'il est quelquefois permis d'avoir

Son domicile, il est certain qu'à Paris je n'ai pas rencontré
de réunion aussi agréable, l'esprit de Paris, gâtait l'esprit de
Salon. — Au nombre des habitués les plus distingués qui fréquentaient l'hôtel de Ligne je citerai les Comtes de Damas,
qui obstiné dans l'émigration attendait de pied ferme
la rentrée des Bourbons. — Établi depuis à Vienne depuis
nombre d'années, il n'avait fait qu'une seule absence pendant ce qu'il nommait, l'envahissement des bleus.
Aussitôt la ville évacuée par les français, il revint
s'installer comme par le passé, chez ses vieux amis, mais
mais ce ne fut pas sans peine qu'il pardonna au P^ce
d'avoir reçu des Compatriotes égarés. C'est ainsi qu'il
nommait tous ceux qui s'étaient rattaché au nouveau
gouvernement. — Plein d'esprit, mais sujet aux boutades les plus bizarres, on lui passait toutes les folies, en faveur
de son noble caractère, et de son extrême originalité ; ...
... moments ... prouver qu'il ...
... qu'il était ... pris d'avoir
Je l'ai entendu employer quelquefois, pour mauvais ton, à condition de n'avoir
toute son éloquence à prouver jamais mauvais goût, il se croyait ... en tout ... .
Nous crûmes un jour mourir de rire, lorsqu'il nous ra-
conta le plus sérieusement du monde, que la seconde des
filles du P^ce de Ligne, la Comtesse de Palfi, ange de vertu,
et de pureté, l'avait induit à faire de mauvaises connaissances, en lui indiquant la demeure des Nymphes les plus
célèbres ..., afin disait-il, de sauver la réputation des femmes honnêtes auxquelles il aurait pu s'adresser — Or avec un menton dont
il avait laissé la moitié au siège de Bellegarde, et ses 50 ans, le pauvre

mauvais ton, à condition de n'avoir jamais *mauvais goût,* et de là il se croyait en droit de tout dire.

Nous crûmes un jour mourir de rire, lorsqu'il nous raconta le plus sérieusement du monde que la seconde des filles du prince de Ligne, la comtesse de Palfy, ange de vertu et de pureté (1), l'avait induit à faire de *mauvaises connaissances,* en lui indiquant la demeure des « nymphes » les plus célèbres, afin, disait-il, de sauver la réputation des femmes honnêtes auxquelles il aurait pu s'adresser. Or, avec un menton dont il avait laissé la moitié au siège de Belgrade, et ses cinquante ans, le pauvre héros offrait de suffisantes garanties.

Indépendamment de l'hôtel de Ligne, on passait fort bien son temps chez quelques-uns de nos compatriotes. Une des maisons les plus agréables, ou, pour mieux dire, des plus élégantes, était celle de la comtesse Lanckoronska, quoique, à vrai dire, la maîtresse de la maison se montrât trop Autrichienne.

Un soir que, groupés autour d'une table à thé,

(1) Cette même comtesse Palfy figure dans le *Journal de Stendhal,* où il n'est pas question de sa *vertu.*

nous devisions très vivement sur les événements qui venaient d'avoir lieu, quelqu'un survint, annonçant l'arrivée d'un courrier de Paris. Vienne avait beaucoup souffert du séjour des Français; on y était encore sous l'impression de fâcheux souvenirs, et le secret gardé sur les dépêches nouvellement survenues jeta la ville dans la consternation.

A l'exception de quelques Polonais réunis dans ce brillant salon, tous ceux qui s'y trouvaient détestaient Napoléon *outre mesure*. Le plus véhément, ainsi que le plus dangereux de ses ennemis, était sans contredit le Corse Pozzo di Borgo(1), qui à lui seul savait mieux parler et haïr que tous les Allemands présents à cet entretien. Nous écoutions ses prophéties lorsque le comte Razumowski, ambassadeur de Russie, se fit annoncer.

Tous, nous courûmes à sa rencontre, et nous l'accablâmes de questions. L'expression de sa figure n'était pas rassurante, il paraissait bouleversé, la voix lui manquait. Ce ne fut qu'après quelques minutes d'un silence préparatoire qu'il put nous apprendre que le mystérieux courrier,

---

(1) Charles-André, comte Pozzo di Borgo, 1764-1842.

cause des appréhensions du moment, précédait de quelques heures seulement le maréchal Berthier, dont la mission extraordinaire avait pour but la demande en mariage de l'archiduchesse Marie-Louise pour son auguste maître. De plus, ce soldat parvenu, ce prince de la veille, était désigné pour avoir l'insigne honneur de représenter en cette mémorable circonstance l'Empereur et Roi !...

Cette démarche éclatante était la suite des arrangements secrets que M. de Metternich avait conclus et signés, à Paris, avec l'autorisation et au nom de l'empereur François. Le prince de Neufchâtel trouva à l'extrême frontière un des plus grands seigneurs du pays, le prince Paul Esterhazy (1).

Ces détails transmis avec une fiévreuse irritation ne pouvaient être que vrais. On eût dit que la foudre, en tombant sur un fil électrique, avait pulvérisé les individus qui se pressaient autour de M. de Razumowski. La réaction ne se fit pas attendre ; après un instant de stupeur muette, un cri d'horreur retentit spontanément dans tout le

(1) Prince Paul-Antoine Esterhazy de Galantha, 1786-1866. Il représenta l'Autriche en qualité d'ambassadeur successivement à Dresde et à Londres.

salon. On se récria sur l'inconvenance et la lâcheté d'une alliance qui mettait au pouvoir du plus *infâme usurpateur* la première princesse de l'Europe!

Ce ne furent qu'imprécations et sanglots étouffés. Les dames eurent des attaques de nerfs, et les hommes se laissèrent aller progressivement de l'indignation à la fureur. Il n'y a plus de justice à espérer sur cette terre, s'écriait-on. Il ne reste qu'à quitter l'Europe et à se coloniser en Amérique, disaient les femmes. Les plus *sensibles* affirmaient que la jeune princesse en mourrait, et qu'on ne verrait pas consommer une telle profanation. D'autres prétendaient que Napoléon deviendrait fou de joie, et que le Ciel ne permettrait un tel scandale que pour foudroyer de plus haut le moderne Nabuchodonosor.

J'étais calme au milieu de l'orage. Une idée soudaine s'empara de mon imagination.

— Qu'il serait amusant, me dis-je, d'aller maintenant à Paris assister à cette brillante mésalliance!

Je passai le reste de la soirée à méditer ce projet, et, rentrée chez moi, je le confiai aussitôt à mon mari.

Malheureusement il ne prenait intérêt à rien de ce qui le faisait sortir de ses occupations habituelles, et souhaitait de retourner en Pologne. Loin de combattre mon désir, qui, dans le fond, n'était encore qu'un rêve, il écrivit à ses parents, lesquels s'empressèrent de m'envoyer non seulement une autorisation formelle, mais y joignirent des instructions concernant une affaire importante qu'on me chargeait de surveiller (1).

Le lendemain de cette orageuse soirée, les mêmes individus se réunirent à la même heure, au même lieu, car, tout en blâmant sévèrement ce qui se passait, on mourait d'envie d'apprendre les moindres détails. Il est facile de comprendre que je ne manquais pas à cette réunion.

Le prince Esterhazy avait conduit l'ambassadeur au château impérial, où, en dépit de l'usage reçu et de l'étiquette, son logement se trouvait préparé. Pour faire son entrée officielle en ville, il lui fallut traverser un pont construit à la hâte sur les ruines des remparts que l'armée française avait fait sauter en se retirant. Le jour même de son arrivée, le maréchal fut reçu par l'empereur

---

(1) Voir ch. ix, 3ᵉ partie.

François en audience particulière, la demande *solennelle* fut faite.

Aussitôt après, l'ambassadeur remit à l'archiduc Charles la lettre autographe de l'empereur Napoléon qui autorisait ce prince à épouser en son nom l'archiduchesse. J'eus bien de la peine à me procurer la copie de cette lettre ; toutefois j'y parvins, et la voici :

« Monsieur mon cousin,

« Je dois des remerciements à Votre Altesse Impériale de ce qu'elle veut bien me représenter à mon mariage avec l'archiduchesse Marie-Louise. Votre Altesse Impériale sait que mon estime déjà ancienne est fondée sur ses éminentes qualités, ainsi que sur ses grandes actions. Désirant infiniment vous en donner une preuve éclatante, je vous prie d'accepter le grand cordon de la Légion d'honneur, ainsi que la croix de cette même décoration, que je porte toujours moi-même, et dont se trouvent décorés vingt mille soldats qui se sont distingués au champ d'honneur.

« La première de ces décorations est le tribut dû à votre génie comme général, et la seconde à votre bravoure comme soldat... »

Le surlendemain, on procéda à la signature du contrat civil et à la remise de la dot allouée depuis des temps immémoriaux aux archiduchesses, laquelle se bornait à cinq cent mille francs en or.

Le 11 mars (1810), on célébra à l'église des Augustins la cérémonie religieuse, suivie d'un banquet impérial auquel l'ambassadeur assista, contrairement à l'étiquette de la cour de Vienne, qui n'admet dans aucun cas les étrangers à un *festin de famille*.

II

M. DE NARBONNE.

La pantoufle de Marie-Louise. — M. de Narbonne chez le prince de Ligne. — Un mentor. — Arrivée à Munich. — Le bain. — Le Céladon. — La comtesse part seule pour Strasbourg.

Sur ces entrefaites arriva le comte Louis de Narbonne en qualité d'ambassadeur extraordinaire, chargé d'accompagner ou, pour mieux dire, de précéder la jeune Impératrice, afin de veiller au cérémonial d'usage en pareille circonstance et de ne s'écarter *en rien* de celui qui avait été observé, lors de l'arrivée de Marie-Antoinette.

Peu favorisée de la nature, Marie-Louise n'avait de remarquable que la beauté de son pied. M. Anatole de Montesquiou (1), envoyé en courrier pour annoncer à Napoléon la conclusion des cérémonies du mariage, ainsi que le jour fixé pour le départ de l'illustre fiancée, reçut secrètement

---

(1) Ambroise-Anatole-Augustin de Montesquiou-Fezenzac, 1788-1867. Il servit tour à tour Napoléon et la maison d'Orléans. Anatole de Montesquiou était poète et auteur dramatique.

de M. de Narbonne l'injonction de présenter à Sa Majesté la petite pantoufle de la princesse en manière de *portrait*. Cette attention d'un genre tout nouveau eut, à la cour de France, le plus grand succès. On assura même que Napoléon avait posé sur son cœur ce premier gage d'un amour, hélas! éphémère.

Lancé au milieu de l'aristocratie autrichienne afin de contre-balancer par ses manières de grand seigneur et ses allures de courtisan la vulgarité et la rudesse de Berthier, le comte de Narbonne fut reçu avec distinction.

Je le voyais journellement à l'hôtel de Ligne, où il avait établi ce qu'il nommait son quartier général. Là, dépouillant sa dignité d'ambassadeur extraordinaire, il nous amusait souvent aux dépens des *grands personnages* avec lesquels il se trouvait en contact, qui, indignés au fond de l'âme de tout ce qui se passait, ne savaient trop quelle attitude prendre afin de ne pas déplaire par une désapprobation ouverte.

Vieillard infiniment aimable, il avait eu dans sa jeunesse de brillants succès à la cour de France. Entraîné par la Révolution, il parut se rallier de bonne foi au gouvernement impérial et brigua un genre de célébrité moins futile, mais aussi moins facile à obtenir.

Nommé ministre de la guerre par Louis XVI, il ne garda cette place éminente que pendant trois mois. Les royalistes modérés l'accusèrent d'anglomanie, prétendant qu'il ne fallait pas souffrir les influences étrangères. D'un autre côté, les clubs le dénoncèrent avec fureur comme ennemi de la Révolution et des Jacobins. Il se réfugia en Suisse, et ne tarda pas à s'embarquer pour l'Angleterre, où il apprit la mort de Robespierre. Il fut l'un des premiers à saluer l'avènement de Napoléon à son retour d'Égypte.

Le comte de Narbonne était un de ces hommes richement doués, mais qui traversent l'histoire sans y laisser la place glorieuse que leurs talents auraient dû leur assigner. Militaire distingué, diplomate habile, il possédait tout ce qu'il faut pour jouer un rôle marquant dans ces temps d'orage. La gloire de Napoléon le fascina, et du moment où il vit son ambition satisfaite, ses affaires en ordre et ses dettes payées, il s'attacha au conquérant. Je l'ai même entendu plus d'une fois convenir que non seulement Napoléon était doué d'un génie tout à fait supérieur, mais qu'il avait *même beaucoup d'esprit*. C'était infiniment plus que ne lui accordaient les belles dames de Vienne; il m'est arrivé d'assister à une discussion qui tendait à prouver par des faits prétendus *incontestables* que *le monstre était poltron,* et que bientôt il deviendrait imbécile, vu qu'il tombait du mal caduc.

En dépit de ces ridicules calomnies et tout en se permettant les plus absurdes manifestations, les grands seigneurs autrichiens déployèrent à l'occasion des fiançailles un faste et une magnificence qu'on ne saurait voir ailleurs. Les millions que prodigua Napoléon afin de mettre son représentant à la hauteur de ce luxe héréditaire ne purent effacer cette sorte de vernis moderne qui est le caractère de toute dynastie nouvelle.

J'en reviens à M. de Narbonne qui joue un rôle dans mes souvenirs, car il fut le mentor auquel mon mari me confia. Arrivé à Paris, il devait me conduire chez ma tante, la comtesse Tyszkiewicz (1), établie depuis maintes années dans la capitale, qu'elle ne pouvait se décider à quitter.

(1) Voir chapitre suivant.

Nous n'attendions pour partir que la cérémonie du mariage.

J'allai demander à ma mère sa bénédiction et lui faire mes adieux. Elle s'étonna de ce départ subit, sans le désapprouver dès qu'elle sut que mon mari et ses parents, loin d'y mettre obstacle, m'y encourageaient.

Mes préparatifs de voyage furent bientôt terminés. Au jour marqué, je partis, précédée de Son Excellence monsieur l'ambassadeur extraordinaire, lequel voulait bien commander mes chevaux et s'occuper de mes gîtes. On ne pouvait débuter d'une manière plus brillante.

Au second relais, mon compagnon me demanda la permission de monter dans ma berline, afin d'envoyer ses équipages en avant.

J'acceptai d'autant plus volontiers qu'étant seule dans une énorme voiture, j'avais plus de place qu'il n'en fallait. Je m'assurais une société inappréciable. M. de Narbonne, témoin du grand drame de la Révolution, connaissait tous les personnages marquants de cette époque; il savait parfaitement associer son auditoire à ses impressions, car il possédait au plus haut degré l'art de raconter. Quelle aubaine pour un long voyage!

Peut-être qu'au coin de feu il m'eût semblé parfois courir après l'esprit et affadir ses phrases par une galanterie surannée, mais sur les grands chemins on est moins difficile. Du reste, extrêmement aimable, bon, doux et complaisant, gouverné par son valet de chambre, véritable valet de comédie qui le ruinait en flattant son goût pour le luxe, il n'était jamais soucieux et toujours d'agréable humeur.

Nous courûmes jusqu'à Munich sans nous arrêter autrement que pour prendre de légers repas, fort élégamment servis par l'habile Frontin, et préparés par le chef de l'ambassadeur.

Cette manière de voyager me plaisait d'autant plus que j'étais loin de me douter du mobile qui faisait agir mon mentor et du prix qu'il comptait mettre à ses attentions. J'en faisais honneur au siècle dans lequel M. de Narbonne avait débuté, et je pensais bonnement que tout Français d'*autrefois* eût agi de même.

A deux postes de Munich le comte prit les devants et voulut bien se charger de me trouver un gîte, ce qui n'était pas facile, tous les hôtels étant encombrés par la suite nombreuse de la reine de Naples ainsi que par les gens destinés à la jeune Impératrice.

J'arrivai à Munich à neuf heures du soir, prévenue, par un mot déposé à la barrière, qu'il fallait me rendre à l'hôtel des Princes; j'y trouvai non seulement un appartement élégant, mais un bain tout prêt.

A peine étais-je dans l'eau qu'une petite porte masquée d'une glace s'ouvrit doucement, et à ma grande frayeur un homme se glissa dans la chambre et vint mettre un genou en terre auprès de ma baignoire. Je jetai un cri affreux; ma femme de chambre venait de sortir pour préparer ma toilette, mais heureusement elle m'avait laissé une sonnette que j'agitai convulsivement. Avant qu'elle m'eût entendue j'eus le temps de contempler l'objet de ma soudaine frayeur. C'était ce pauvre M. de Narbonne lui-même! Intimidé par l'effet qu'il produisait, il restait immobile dans son humble posture. Je crus un moment qu'il était devenu fou et le regardai avec un mélange de pitié et de terreur.

Il avait changé de costume, je ne l'avais jamais vu habillé avec autant de recherche; pour compléter cette singulière mascarade qui transformait un vieillard sexagénaire en élégant du jour, il avait mis du rouge!

Un rire inextinguible succéda à l'effroi que j'avais éprouvé, lorsque mon vieux céladon essaya de me faire entendre l'expression de ses feux. Ma femme de chambre que je continuais de sonner accourut enfin, et le pauvre héros de cette ridicule aventure, se relevant non sans peine, s'esquiva tout confus (1).

Désormais nous ne pouvions plus voyager ensemble sans éprouver un mortel embarras; je fis donc appeler mon courrier et lui dis que j'étais décidée à partir à la pointe du jour. Je lui recommandai de payer largement, et de se taire sur mon projet. Tout reposait encore à l'hôtel lorsque, établie dans ma berline, je partais directement pour Strasbourg, où je voulais visiter la cathédrale ainsi que le tombeau du maréchal de Saxe. Ce voyage, intéressant par lui-même, l'était principalement pour moi à cause des circonstances; d'ailleurs je quittais la Pologne pour la première fois; jusque-là mes voyages s'étaient bornés à la ville de Vienne, où j'allais voir ma mère.

(1) Voir, sur Narbonne, les *Réminiscences* de la comtesse DE CHOISEUL-GOUFFIER, qui, la première, parle des qualités frivoles du célèbre diplomate.

III

L'ENTRÉE SOLENNELLE A PARIS.

La comtesse Tyszkiewicz. — L'accroc au cérémonial. — Plaisanteries parisiennes. — Le cortège. — Portrait de Marie-Louise. — Mot de Napoléon. — La garde. — Les pages. — Impressions de la foule. — Présentation à madame de Souza.

Ma tante (1) m'avait fait arrêter un appartement sur la place Louis XV, dans le beau bâtiment qu'on nommait le Garde-Meuble. Il s'y trouvait alors un hôtel meublé où je me rendis directement.

La comtesse Tyszkiewicz me vint voir le lendemain de mon arrivée. Fort préoccupée des événements du jour, elle voulut savoir ce qui se disait à Vienne.

Lorsque j'eus satisfait sa curiosité : — Napoléon, me dit-elle, est lui-même surpris de la grandeur de sa destinée.

---

(1) Marie-Thérèse Poniatowska, comtesse Vincent Tyszkiewicz, sœur du prince Joseph Poniatowski, née en 1765, morte en 1834. Elle fut enterrée à Valençay, dans la propriété de Talleyrand.

Ma tante n'aimait pas l'Empereur, mais elle le craignait, et c'est tout bas qu'elle manifestait son étonnement d'une manière fort peu respectueuse.

— Conçoit-on le bonheur de cet homme? Il est donc prouvé que rien ne lui résistera? disait-elle. Après avoir bouleversé le monde, vaincu l'Autriche, fait sauter les remparts de la capitale, le monarque malheureux qu'il a réduit à ce degré d'humiliation lui donne sa fille, en implorant la paix!

Ma tante, qui secrètement tenait au faubourg Saint-Germain, où M. de Talleyrand l'avait introduite, prétendait savoir tout ce qui se passait aux Tuileries, au moyen des rapports que celui-ci y entretenait. Elle m'assura que l'Empereur avait d'abord été ébloui de l'éclat d'une telle alliance; mais la conduite inexplicable de Marie-Louise dissipa vite le prestige, et, au bout de deux jours, la courtoisie recherchée de Napoléon fit place aux habitudes du grand homme parfois un peu trop conquérantes, mais justifiées en cette occasion par l'exemple de Henri IV. Il se rendit à la rencontre de sa jeune fiancée et s'établit à Compiègne où, par une condescendance fort déplacée à l'égard de celui qui s'attendait à lui inspirer une sorte d'éloignement, cette princesse désillusionna le héros et désenchanta tous ceux qui se plaisaient à la regarder comme une victime immolée au repos de l'Europe.

La réception de Compiègne occupa les Parisiens huit jours au moins! On critiqua sans mesure le luxe asiatique que l'Empereur avait déployé dans l'arrangement du château.

Le cabinet de toilette avait été drapé avec les plus beaux châles de l'Inde; on prétendit malignement que c'étaient ceux de Joséphine qui en avaient fait le plus bel ornement, tandis qu'il fut prouvé par la suite que Napoléon ne toucha jamais aux dons qu'il avait prodigués à sa première femme.

Après avoir minutieusement épluché tous les détails de cette réception, on se communiquait, *à l'oreille*, les *résultats probables*. En moins de deux heures Paris sut à quoi s'en tenir au sujet de la jeune souveraine, et je ne fus pas médiocrement surprise de la liberté des propos qui couraient les salons. On ne se refusa ni les mauvaises plaisanteries, ni les jeux de mots. Comme nous entrions dans la semaine sainte, on se permit de dire que la future impératrice voulait faire son entrée *en sainte*, et ce mauvais calembour eut un succès prodigieux, — car les Français, fort difficiles sur l'esprit qu'on a, ne le sont pas assez sur celui qu'on fait.

L'approche des solennités du mariage ainsi que des fêtes qui devaient le suivre donna un autre cours aux idées.

Il me fallut choisir entre deux spectacles également curieux : voir l'entrée solennelle de l'auguste couple au milieu de l'immense population qui devait l'attendre aux Champs-Élysées, ou m'enfermer de bon matin en grande toilette dans la chapelle des Tuileries où ma tante voulait me mener. Je me décidai pour l'*entrée,* d'autant plus volontiers que, n'ayant encore pu être présentée, il me sembla malséant d'intriguer pour obtenir un billet et usurper une place.

Ce fut de ma fenêtre que je vis le royal cortège (1). L'Empereur, en costume espagnol, — le même qu'il avait adopté pour le couronnement, — était dans un carrosse à glaces tout doré, attelé de huit chevaux andalous d'une rare beauté. Leur

(1) Le mariage civil eut lieu à Saint-Cloud, le dimanche 1ᵉʳ avril, et le mariage religieux le lendemain, à la chapelle des Tuileries.

robe isabelle se mariait parfaitement avec la couleur verte des somptueux harnais tissus d'or et de soie. Ils marchaient *au pas* et semblaient tout fiers du rôle qui leur était réservé.

Marie-Louise, couverte des diamants de *Golconde*, assise à la droite de l'Empereur, ne paraissait pas l'occuper exclusivement; il semblait soucieux, et absorbé par l'effet que produisait sur la foule cet imposant spectacle, n'écoutant qu'avec distraction le peu de mots que lui adressait sa jeune épouse dont les saluts à l'autrichienne eussent déparé une figure plus agréable que n'était la sienne. Les Français, gâtés par la grâce de Joséphine et d'ailleurs peu satisfaits de cette alliance, restaient froids et impassibles. Il n'y eut nul enthousiasme et fort peu d'acclamations. On prétendait que Napoléon, rentré dans son cabinet, s'était écrié :

— J'ai tellement gâté les Parisiens par l'imprévu et l'impossible, que si j'épousais la Madone ils n'en seraient pas surpris.

Dire le nombre de généraux, de maréchaux qui, à cheval, en grand uniforme, précédaient et suivaient le carrosse impérial, serait fastidieux et presque aussi difficile que de nommer les rois et les reines accourus pour assister à ce magnifique spectacle. Leurs brillants équipages, leur suite nombreuse, la richesse et la variété des habits, la beauté des femmes, l'éclat des diamants, tout était merveilleux; mais rien, à mon avis, n'égala la magnifique haie composée de la garde impériale déjà vieillie sous les armes et décorée sur les nombreux champs de bataille où, guidée par la miraculeuse capote grise, elle avait maintes fois décidé de la victoire. Seule elle acclama frénétiquement son chef qu'elle voyait dans tout l'éclat de la majesté.

Autour du carrosse impérial, des pages « à peine sortis de l'enfance », vêtus richement et placés sur des marchepieds posés symétriquement, pareils à des papillons prêts à s'envoler au moindre signe, poétisaient le pesant véhicule. Quand la grille du jardin des Tuileries, qui ne s'ouvrait qu'une fois l'an lorsque l'Empereur se rendait au Corps législatif, se fut refermée sur le royal cortège, qui de nous eût imaginé qu'elle ne s'ouvrirait plus pour des triomphes? Hélas! c'en était fait des beaux jours. L'orage allait gronder.

Les illuminations et les feux d'artifice se prolongèrent fort avant dans la nuit. Le vin jaillit des fontaines, on jeta à pleines mains l'or et les médailles, — tout fut somptueux et magnifique, mais il n'y eut ni joie, ni franche gaieté.

Les uns, et c'était le plus grand nombre, regrettaient Joséphine, que sa rare bonté ainsi que son accueil gracieux avaient rendue chère à la nation; d'autres regardaient l'arrivée d'une princesse autrichienne comme un présage de malheur. Presque tous, las de la guerre, des triomphes et des conquêtes, avaient pris le parti de n'être satisfaits de rien; n'ayant plus rien à désirer, ils se laissaient aller au mécontentement que la conscription sans cesse renaissante entretenait au sein des familles. Aussi la foule ne semblait-elle assister à cette fête splendide que par une curiosité machinale.

Quiconque a écrit ses mémoires doit avoir éprouvé une sorte d'embarras à parler de soi. Aussi n'ai-je pas encore fait mention de mon entrevue avec M. de F... Après plusieurs tentatives infructueuses auprès du portier, il finit par violer la consigne et se présenta soudainement à la porte de mon salon; il avait rencontré dans l'escalier le duc de Dalberg qui sortait de chez moi, et se crut en droit de ne plus se laisser renvoyer.

J'avoue que cette apparition me troubla. Nous parlâmes de tout ce que j'aurais à voir et à faire. Il m'offrit ses services et ses conseils, et me dit que sa mère désirait faire ma connaissance; elle voulait me remercier des bontés que mes parents (1) avaient eues pour son fils pendant le séjour des Français à Varsovie.

Il me proposa de venir me rendre visite avec elle, le lendemain dans la matinée. J'acceptai avec d'autant plus d'empressement que j'étais fort curieuse de voir une personne dont les délicieux romans et les lettres m'avaient charmée.

Il était tout naturel que je fisse mon possible pour lui paraître agréable, — mais je m'aperçus bien vite de l'inutilité de mes frais. Mme de Souza s'occupait d'elle-même *exclusivement*, elle soignait chacune de ses phrases et jetait dans la conversation des mots heureux et brillants qui semblaient *préparés*. Il n'y avait dans sa manière de s'exprimer ni charme, ni abandon; il valait mieux lire ses ouvrages que d'écouter sa conversation. De plus je fus choquée d'une sorte d'intimité

---

(1) Le comte et la comtesse Potocki. — Le comte Stanislas Potocki était en 1807 président du conseil des ministres. Voir p. 41.

qu'elle voulut, dès le premier jour, établir entre nous *trois*. Elle avait de la *fatuité* pour son fils ! On lui eût pardonné de l'*orgueil*. Mais la présomption avec laquelle elle semblait présager ses succès n'était pas de bon goût; lui-même en paraissait embarrassé et faisait de vains efforts pour ramener sa mère à un ton plus sérieux et plus convenable. Je pris ombrage de cette assurance fort peu déguisée, et me montrai polie, mais froide : nous nous quittâmes assez peu satisfaites l'une de l'autre.

IV

LA COUR.

L'Empereur. — Marie-Louise. — Aspect singulier de la cour. — Élisa. — Pauline Borghèse. — La reine de Naples. — La princesse de Telleyrand. — Salon de la comtesse Tyszkiewicz.

Dès que l'Impératrice fut établie aux Tuileries, on procéda aux présentations. En ma qualité d'étrangère, je devais être présentée non seulement à l'Empereur et à l'Impératrice, mais encore à toutes les reines et princesses de la famille. Chacune avait son jour; il fallait donc tous les matins recommencer une longue et fatigante toilette et passer les plus belles heures de la journée à mettre et à ôter une *robe de cour*. Le soir, on se reposait... au spectacle.

L'Empereur recevait vers midi, dans son cabinet.

Après avoir débuté par les trois révérences d'usage, on était nommé. L'Empereur, debout, une main appuyée sur son bureau, attendait, vous enveloppant d'un coup d'œil gracieux quand vous étiez jeune et jolie. Ce n'était là que le prélude d'un acte encore plus difficile à accomplir. En sortant, les trois révérences étaient à recommencer, mais à reculons. La difficulté, c'était un manteau de cour d'une longueur démesurée qu'il fallait renvoyer moyennant un petit coup de pied imperceptible; c'est là qu'on montrait sa grâce et sa distinction. En trois leçons, je vis mon éducation terminée.

L'Empereur me reçut avec une bonté toute particulière, qui diminua beaucoup l'embarras du cérémonial. Il voulut bien me demander des nouvelles de toutes les personnes de ma famille, et me parla principalement de mon oncle, le prince Poniatowski.

Malgré l'attention que je prêtais à chacune de ses paroles, je ne pus m'empêcher de jeter un coup d'œil d'admiration sur la magnifique *Sibylle* du Guerchin suspendue au-dessus du bureau; venue du Capitole, elle devait, hélas! y retourner.

Napoléon, auquel rien n'échappait, s'aperçut aussitôt de la distraction *fugitive* que j'avais eue et me dit en souriant que, si j'aimais les arts, il fallait faire la connaissance de M. Denon et aller avec lui au Musée.

— Mais avant tout, fit-il, j'espère que vous allez vous préparer pour les fêtes qui vont commencer et que vous n'en manquerez aucune.

Sur ce, il nous salua.

En sortant du cabinet de l'Empereur, nous passâmes dans le salon d'attente de l'Impératrice, où déjà quantité de gens se trouvaient réunis. Elle sortit de ses appartements, suivie d'une cour nombreuse et brillante. Le goût avec lequel elle était mise l'avait un peu *désenlaidie,* mais l'expression de la figure restait la même. Pas un sourire bienveillant, pas un regard curieux qui vinssent animer ce visage de bois. Elle fit le tour du cercle, allant de l'une à l'autre comme ces poupées à mécanique qui roulent lorsqu'on les a montées, montrant leur fine taille bien raide, leurs gros yeux de porcelaine d'un bleu pâle et toujours fixes.

L'Empereur marchait à ses côtés, afin de lui souffler ce qu'elle devait dire, principalement aux personnes qu'il voulait distinguer. Lorsque vint mon tour, la dame qui me présentait m'ayant nommée à la jeune souveraine, j'entendis parfaitement les mots : *pleine de grâce,* que murmura Napoléon. Elle les répéta d'une façon si sèche et avec un accent tellement tudesque que j'en fus peu charmée.

Cette cour, si magnifique de loin, perdait à être vue de près. On y remarquait une sorte de confusion et de désaccord qui en bannissait l'aspect de grandeur et d'éclat qu'à bon droit on s'attendait à y trouver. Auprès des femmes les plus élégantes et les plus richement parées venaient se placer les épouses des maréchaux, peu habituées à porter le manteau de cour. Il en était à peu près de même de leurs maris, dont les uniformes brodés, si brillants à la parade, si beaux sur le champ de bataille, contrastaient désagréablement avec des paroles et des manières assez peu courtoises. Entre eux et ceux d'*autrefois,* — qui déjà s'étaient ralliés au gouvernement du jour, il régnait une disparate choquante. On eût cru assister à une répétition où les acteurs venaient essayer leurs costumes et répéter leurs rôles. Ce mélange singulier aurait prêté à rire si le personnage principal n'avait inspiré une sorte de respect et de crainte qui faisait disparaître l'idée du ridicule, ou, du moins, en paralysait l'effet.

Les sœurs de Napoléon ne se ressemblaient nullement.

Elisa, grande-duchesse de Toscane, joignait aux traits de son frère une expression infiniment plus dure. On lui accordait beaucoup d'esprit et de caractère, je n'ai cependant jamais entendu citer rien de ce qu'elle eût dit ou fait. Les grands ont toujours autour d'eux des échos prêts à répéter ce qu'ils expriment d'un peu remarquable. Le silence est une sorte de négation. Aussi je restai peu charmée.

La princesse Pauline Borghèse offrait le type de la beauté classique, celle qui se retrouve dans les statues grecques. En dépit de tout ce qu'elle faisait pour hâter les *outrages du temps,* le soir, moyennant un peu d'art, elle enlevait encore tous les suffrages, et pas une femme n'eût osé lui disputer la *pomme* que lui décerna Canova après, disait-on, l'avoir *contemplée sans voiles.*

Aux traits les plus fins ainsi que les plus réguliers qu'il soit possible d'imaginer, elle joignait des formes admirables *et trop souvent admirées.* Grâce à tant de charmes, son esprit passait inaperçu; on ne parlait que de ses galanteries, et certes il y avait matière à longs discours.

La plus jeune des trois, Caroline, reine de Naples, n'était pas, à beaucoup près, aussi classiquement belle que sa sœur, mais elle avait une figure infiniment plus mobile, un teint de blonde éblouissant, une taille, des bras, des mains irréprochables et, sans être grande, un port de reine. On eût dit qu'elle était venue au monde toute préparée au rôle que le sort lui réservait. Quant à son intelligence, il suffit de citer le mot de M. de Talleyrand, qui prétendait que cette tête de jolie femme reposait sur les épaules d'un *homme d'État*.

Personne ne fut surpris que l'Empereur l'eût choisie pour aller au-devant de sa fiancée. Toutefois, l'énorme distance qui existait entre Marie-Louise et Caroline fit que jamais elles ne purent se comprendre ni s'aimer.

Hortense, reine de Hollande, était absente, ainsi que sa belle-sœur, la femme du vice-roi d'Italie; elles étaient parties peu de jours après mon arrivée. Je pus donc me reposer.

Ma tante (1) en profita pour me mener chez M. de Talleyrand dont, depuis environ un quart de siècle, elle était l'esclave. Retenu à la cour par les devoirs de sa charge, M. de Talleyrand ne put rentrer à temps pour nous recevoir et se fit excu-

---

(1) **Comtesse Vincent Tyszkiewicz.**

ser; la chose était fort simple, personne ne songea à s'en formaliser. Ce qui nous sembla plus étrange, c'est qu'en entrant dans le salon nous n'y trouvâmes pour nous recevoir qu'une *dame d'honneur* de la princesse; on nous annonça que, *séduite par un rayon de soleil,* Son Altesse venait de sortir pour faire un tour au Bois. Les invités arrivèrent successivement; ainsi que nous l'avait fait présumer la personne chargée de faire les honneurs en l'absence de la maîtresse du logis, nous attendîmes plus d'une heure.

Des excuses n'eussent pas été déplacées ; mais craignant de *déchoir* en se montrant polie, la princesse fit son entrée avec un majestueux aplomb, nous parla du beau temps, de l'air embaumé, paraissant trouver tout naturel que nous l'eussions attendue.

J'évitai, dans la suite, de me trouver avec madame de Talleyrand, — les princesses impertinentes ne sont pas de mon goût, surtout lorsqu'elles sont des parvenues. Celle-ci, connue de tout Paris sous le nom de madame Grand, était d'une nullité que rien ne pouvait dissimuler, pas même son élévation; on citait ses balourdises, tout comme on citait les bons mots de son mari.

A cette époque, elle avait au moins soixante ans; toutefois, sa position lui créait des flatteurs qui lui assuraient qu'elle était encore belle. Aussi se coiffait-elle en cheveux et se couronnait-elle de fleurs.

Lorsque M. de Talleyrand se mettait à sa partie ou qu'il s'absentait, il régnait dans ce salon un ennui mortel. J'ai rarement ressenti pareille impression ailleurs. Et cependant le plus grand nombre de ceux qui venaient habituellement dans cette maison étaient gens d'esprit. Mais la princesse joignait à sa nullité naturelle des prétentions de grandeur ainsi que des velléités d'étiquette qui la rendaient insupportable. Aussi tous ceux qui jouissaient de leur indépendance et n'avaient point avec le prince des rapports d'affaires, n'allaient chez lui qu'autant qu'ils étaient sûrs de le trouver seul.

Tous les huit jours, à peu près, la société de M. de Talleyrand se réunissait chez ma tante, où je ne m'amusais guère davantage. Elle invitait à tour de rôle des compatriotes distingués et des étrangers de passage. Sa maison avait beaucoup de vogue.

Je ne saurais dire la surprise désagréable que

j'éprouvai en voyant que pour tout plaisir on y jouait des sommes fabuleuses. La banque était tenue par des inconnus à qui personne ne parlait; ils étalaient leurs richesses afin de tenter les assistants. On paraissait craindre leur contact, on les traitait en parias. Leurs regards soupçonneux allaient des uns autres, sans quitter un instant de vue les mains des joueurs. Il y avait dans tout cela quelque chose d'humiliant et de satanique. L'amour du gain présidait seul à cet étrange passe-temps. Les figures contractées des joueurs, l'attitude morne, immobile, des banquiers, le silence qui régnait dans ce salon, — où l'on risquait souvent en une seule nuit le sort d'une famille entière, — tout me sembla odieux. Je ne pus m'empêcher de témoigner ma surprise, peut-être même ma *naïve indignation,* mais ma tante me répondit froidement qu'on voyait bien que *j'arrivais de loin* (1), que des divertissements semblables avaient lieu partout, et que le *Prince,* travaillant beaucoup, prenait chez elle des distractions que sa position lui interdisait chez lui.

Ce fut à ce damné tapis que pour la première

(1) La comtesse arrivait de Varsovie et de Vienne.

fois je rencontrai la vieille duchesse de Luynes (1), bâtie comme un gendarme et mise comme la femme la plus vulgaire; elle jouait avec rage, avait une voix de stentor, riait aux éclats, faisait de l'opposition avec une rare grossièreté; — le tout passait pour de *l'originalité*. Il était même convenu d'admirer la noblesse et la fermeté de son caractère — et la constance de ses opinions. Quant à moi, je ne pus jamais m'habituer à cette enveloppe masculine et à ce ton de corps de garde.

Ah! mon cher hôtel de Ligne, que de fois il me vint à la pensée! Des gerbes de lumière n'éclairaient pas ce modeste petit salon; le souper frugal ne ressemblait en rien aux repas qu'on offrait à tous ces sybarites, mais quelle profusion d'esprit, quelle aimable et franche gaieté! Combien cette table d'anachorète était préférable à ces tristes festins!

(1) Guyonne-Élisabeth-Josèphe de Laval-Montmorency, duchesse de Luynes. Elle naquit en 1755.

V

LES FÊTES.

La fête de Neuilly, chez la princesse Borghèse. — Le château de Schœnbrunn. — L'émotion de Marie-Louise. — Bal de l'ambassade d'Autriche.

La princesse Pauline fut la première à fêter l'illustre couple. On était au mois de mai. Neuilly, où elle habitait, semblait s'être couronné de fleurs pour recevoir la foule brillante accourue de tous les points du globe afin d'assister à toutes ces merveilles.

Dès la grille du parc, les voitures eurent l'ordre de s'arrêter devant une salle de spectacle improvisée par les fées. Des galeries transparentes et légères, des gradins de gazon ornés de plantes exotiques, des loges décorées de guirlandes de fleurs et occupées par de jolies femmes, un ciel étoilé, tout cet ensemble poétique et imprévu faisait penser aux jardins d'Armide. La jeune impératrice, qui en général n'admirait rien, ne put réprimer une légère exclamation en entrant dans cette salle où elle était attendue.

L'Empereur, avec plus de grâce et d'abandon, témoigna sa surprise et son contentement; il remercia tendrement sa sœur.

Les meilleurs acteurs du Théâtre-Français jouèrent une pièce que personne n'écouta; les plus fameux danseurs exécutèrent un ballet que personne ne regarda!... Il eût fallu là des harpes d'or, des chants mélodieux, une musique céleste!

Le spectacle terminé, Pauline s'empara du bras de sa sœur, et le royal cortège, que nous suivîmes, s'achemina vers la salle de bal, en traversant le parc éclairé au moyen de milliers de lampions dissimulés par des haies de fleurs dont le parfum embaumait l'air.

Plusieurs orchestres dispersés avec un art infini se répondaient successivement, imitant l'écho des montagnes; cette harmonie d'un genre nouveau produisit un effet délicieux.

Nous allâmes ainsi de merveilles en merveilles. Tantôt c'était un temple élégant où l'Amour s'éveillait surpris par les Grâces; tantôt un ermitage d'un aspect sévère : — des pèlerins revenant de Palestine y demandaient l'hospitalité; l'ermite ouvrait la petite porte grillée de sa rustique chapelle, et les chants commençaient. Tous les talents se trouvaient conviés à cette fête. Les Grâces arrivaient de l'Opéra, et les pèlerins, du Conservatoire.

Les chants et les danses n'avaient d'autre but que de vanter les perfections de la jeune souveraine, et de célébrer de toutes les manières la joie que faisait naître son arrivée. L'Amour lui offrit une couronne de roses dérobée aux Grâces, et les troubadours chantèrent des romances remplies de louanges et de vœux.

Insensiblement le sentier se rétrécit, le bocage devient plus sombre, les sons harmonieux s'évanouissent, et la fée qui avait préparé tous ces enchantements affecte un grand déplaisir; elle prétend s'être égarée, et nous fait parcourir des chemins agrestes.

Nous passons sur un pont suspendu, au-dessous duquel l'eau formait une cascade si habilement éclairée qu'elle semblait en feu.

Au milieu du silence la voix de l'Empereur se fait entendre; il se plaint de l'obscurité et a l'air de croire que réellement sa sœur s'est trompée de chemin, lorsque subitement, au détour d'un labyrinthe, on se trouve sans transition sur une pelouse inondée d'une lumière si vive qu'on l'eût dite dérobée au soleil.

Au bout de la pelouse s'élevait le château de Schœnbrunn avec sa vaste cour, ses fontaines, ses portiques, et, en outre, avec le mouvement et la vie qui manquent à cette somptueuse résidence. C'étaient les apprêts d'une fête : des équipages, des bandes de promeneurs, de modestes laitières avec le bonnet d'or traditionnel, des valets empressés aux livrées impériales, des groupes de Tyroliens s'avançaient au son des cornemuses et dansaient la valse nationale. L'art avec lequel on avait reproduit dans l'éloignement les proportions de ce vaste château, les effets de lumière et d'ombre savamment ménagés, tout trompait si bien l'œil qu'il était permis de croire à la magie; et ceux qui, comme moi, connaissaient Schœnbrunn purent s'imaginer qu'ils se trouvaient en ce royal séjour.

Les courtisans affirmèrent qu'à cette vue l'Impératrice avait *fondu en larmes!* Cela eût été fort naturel; les souvenirs de son enfance auraient dû lui arracher quelques larmes, mais j'atteste que son émotion, si toutefois elle en eut, fut bien passagère, car à l'instant où je la regardai je n'aperçus nulle trace d'attendrissement sur sa froide et *immobile* figure. Quant à l'Empereur, il remercia sa sœur à plusieurs reprises et lui sut un gré infini des soins qu'elle avait apportés aux préparatifs de cette fête, la première et la plus belle de toutes celles qui eurent lieu en l'honneur de Marie-Louise.

Le prince de Schwartzemberg, ambassadeur d'Autriche, n'avait consenti à céder le pas qu'à la belle-sœur de la nouvelle Impératrice. Le bal qu'il donna suivit de près la fête de Neuilly et dut sa célébrité à l'horrible catastrophe qui le rendit historique. Le local de l'ambassade n'étant pas assez vaste pour que les deux mille personnes invitées pussent y trouver place, on avait construit au milieu du jardin une énorme salle de bal communiquant avec les appartements au moyen d'une élégante galerie. Cette salle et cette galerie, bâties en planches, étaient couvertes en toile goudronnée et décorée intérieurement de draperies de satin rose et de gaze d'argent. — Je me trouvais dans la galerie au moment où le feu se déclara, et je dus peut-être mon salut à un incident qui m'avait vivement contrariée. J'avais une robe de tulle uni au bas de laquelle un bouquet de lilas blanc était rattaché à ma ceinture par une chaîne en diamants composée de lyres accrochées les unes aux autres; quand je dansais, cette chaîne se défaisait ; la comtesse de Brignole, qui me chaperonnait ce soir-là, voyant que j'allais valser avec le vice-roi, voulut bien m'emmener dans la galerie et m'aider à enlever cette malencontreuse chaîne. Pendant qu'elle avait la bonté de s'occuper de ce soin, j'aperçus, une des premières, la légère fumée produite par un candélabre posé au-dessous d'un feston de gaze; plusieurs jeunes gens s'étant groupés autour de nous, je m'empressai de leur faire remarquer ce qui n'était encore qu'une menace. Aussitôt l'un d'eux s'élança sur une banquette; voulant prévenir le danger, il arracha avec violence la draperie qui, en s'abaissant subitement au-dessus de la girandole, prit feu et communiqua la flamme au plafond de toile goudronnée. Fort heureusement pour moi, madame de Brignole n'affronta pas le danger et, sans attendre une minute, s'empara de mon bras, traversa en courant tous les salons, se précipita au bas de l'escalier, et ne reprit haleine qu'après avoir traversé la rue et s'être réfugiée dans l'hôtel de madame Regnault, situé vis-à-vis de l'ambassade. Là, tombant sur un fauteuil, épuisée par la course et l'émotion, elle m'indiqua le balcon afin que je lui rendisse compte de ce qui se passait. Je ne comprenais rien à ce soudain effroi, car j'eusse volontiers continué de danser, tant il me semblait impossible qu'un danger sérieux nous menaçât dans un lieu où se trouvait l'Empereur !...

Bientôt des bouffées de fumée enveloppèrent la salle de bal et la galerie que nous venions de quitter. La musique ne se faisait plus entendre, une confusion bruyante avait succédé sans transition à l'éclat de la fête. Les cris, les gémissements, arrivaient jusqu'à nous; le vent apportait des paroles distinctes, des accents désespérés; on s'appelait, on se cherchait, on voulait se rassurer sur le sort de ceux qu'on aimait et qui couraient cet horrible danger.

Au nombre des victimes se trouva la princesse de Schwartzemberg, belle-sœur de l'ambassadeur, qui, ne voyant pas sa fille à ses côtés, se précipita dans les flammes; — elle fut écrasée par un lustre dont la corde avait cédé. Hélas! son enfant, à l'abri du danger, l'appelait à grands cris... La princesse de Layen eut le même sort, mais elle survécut quelques jours. Sa fille se trouvant fiancée à je ne sais plus quel prince d'Allemagne, elle eut la force d'âme d'exiger que le mariage se fît au pied de son lit de douleur. Quantité d'autres personnes périrent: on en parla moins, parce qu'on ignorait le nom de beaucoup d'entre elles qui, étant venues de l'étranger ou de la province, payaient ainsi de leur vie un instant de plaisir. Plusieurs femmes se virent dépouillées de leurs bijoux; des filous ayant escaladé le mur qui sépare le jardin de la rue, exercèrent leur métier en toute sécurité, à la faveur de la confusion générale.

En peu d'instants le salon de madame Regnault de Saint-Jean d'Angely se remplit de blessés. C'était un spectacle à la fois terrifiant et bizarre de voir toutes ces personnes couronnées de fleurs, en robes de bal, se livrant à des gémissements qui contrastaient cruellement avec leur parure.

Nous passâmes ainsi une grande partie de la nuit à les consoler et à les soulager autant qu'il fut en notre pouvoir. Lorsque vint le jour, il fallut bien s'en retourner. Gens et voitures, tout avait disparu. Celles qui pouvaient marcher se trouvèrent réduites à s'en aller à pied en costume de bal et en souliers de satin blanc. A cette heure matinale, les rues sont encombrées de charrettes de maraîchers; on nous prit probablement pour des folles, et nous eûmes à subir des bordées de lazzi.

Quelque légers que soient les Parisiens, cette catastrophe produisit une vive et profonde impression. Elle donna lieu à des propos de tout genre; on voulut y voir les combinaisons d'une infâme politique. Ce qu'il y a de certain, c'est que des courtisans zélés avaient engagé l'Empereur à se retirer avant que la foule eût envahi toutes les issues, essayant de jeter dans son esprit un soupçon odieux; mais, toujours calme dans le danger, Napoléon ne prêta point l'oreille à ces mesquines insinuations : il rentra à l'ambassade après avoir mis l'Impératrice en voiture, disant au prince de Schwartzemberg qu'il venait l'aider à *éteindre le feu*.

Ce mot produisit un grand effet, pénétra les Autrichiens d'admiration et de reconnaissance. Tous les Allemands présents à la fête, l'ambassadeur en tête, entourèrent l'Empereur, et ce rempart de cœurs plus ou moins ennemis valait pour le *moment* un détachement de la garde impériale.

VI

LES SALONS.

Chez Denon. — Le pied de la momie. — Le salon de la vicomtesse de Laval. — Un dîner chez M. de Talleyrand. — Le duc de Laval. — Pétrarque et Laure. — Les Davout à Savigny. — Les perdreaux du maréchal. — M. de F... — Déjeuner chez madame de Souza. — Labédoyère. — La duchesse de Courlande. — Talleyrand et son sérail.

Une fois lancée dans le monde, je fus absorbée par les devoirs de société. C'est à peine si dans la matinée je trouvais le moment de visiter les musées et les ateliers. J'avais rencontré M. Denon; — il avait un goût parfait, une gaieté charmante et une complaisance sans bornes. — Il voulut bien m'accompagner au Louvre, qui, à cette époque, était enrichi des chefs-d'œuvre enlevés à l'Italie. Peu de jours après, l'aimable directeur m'invita à déjeuner afin de me faire voir son petit *musée particulier*, — collection d'objets précieux qu'il avait recueillis dans tous les pays, et particulièrement en Égypte. Il nous fit remarquer *con amore*, un petit pied de momie si admirable, si mignon et si joliment oxydé par le temps qu'on était tenté de le voler pour en faire un presse-papier.

— Voyez, disait M. Denon, quelle merveille! Eh bien, sachez que, selon toute probabilité, il vient en droite ligne de la famille des Pharaons.

— Qui sait? dis-je; c'est peut-être le pied d'une des femmes de Sésostris.

— Va pour Sésostris, reprit-il, mais à ce compte c'est la femme qu'il aima le mieux et qu'il pleura toute sa vie.

Ma tante m'avait présentée à ses amis; presque tous habitaient le faubourg Saint-Germain; c'est dire qu'ils étaient de l'opposition. On y dénigrait tout, on y soupirait beaucoup, et on ne s'y amusait guère; — je ne m'y plus que médiocrement. La seule maison agréable où elle me mena fut celle de la vicomtesse de Laval. Cette femme spirituelle avait pris les choses du bon côté; elle se faisait gloire, pour ainsi dire, d'être pauvre, ne parlait jamais de ce qu'elle avait perdu, et n'avait pas l'air de trouver mauvais que d'autres se fussent enrichis; — il fallait bien que leur fortune les consolât de n'être pas des Montmorency, — voilà tout!

Une société choisie, dont la jeunesse de tous les partis n'était pas exclue et où elle briguait même d'être admise, se réunissait souvent dans le petit salon de la vicomtesse; y aller était un brevet d'amabilité et de bon goût. La maison, — je veux dire les gens, — se composait d'un valet de pied et d'une négresse qui tenait le milieu entre l'esclave et la confidente; elle venait faire le thé. A ces réceptions fort modestes j'ai vu tout ce que Paris réunissait de gens distingués. M. de Talleyrand et la duchesse de Courlande étaient au nombre des habitués les plus assidus. Madame de Talleyrand n'y venait jamais : *elle se rendait justice*. C'est là seulement que j'ai entendu causer avec abandon; — la politique et l'esprit de parti étaient bannis. Madame de Laval donnait avec une adresse infinie le thème de la conversation; dès qu'elle voyait les acteurs en scène, elle se taisait et semblait absorbée par son tricot de grosse laine, à moins cependant qu'une question particulièrement intéressante ne vînt la stimuler. Alors les autres se taisaient à leur tour; elle parlait avec une grâce si originale et si piquante que tous étaient sous le charme. Elle avait été fort jolie; ses yeux noirs, spirituels et doux, conservaient encore un éclat surprenant. J'ai entendu raconter que son vieux beau-frère, le duc de Laval, si connu par ses naïvetés, voulant jadis lui exprimer l'admiration qu'il éprouvait pour ce regard velouté, s'était écrié :

— Il faut convenir, ma sœur, que vos yeux sont couleur de culotte de velours.

J'ai connu ce pauvre duc, bien cassé. Ses balourdises me faisaient mourir de rire; j'avais même conçu l'idée d'en faire un recueil, car elles étaient vraiment extaordinaires; — malheureusement, — ou fort heureusement, — les bêtises s'oublient vite.

Je raconterai cependant l'anecdote que voici :

C'était à un dîner chez M. de Talleyrand. Nous étions à table; le duc de Laval qu'on avait longtemps attendu arriva enfin. Le maître du logis, infiniment plus poli que ne l'était sa femme, se confondit en excuses. Le duc, à cette époque, avait la manie d'acheter de vieux portraits; il avoua ingénument qu'il s'était attardé à une vente de tableaux.

— Je parie, dit M. de Talleyrand, que vous avez encore fait l'acquisition de quelque vieille croûte.

— Oh bien ! oui ! riposta le duc avec importance. C'est une de ces croûtes que vous voudriez bien accepter pour orner votre bibliothèque. — Ce sont les portraits de deux personnages célèbres.

— Bah! fit M. de Talleyrand de sa bouche dédaigneuse. Et quels sont ces personnages?

— Attendez un peu, reprit le pauvre amateur visiblement embarrassé et mangeant son potage, afin de se donner le temps de se recueillir; la femme a le même nom que madame Regnault de Saint-Jean d'Angely : c'est une certaine Laure. Quant au monsieur, j'oublie toujours son nom; c'est quelque chose qui ressemble à *patraque!*

Tout le monde se taisait; ce fut un de ces perfides silences qui précèdent toujours les éclats de fou rire.

Et voilà l'amphitryon qui apostrophe le pauvre duc sur son peu de mémoire, — sans aucun égard pour ses convives, sur lesquels il promenait un regard calme, mais plein de malice.

— Apprenez donc une fois pour toutes les noms de vos héros, mon cher ami; vous vouliez sûrement dire Laure et *Plutarque*.

— Oui, c'est cela!... ce diable de Plutarque, je l'oublie toujours. Il y en avait à la vente qui disaient Pétrarque, à ce qu'il me semble, mais c'étaient des ignorants qui ne savaient pas plus que moi le *véritable nom* de l'amoureux de Laure. Plutarque!... tout le monde sait cela... je l'ai su, moi aussi, c'est historique!

C'en était trop; les éclats de rire longtemps contenus furent homériques. M. de Talleyrand seul resta étranger à cette hilarité, et jetant à toute la société un regard perfide, il eut l'audace d'interpeller le duc sur cette gaieté dont il prétendit ne pas *deviner* la cause.

Madame de Souza, dont le fils était indisposé, nous quitta brusquement, heureuse d'avoir de quoi divertir son malade. Depuis quelques jours, en effet, je ne voyais plus M. de F..., mais tous les matins on me remettait un bouquet de violettes accompagné du programme de ma journée. Tantôt c'était quelque chose de curieux qu'il fallait voir, tantôt une visite *indispensable* qu'il ne convenait pas de négliger. C'est ainsi que j'allai chez la maréchale Davout, qui m'avait comblée de prévenances pendant son séjour à Varsovie, du temps où son mari commandait en Pologne. Comme elle passait les étés à Savigny (1), c'est là

(1) Savigny-sur-Orge.

qu'il fallut aller la chercher. J'envoyai à son hôtel en ville pour savoir quelle serait l'heure la plus convenable pour faire ma visite, — on me répondit que ce serait dans la matinée. Je me rendis donc à Savigny par un soleil brûlant, mal garantie par un très petit chapeau orné de violettes, et très gênée dans mes brodequins lilas parfaitement assortis à une robe montante en gros de Naples de même couleur; — madame Germont, oracle de la mode, avait elle-même combiné toute ma toilette.

Cette élégance matinale me semblait passablement intempestive.

Quoi qu'il en soit, je me promettais une visite agréable. L'hôtel de la maréchale, à Paris, m'avait donné une grande idée de son goût et de son opulence, et je pensais la trouver luxueusement établie à Savigny. J'arrivai vers trois heures. Le château, entouré d'un fossé et d'un mur, avait pour entrée une porte hermétiquement fermée. L'herbe croissait dans les fossés; — on eût dit une habitation abandonnée depuis maintes années. Mon laquais, ayant enfin trouvé le cordon de la sonnette, une petite fille assez mal vêtue vint, au bout de quelques minutes, demander ce qu'on désirait.

— Madame la maréchale est-elle à la maison ?

— Oh ! pardonnez-moi, *qu'ils y sont,* et M. le maréchal aussi, répondit la fillette.

Et vite elle courut appeler un des hommes du château, qui se mit à la suivre sans se presser et tout en ajustant sa livrée.

Je me fis annoncer, et, blottie dans la voiture, j'attendis encore assez longtemps, ne sachant trop si je devais insister ou simplement laisser une carte.

Au bout d'un petit quart d'heure, un valet de chambre se présenta enfin à la portière du carrosse et me fit entrer dans une vaste cour ; il s'excusa des lenteurs du service, m'avouant sans façon qu'à l'instant où j'étais arrivée, les gens travaillaient au jardin, et que lui-même était occupé à nettoyer le verger.

On me fit traverser plusieurs salons complètement démeublés ; la pièce où l'on m'introduisit n'était guère plus ornée que les précédentes, mais au moins il y avait un canapé et des chaises ! La maréchale ne tarda pas à apparaître. Je m'aperçus aisément qu'elle avait fait toilette pour moi, car elle attachait encore quelques épingles à son corsage. Après quelques minutes d'une conversation languissante; elle sonna pour faire prévenir son mari. Puis nous reprîmes notre entretien pénible. Ce n'est pas que madame Davout manquât d'usage ou fût dépourvue de cette sorte d'esprit qui facilite les rapports entre deux personnes du même monde, mais il y avait en elle une certaine roideur qui pouvait être prise pour de la morgue. Elle ne perdait jamais de vue le *maréchalat*; jamais un sourire gracieux ne venait animer les traits de sa beauté sévère. C'était toujours la Junon d'Homère, ou mieux : la femme forte qui ne devait rire qu'au dernier jour.

Le maréchal arriva enfin dans un état de transpiration qui attestait son empressement; il s'assit tout essoufflé, et, tenant son mouchoir de poche pour s'essuyer le front, il eut soin de le mouiller de salive afin d'enlever plus sûrement la poussière dont sa figure était couverte. Cet abandon un peu soldatesque cadrait mal avec les manières empesées de son épouse; elle en fut visiblement contrariée. Me trouvant de trop dans cette scène muette, je me levai et voulus prendre congé, mais on me pria de rester à déjeuner. En attendant que le repas fût servi, nous fîmes une promenade dans le parc... Il n'y avait aucun chemin tracé, les gazons étaient de hautes herbes toutes prêtes à devenir des meules de foin, les arbres coupés pendant la Révolution repoussaient en manière de broussailles ; je laissais à chaque buisson des fragments de mes volants, et mes brodequins lilas avaient pris une teinte verdâtre. Le maréchal nous encourageait de la voix et du geste, nous promettant une surprise charmante !... Quel ne fut pas mon désappointement lorsque, au détour d'un massif de chênes adolescents, nous nous trouvâmes en face de trois petites huttes en osier ! Le duc mit un genou en terre et s'écria :

— Ah ! les voilà... les voilà !...

Puis, modulant sa voix :

— Pi... pi... pi...

Aussitôt une nuée de perdreaux se mirent à voltiger autour de la tête du maréchal.

— Ne laissez sortir les autres qu'au moment où les plus jeunes seront rentrés, et donnez du pain à ces dames... Elles vont s'amuser comme des reines, dit-il à un rustre qui remplissait les fonctions de garde-chasse.

Et nous voilà, par un soleil brûlant, donnant la becquée aux perdreaux !

La duchesse vida, avec un calme et une dignité

imperturbables, le panier qu'on lui avait présenté. Quant à moi, je faillis me trouver mal, et, n'y tenant plus, je fis observer que le ciel se couvrait et que nous étions menacés d'un orage.

En rentrant au château, j'aperçus des maçons occupés à badigeonner une des tourelles qui, jusque-là, avait échappé au sacrilège d'une restauration et avait encore cette patine que le temps seul peut donner. Je ne pus me défendre de manifester une sorte de critique. La maréchale me comprit; je crus même deviner à son regard et à son sourire dédaigneux qu'il y avait eu discussion au sujet de la tourelle. Le mari ne me cacha pas que mes observations n'étaient pas de son goût. Il se prononça même très *énergiquement* contre la manie des vieilles murailles.

Le déjeuner fini, je m'esquivai en toute hâte, jurant, mais un peu tard, qu'on ne m'y prendrait plus.

Chemin faisant, je réfléchis sur tout ce que je venais de voir et décidai à part moi que le beau pays de France offrait de singuliers contrastes; que les grands seigneurs d'autrefois étaient ridiculement ignorants, et que les héros du jour, après avoir payé leurs richesses de leur sang, en jouissaient de bien mesquine façon.

Je rendis compte en peu de mots de ma visite à celui qui m'avait conseillé de n'y pas manquer. Depuis à peu près quinze jours, il avait cessé de venir chez moi ; il m'écrivait que, souffrant de la poitrine, défense lui était faite de sortir. Cependant, je rencontrais souvent sa mère ; elle ne me paraissait pas inquiète.

Au bout d'un certain temps il se dit mieux et m'annonça que son médecin lui avait permis de prendre l'air, à la condition qu'il rentrerait avant le coucher du soleil. C'était m'en dire assez pour me faire deviner qu'il viendrait dans la matinée. je l'attendis, et j'avoue que, pour la première fois, je conçus quelques soupçons sur la droiture de sa conduite à mon égard. J'imaginai qu'en se montrant souffrant et triste, il voulait commencer par désarmer ma fierté, et je me mis en garde. A trois heures un cabriolet s'arrêta à la porte, et le pas d'un cheval que je ne confondais jamais avec un autre fit battre mon cœur.

Nous étions à la fin de mai, mais il faisait un froid si piquant que j'avais fait allumer du feu ; voulant me donner une contenance, je me mis à tisonner. Il avança un fauteuil et s'assit auprès de moi sans rompre le silence. Je levai alors les yeux et fus péniblement frappée du changement que cette courte indisposition avait produit. Néanmoins, j'eus la dureté de lui dire :

— Vous avez donc été réellement malade ?

— Non, fit-il, pas trop, et maintenant je suis bien.

Ces quelques mots, proférés d'une voix éteinte, firent écrouler subitement la pyramide de défiance et de rigueur que j'avais construite à grand'peine.

— Pardon! lui dis-je, pardon!... Oubliez cette ridicule question. Répondez à mon sincère intérêt, à ma vive amitié ; oubliez cette phrase banale et ridicule. De grâce, parlez-moi de vous... Qu'avez-vous ?

— Rien, réellement. J'ai souffert, mais c'est passé. Toutes les fois que j'éprouve de vives émotions, je crache le sang, voilà tout. Et il restait immobile, regardant le feu.

— Vous n'avez pas douté, j'espère, de mon intérêt ? repris-je ; j'ai pensé à vous plus que vous ne croyez. Et je me sentis rougir, et, par un mouvement involontaire, je couvris ma figure de mes mains.

— Ah! ne me dites pas cela! s'écria-t-il, ne me parlez pas ainsi... Traitez-moi toujours en vieil ami; vous n'avez voulu de moi qu'à ce titre-là.

Je ne savais que penser, j'étais douloureusement affectée, et je me perdais en conjectures.

Voulant apparemment rompre un entretien également pénible pour tous deux, il prit sa montre et me fit remarquer l'aiguille qui allait sauter de trois à quatre heures.

— Regardez, dit-il, voyez comme cela va vite! et pourtant c'est la vie qui court ainsi; ceux qui souffrent devraient prendre patience. J'ai promis à ma mère de rentrer à l'heure désignée par le docteur; elle voulait même m'empêcher de sortir, à cause du froid, mais c'était trop attendre de ma raison. J'en ai plus qu'on ne suppose, ajouta-t-il avec un sourire mélancolique, mais pas assez pour songer à moi.

Il me prit la main, la pressa sur son cœur et se leva brusquement, sans attendre que je pusse parler. Arrivé à la porte, il me dit :

— Soyez bonne, venez demain déjeuner chez ma mère; nous aurons Labédoyère qui part pour l'Espagne; il a un grand désir de vous voir, accordez-lui cette faveur; il en est digne, je vous assure.

Je fis un signe de tête et il sortit, me laissant

dans une vague tristesse dont je ne pouvais m'expliquer la cause. Rien n'était changé dans nos relations; je n'avais rien appris qui dût m'affliger. Deux mois à peu près s'étaient écoulés ainsi entre les jouissances intellectuelles et le charme d'une affection pleine de mystère qui colorait les plus simples actions de ma vie. Mais le prisme une fois brisé !... Ce court espace de temps resté dans mes souvenirs comme le plus heureux de ma longue carrière, que n'a-t-il duré ? Hélas! j'avais de lugubres pressentiments, et quelque chose me disait que le drame allait commencer.

Dès lors, je l'avoue, la société perdit pour moi son principal attrait.

Toutefois les convenances exigeant que je ne changeasse rien à ma manière de vivre sans motif plausible, je continuai d'aller dans le monde, je m'imposai avec contrainte les plaisirs et les fêtes, — je voulais m'étourdir.

Le lendemain, je me rendis au déjeuner. Je vis le jeune Labédoyère, si beau, si brave, si heureux!

M. de F... se montra beaucoup moins sombre que la veille; je remarquai même qu'il affectait, en présence de sa mère et de son ami, une gaieté qui ne lui était pas naturelle, et j'en conclus qu'il avait gardé son secret. Comme il toussait, sa mère lui reprocha d'être sorti la veille.

— Hélas! dit-il, je n'en suis que trop puni, car le docteur m'a condamné à huit jours de reclusion. Mais dès qu'il me sera permis de sortir, je veux conduire nos illustres voyageuses à la Malmaison. Il désignait sous cette pompeuse dénomination la duchesse de Courlande (1) et moi. La duchesse était veuve du dernier des ducs et avait été dépossédée à la mort de son mari (2). La Russie lui laissa le titre et l'immense fortune que le duc avait assurés à sa femme par contrat de mariage. Elle était venue à Varsovie, je ne sais trop à quel propos, et avait été reçue splendidement par Stanislas-Auguste, alors roi. La duchesse me prit en affection en souvenir du prince qui l'avait si galamment accueillie; je l'accompagnais souvent à la cour et aux fêtes officielles. Ce qui me ravissait, c'est que son équipage entrait sans faire queue. A l'époque dont je parle, la duchesse était sur le retour, mais elle gardait des restes de beauté qui

(1) Anne-Charlotte-Dorothée de Medem, duchesse de Courlande, 1761-1821.
(2) 13 janvier 1800.

lui assuraient de tardifs succès. Sa fortune princière lui permettait de tenir grand état de maison; tout le monde briguait la faveur de lui être présenté. M. de Talleyrand, qui n'était pas insensible aux charmes de cette femme, l'avait mise au premier rang des intimes de madame de Laval, et dans ce salon il était convenu d'admirer tout ce que la duchesse faisait; — on admirait surtout ses élégantes toilettes et ses diamants. Je l'ai vue plus d'une fois arriver à minuit, — elle venait montrer sa robe de bal ou un bijou nouveau, ainsi qu'aurait pu le faire une femme de vingt ans. Son vieil adorateur l'attendait toujours et la contemplait avec une admiration propre à faire mourir de jalousie tout son sérail, dont ma tante Tyszkiewicz faisait partie.

VII

PROMENADES DANS PARIS.

La comtesse Mniszech. — Le passage des Panoramas. — La reine de Pologne. — Visites aux ateliers des peintres. — David. — Girodet. — Gérard. — Les auteurs de *Mémoires*. — L'abbé Morellet. — Mademoiselle Lenormand. — Madame de Souza et la petite sorcière. — Chez la pythonisse. — Une jeunesse orageuse. — Prédiction de la naissance du comte Maurice Potocki.

J'avais encore une autre tante à Paris : la comtesse Mniszech (1), cousine germaine de ma mère, et nièce du dernier de nos rois. Elle absorbait une grande partie de mon temps. — Très bonne personne, mais passablement inintelligente et ridiculement vaniteuse, elle se croyait en droit de réclamer les prérogatives des *princesses du sang*, et il lui arriva, à ce propos, bien des aventures fâcheuses. Ni la triste fin du dernier roi de Pologne, ni le démembrement de notre malheureux pays

(1) La comtesse Mniszech, née Zamoyska, était fille de Louise, sœur aînée du roi Stanislas-Auguste Poniatowski.

n'avaient pu la guérir de ses prétentions. L'impératrice de Russie, au temps où elle prodiguait des faveurs aux Polonais, lui avait envoyé le cordon de Sainte-Catherine. Ma tante en portait la plaque dans toutes les grandes occasions, si bien qu'à Vienne on l'avait surnommée la *Comtesse de la Plaque.* Elle ne se doutait nullement des ridicules qu'elle se donnait; il lui suffisait de soutenir, par son luxe, l'éclat de sa naissance. A Paris, elle avait à son service le maître d'hôtel de l'infortunée princesse de Lamballe. Son secrétaire, M. de Ville, se trouvait être un *ci-devant* dont les quartiers aussi incontestables qu'ignorés prêtaient, croyait-elle, beaucoup de lustre à sa maison. Elle donnait de superbes soupers fort ennuyeux, mais magnifiques, auxquels elle invitait des grands seigneurs insignifiants et des gens de lettres inconnus. Aussi s'esquivait-on dès que la bienséance le permettait; cela ne faisait nullement son compte, car elle croyait de son devoir de faire *causer.* Ne sachant trop comment s'y prendre pour arriver à ses fins, elle imagina de ne pas laisser enlever la nappe.

— Les conversations les plus animées, disait-elle, se font autour d'une table-ronde...

Elle avait passé deux ans en France, et songeait au départ; aussi voulait-elle visiter, avant de quitter son pays d'élection, tout ce qu'on lui signalait comme intéressant à voir.

On venait d'inaugurer le passage des Panoramas. Il était élégant d'y aller et d'y faire des emplettes. Ma tante y mena ses filles — la plus jeune et la plus spirituelle des filles du prince de Ligne (la princesse Flore) nous accompagnait. Notre suite était splendide et nombreuse. Nous avions deux valets de pied, en livrée écarlate, galonnés sur toutes les coutures, un nègre et un chasseur. On s'arrêtait dans la rue pour nous voir passer.

Le noble secrétaire suivait en petit coupé, muni d'une bourse bien garnie. Dès que nous eûmes mis pied à terre, nous fûmes entourés d'une nuée de gamins; à chaque boutique où nous nous arrêtions la foule devenait plus compacte; on montait jusque sur les balustrades des magasins afin de mieux nous voir. Ma pauvre tante électrisée par l'effet qu'elle croyait produire redoublait d'extravagance, faisait mettre de côté les objets les plus nouveaux et les plus chers, recommandant *très haut* à M. de Ville de ne point *marchander*, cette façon *roturière* lui étant odieuse. S'adressant à la princesse Flore, ainsi qu'à moi et à ses filles, elle nous conjurait de choisir ce qui pouvait nous être agréable, et nous comblait de présents.

Il n'en fallait pas tant pour exciter la curiosité des badauds; bientôt les gamins firent place aux Parisiens oisifs qui circulent sans cesse afin de ne laisser échapper rien de ce qui peut se raconter dans un journal.

Ne calculant pas l'effet d'une parole inconsidérée, la princesse Flore imagina de dire à un curieux qui regardait par-dessus son épaule :

— Savez-vous qui est cette dame ?... *C'est la reine de Pologne.*

Aussitôt ce mot circule de bouche en bouche; on franchit le comptoir du magasin, on nous entoure, on nous presse, on nous étouffe; le tumulte devient indescriptible et la retraite impossible. Fort heureusement un honnête marchand, apercevant l'inutilité des efforts que faisaient nos gens pour nous frayer un passage, ouvrit une petite porte dérobée et nous donna ainsi la possibilité de nous esquiver. Et ma tante, ignorant le tour joué par la princesse Flore, répétait sans cesse que CERTAINES PERSONNES NE POUVAIENT IMPUNÉMENT SE MONTRER EN PUBLIC.

Une fois décidées à tout voir, nous courûmes les ateliers. Les peintres de genre me semblèrent très agréables. Les détails de leurs tableaux étaient très gracieux; mais mon beau-père m'avait appris à n'admirer que l'école italienne, et je m'étonnais qu'ayant sous les yeux les plus beaux modèles, les peintres de l'école française eussent fait aussi peu de progrès ou, pour mieux dire, qu'ils n'en eussent pas fait du tout. Rien de grand, rien de noble ou de hardi ne se faisait remarquer dans les productions du jour. Les jeunes peintres étaient, à la vérité, un peu moins maniérés que les Boucher et les Vanloo, mais ils ne visaient ni à la correction de Lesueur, ni à la hardiesse de Poussin, ni au coloris de Lebrun; — on eût pu croire que le génie était passé de mode! L'école moderne affectait une sorte de mépris pour ces grands maîtres. David seul se montrait classique; toutefois son coloris cadavéreux faisait tort à la justesse du dessin, ses tableaux semblaient être des bas-reliefs. Le tableau qui, à mon avis, assure à David l'immortalité est ce portrait historique de Napoléon gravissant le mont Saint-Bernard à la tête de son armée, qu'on aperçoit dans les défilés. *Il est calme sur un cheval fougueux* (1).

Girodet aurait dû mourir après avoir terminé sa *Didon*; aucune de ses œuvres ne vaut ce petit tableau. Énée, il est vrai, est un peu en bois, il manque d'animation, mais on le regarde à peine, tant il y a d'attrait dans le groupe des deux femmes.

Gérard a fait quelques beaux portraits, — il excelle dans ce genre. Mais il se laisse aller à peindre trop de détails, il sacrifie avec trop de complaisance au goût du jour et peint trop soigneusement les châles de cachemire et les bas à jours. Les robes de cour richement brodées et garnies de dentelles, les cheveux en tire-bouchon, les tailles courtes feront que ses œuvres passeront de mode. Un peintre habile doit faire en sorte que ses portraits soient des tableaux (2).

Je fus très étonnée de voir les ateliers de ces messieurs encombrés de toiles commencées, sa-

---

(1) Ce magnifique portrait enlevé par Blücher se trouve maintenant à Jablonna. (Note de la comtesse.)

(2) La comtesse pouvait, en effet, se vanter d'aimer les arts : si ses critiques font quelquefois sourire, il faut reconnaître qu'elle dit souvent des choses justes.

chant les prix énormes que les peintres de cette époque demandaient pour leurs œuvres. C'étaient presque toujours des ébauches faites d'après nature représentant la famille impériale ou de riches étrangers; les Français ne se permettaient guère cette coûteuse fantaisie.

Les jeunes femmes qui font des relations de voyage se croient presque toutes obligées de consacrer un ou deux chapitres *profondément pensés* aux progrès de la civilisation, aux sciences, etc. Pour la plupart ces dissertations sont tirées de quelque livre oublié, ou bien elles sont rédigées par un *savant,* un *ami.* Parfois, l'on s'adresse à des écrivains ignorés qui livrent la copie à tant la page. Quant à moi, ayant résolu d'être franche dans toute la rigueur du mot, je dois avouer que je ne recherchai pas les gens de lettres. Pour les apprécier à leur juste valeur, il suffit de les juger d'après ce qu'ils livrent au public. Une visite *unique* m'a toujours semblé aussi inutile que déplacée. On ne doit pas aller voir un savant comme une *curiosité.* Cette manière superficielle de se faire une opinion a presque toujours pour mobile une sotte vanité. Rentrée chez elle, la personne écrit :

« Monsieur un tel, si connu par ses œuvres distinguées, m'a reçu de la façon la plus charmante; nous avons causé plus d'une heure; il a été *surpris* de la facilité avec laquelle je m'exprimais dans sa langue et m'a conseillé d'écrire mes souvenirs. C'est un homme d'un rare mérite; il a beaucoup d'esprit, etc., en un mot, c'est un de ces savants comme on n'en voit qu'en France et parmi les Français; ailleurs il faut acheter la science au prix de l'ennui, etc., etc. »

Ce qui me surprit, ce fut de ne voir que rarement dans le monde les célébrités du jour. Sous un roi *niveleur* comme Napoléon, qui voulait que tout mérite eût droit aux honneurs, on aurait dû rencontrer dans les salons plus d'artistes et de littérateurs.

Chez madame de Souza, je ne vis jamais que l'abbé Morellet (1). C'est lui, je crois, qui, pendant la Révolution de 1789, s'était sauvé de la lanterne au moyen d'un bon mot : *Y verrez-vous plus clair?* Déjà fort avancé en âge, il parlait peu et ne venait dîner que pour satisfaire un appétit

---

(1) L'abbé Morellet, surnommé par Voltaire *Mords-les*, 1727-1819. Voir sur lui RÉMUSAT, *Mémoires*, I, p. 215, et les *Mémoires de Marmontel*.

féroce; après le dîner, il faisait sa sieste. Il ronflait pendant une bonne heure, et finissait par se réveiller; on me priait alors de le ramener jusqu'à sa porte; je m'acquittais d'autant plus volontiers de cette mission qu'il demeurait dans mon voisinage. Nous gardions habituellement le plus profond silence, mais, au moment où mon laquais ouvrait la portière, l'abbé se croyait obligé de me faire un compliment, et, déjà sur le marchepied de sa voiture, il se retournait et me disait de sa voix nasillarde :

— Je vous remercie, mon aimable et belle dame ! Et je lui souhaitais le bonsoir.

A ces dîners où l'on causait gaiement de tout, quelqu'un vint à parler de mademoiselle Lenormand à l'occasion de la prédiction qu'elle avait faite à l'impératrice Joséphine, prédiction dont *la moitié* était déjà accomplie.

Je manifestai une grande envie de voir cette célèbre sibylle, mais on me découragea en m'assurant qu'elle mesurait ses oracles au salaire promis, et que l'avenir ainsi taxé se vendait de douze à trente-six francs. L'illusion ne pouvait guère résister à cette réalité.

Madame de Souza, qui ne se défendait pas

d'être très superstitieuse, nous raconta qu'elle connaissait une diseuse de bonne aventure fort supérieure à mademoiselle Lenormand; elle lui avait prédit des choses extraordinaires, disait-elle.

— Si je n'avais *pas peur* de les répéter, ajouta madame de Souza, vous en seriez grandement surpris, tant elles sont improbables!

Un des convives se hasarda à demander si cette diseuse de bonne aventure n'avait pas annoncé la chute de l'Empire. Madame de Souza se contenta de hocher la tête et ne voulut rien dire. Pour couper court à ces questions indiscrètes, elle me proposa de me conduire chez la magicienne. J'acceptai avec empressement, et, le surlendemain, nous mîmes ce projet à exécution. Je ne me rappelle plus où habitait cette femme. Nous y allâmes à pied, à la brune, bien fagotées, bien déguisées. Mon introductrice monta la première, avec une rare intrépidité, quatre étages horriblement raides. Je la suivais, un peu honteuse.

Au bruit que nous fîmes, une petite femme encore assez jeune vint demander ce que nous désirions.

— C'est moi, lui dit ma compagne; je vous amène une de mes parentes qui arrive de province et désire apprendre quel est le sort qui l'attend à Paris.

La petite femme sembla se recueillir; ne pouvant reconnaître madame de Souza, elle s'en excusa.

— Il me vient tant de monde, dit-elle, qu'il n'est pas surprenant que je confonde les figures, d'autant que, personne ne voulant se nommer, rien n'aide ma mémoire.

Charmées de ce début discret, nous lui dîmes qu'il était permis d'oublier le passé lorsqu'on avait le don de lire dans l'avenir. Elle ne sembla pas flattée de ce compliment; je crois même qu'elle ne le comprit pas, car elle était fort simple d'esprit et de langage.

Afin de m'encourager, ma compagne prit place la première auprès de la table enchantée et demanda les cartes plutôt que le marc de café. Je ne comprends pas pour quelles raisons la petite sorcière s'amusa à *remonter vers le passé* au lieu de s'occuper de l'avenir. J'ai appris *depuis* que madame de Souza avait eu une jeunesse orageuse — elle était fort séduisante et ne s'était pas toujours montrée indifférente aux hommages que lui attirait son esprit. Le passé devenait scabreux, il fallut arrêter d'indiscrètes révélations.

— Vous n'avez qu'un fils, et ce fils tendrement aimé vient de courir un grand danger, dit la sibylle à ma compagne.

La pauvre mère ne put retenir un cri de détresse. « Calmez-vous, ajouta la femme, il est sauvé! On dirait un miracle que le ciel a fait! Son étoile est des plus heureuses. Je puis affirmer que le danger auquel il a été exposé en ce moment ne provenait pas d'une cause *humaine* : il a lutté contre les éléments; je ne saurais préciser si c'est l'eau ou le feu, mes cartes ne me disant rien d'assez positif à ce sujet, mais, soyez tranquille, vous apprendrez par une veuve de vos amis tous les détails de cette aventure dans laquelle votre fils n'a pas été seul menacé (1). »

Nous nous regardions en silence. Ne voulant pas en savoir davantage, ma compagne me força à prendre sa place. Je ne puis me vanter de n'avoir pas été intimidée, mais ma résolution fut bientôt prise, et, décidée à ne me rien refuser, je demandai les cartes et le marc, tout en me disant qu'il faudrait me confesser de cette infraction aux lois de l'Église.

(1) Un orage survenu... (Note incomplète de la comtesse.)

Mon passé se composait encore de fort peu de chose! Une vie calme et douce, des devoirs et des affections sur lesquelles l'orage venait de gronder sans cependant y porter encore atteinte; mes deux charmants enfants étaient au premier plan de ce tableau de famille. J'avais mis pour condition que l'on ne me parlerait pas de la durée de l'existence des êtres qui m'étaient chers. Après avoir longtemps réfléchi et combiné le marc avec les cartes, la petite sorcière m'assura que la destinée de mes enfants serait semblable à la mienne. Mais je crus remarquer dans ses paroles une nuance d'hésitation qui m'effraya. Il faut une grande témérité pour ne pas craindre de soulever le voile bienfaisant qui nous cache le futur; hélas! il ne m'a été que trop prouvé combien j'avais à redouter l'avenir (1)!

La femme s'aperçut probablement du trouble qui s'était emparé de moi, car elle me dit :

— Ne parlons pas des enfants que vous avez; leur destinée, je vous le répète, n'a rien d'extraordinaire, mais, de retour dans votre pays, vous donnerez le jour à un fils qui fera parler de lui.

(1) Allusion à la mort prématurée de Nathalie Potocka, princesse Sanguszko.

Je ne sais au juste d'où vous venez, ni quelle est votre patrie, mais à coup sûr vous êtes d'un *endroit* où l'on n'est jamais tranquille, et je vois dans mes cartes des guerres et du sang. Eh bien! ce fils, qui viendra au monde sous la plus heureuse des constellations, deviendra chef d'un parti puissant, peut-être même deviendra-t-il roi.

Je me mis à rire et regardai madame de Souza; je m'imaginai qu'elle avait préparé cette mystification et dicté toutes ces folies. Mais elle me jura que depuis plus d'une année elle n'avait pas mis les pieds dans cette maison. La petite femme, se doutant de mes soupçons, parut en souffrir, et, pour donner plus de poids à ses prédictions, elle m'offrit de prétendues preuves au moyen desquelles je pourrais m'assurer de la véracité de ses prophéties.

— Quelques mois après votre retour dans votre pays, vous deviendrez grosse et, peu de temps avant d'accoucher, vous aurez un accident, dont il ne faut pas vous inquiéter; votre enfant viendra à terme, il naîtra *coiffé,* il sera beau, robuste, et il aura une marque très visible au côté gauche. De plus je puis vous assurer qu'il sera doué de ce que nous appelons l'*amour des hommes;* en tout lieu, à tout âge, il sera aimé des vieux, ainsi que des jeunes, des pauvres comme des riches, des hommes presque autant que des femmes; son ascendant sera irrésistible et tiendra principalement à son bon caractère.

Ces paroles restèrent gravées dans ma mémoire, et je puis assurer que toutes les prédictions se réalisèrent. Pendant ma grossesse, j'eus un léger accident; l'enfant naquit parfaitement bien portant, il était *coiffé*, et le signe annoncé, semblable à une framboise, est très visible.

Si je m'étais préoccupée de cette prédiction, je pourrais admettre que l'imagination eût agi sur la nature, mais une fois hors de Paris je n'y pensais guère. J'eus d'autres joies et d'autres peines. Ce ne fut qu'au moment où mon fils vint au monde que toutes les paroles de la petite femme me revinrent à l'esprit.

VIII

LA MALMAISON. — L'AVEU.

Joséphine. — La chambre à coucher de Napoléon. — Le goût de Joséphine. — La galerie de tableaux. — Les jardins et les serres. — Invitation de l'Empereur. — Conversation avec Napoléon au ministère de la guerre. — Billet de Charles de F... — Explication. — Roman d'un officier. — L'inconnue.

Peu de jours après cette expédition, nous allâmes voir la Malmaison, que Joséphine venait de quitter pour se rendre en Suisse. L'Empereur ayant fait de nombreuses visites à l'ex-Impératrice, Marie-Louise en prit ombrage, et il fut décidé que Joséphine s'éloignerait momentanément. J'avais désiré lui être présentée, mais elle ne recevait pas les étrangers; elle ne se montrait qu'à ceux qui, par un constant dévouement, s'étaient rendus dignes de sa confiance et de son affection. Ce pauvre cœur endolori se repliait sur lui-même; autant Joséphine avait aimé le monde, autant elle cherchait la solitude. A la Malmaison, du moins, elle n'était pas poursuivie par une curiosité indiscrète; on assurait qu'elle pleurait beaucoup et ne cherchait pas à dissimuler sa douleur. Profondément attachée à Napoléon, c'était lui qu'elle regrettait bien plus amèrement que la position brillante qu'elle avait abandonnée.

On nous montra la Malmaison de fond en comble. Je ne saurais dire avec quel intérêt et quelle avide curiosité nous contemplions ces lieux témoins des événements les plus grands (1).

Tant d'amour et tant de gloire! des récits fabuleux, des triomphes sans nombre, des enivrements à nuls autres pareils! Tout ce drame de la vie du héros s'est déroulé là pendant dix années, et ces souvenirs encore palpitants prêtaient au présent comme un reflet du passé.

La chambre à coucher de Napoléon, celle où premier Consul il rêvait déjà l'empire du monde et où, plus tard, monarque absolu, bercé par la gloire, il venait chercher le repos, est encore en ce moment telle qu'il l'a quittée pour n'y plus revenir! Joséphine en avait interdit l'entrée aux

---

(1) La Malmaison fut acquise par Joséphine en 1798.

curieux. Ce ne fut qu'à force d'or et d'instances qu'on nous la montra.

Si jamais une *mode sacrilège* osait changer l'ameublement de cette chambre, ce serait un de ces crimes que la postérité aurait le droit de reprocher à la nation qui ne l'aurait pas empêché. La Malmaison devrait devenir une propriété nationale.

En dehors de l'intérêt qui se rattache toujours aux plus menus détails de la vie d'un grand homme, cette chambre est par elle-même une des plus belles qu'on puisse voir. Le lit sculpté est d'une forme antique, simple et irréprochable; il est placé sur une estrade recouverte d'une énorme peau de tigre de la plus grande beauté. Une tente spacieuse tenant lieu de rideaux est relevée par des trophées d'armes qui tous rappellent une victoire ou signalent une conquête. Ce ne sont pas de vains emblèmes militaires, ni de riches ornements; c'est une sorte de chronique parlante qui raconte les hauts faits du soldat ainsi que la gloire du guerrier dont ils furent le butin.

Tout ce qui parle à l'imagination impose involontairement le respect et le recueillement. Tant que nous fûmes occupés à contempler chaque détail de cette chambre désormais historique, le silence ne fut interrompu que par la voix du custode, auquel nous adressions de temps à autre des questions à voix basse. On eût dit que le maître du monde pouvait nous entendre.

L'appartement de Joséphine n'avait rien de remarquable que le peu de goût et d'harmonie qui y éclatait. L'ameublement est de toutes les couleurs, de tous les styles; — c'est un amas de colifichets où l'on ne découvre ni simplicité élégante, ni préoccupation artistique, — point de souvenirs, tout y est d'hier. La mode, si puissante à Paris, règne ici en maîtresse. Je ne pus me défendre d'un mouvement de vanité en comparant l'appartement de Joséphine avec celui que je venais d'arranger à Natoline.

La galerie de tableaux est seule à l'abri de toute critique. On devine aisément qu'un artiste rempli de goût et de savoir-faire en a eu la direction. L'école flamande y est de beaucoup supérieure à l'école italienne. Ne voulant pas me laisser aller à faire une de ces descriptions fastidieuses qui ennuient toujours les ignorants et ne satisfont jamais les connaisseurs, je me contenterai de noter que cette galerie renferme des Claude Lorrain de la plus grande beauté, un magnifique Ruysdaël, plusieurs Paul Potter et quantité de charmants Wouverman (1).

Quant à l'architecture de la maison, elle est non seulement défectueuse, mais vulgaire. Un corps de logis écrasé et bas, sous un toit à mansardes; des fenêtres étroites et petites, des portes chétives, quelques lourds ornements, — en un mot du mesquin sans simplicité, et des prétentions sans grandeur.

Les jardins et principalement les serres sont admirables. Il y a tant de plantes rares de toutes les parties du monde qu'on peut se croire sous les tropiques.

Lorsqu'on évalue approximativement les frais énormes de l'établissement et de l'entretien de ces jardins, on ne saurait douter qu'à tout le luxe dont Joséphine s'est entourée pendant dix années elle ne préférât celui des plantes et des fleurs. L'élégance et la toilette ne furent pas négligées, mais la véritable passion de l'Impératrice était l'amour de son parc et de ses serres. Combien cette retraite, coquettement parée, avait dû ajouter au

(1) La plupart de ces tableaux font partie de la Pinacothèque de Munich.

prestige des fêtes ainsi qu'aux romanesques intrigues d'une cour brillante et légère!...

Rentrée chez moi, j'y trouvai une invitation qui me surprit et me flatta également. C'était une lettre du chambellan de service qui m'apprenait que j'avais été désignée pour avoir l'honneur de dîner à Saint-Cloud avec Leurs Majestés, le jour même, à six heures; il en était dix (1). Rien n'était plus rare qu'une faveur de ce genre, principalement à l'égard d'une étrangère. L'Empereur, depuis son mariage, suivait l'ancienne étiquette de la cour de France et ne dînait qu'en famille. Je me promis bien de ne pas laisser mes regrets ignorés. Fort heureusement le bal du ministère de la guerre, où l'Empereur devait assister, m'offrait la possibilité de *m'expliquer*. J'espérais que Napoléon, selon sa coutume, daignerait m'adresser quelques paroles. J'eus donc soin de me rendre à cette fête de bonne heure, afin de me bien placer. Voulant être certaine d'attirer l'attention de l'Empereur, je pris soin de me parer

(1) Cette lettre se trouve dans mon portefeuille en boule; je l'ai conservée, ainsi que beaucoup d'autres papiers, tous de cette curieuse époque. (Note de la comtesse.)

de tous mes diamants et d'avoir une toilette plus voyante que n'étaient celles que j'avais adoptées jusque-là, — peut-être pour me distinguer. Ainsi que je l'avais prévu, l'Empereur m'ayant aperçue se dirigea de mon côté, affectant un air boudeur.

— Ah! madame la comtesse, fit-il, vous n'êtes rentrée hier sans doute que fort tard; nous vous avions espérée, et votre place est restée inoccupée!

Encouragée par cet accueil gracieux, j'essayai d'exprimer les regrets que j'avais éprouvés en recevant la lettre qui m'avait appris tout ce que mon absence m'avait fait perdre. Comme il m'écoutait en souriant, j'ajoutai qu'il eût mieux valu que je ne vinsse pas à Paris...

Il me faisait parler, s'amusait de mon dépit et finit par me consoler en disant, avec une bonhomie charmante, que je devais connaître le vieux proverbe : *Ce qui est retardé n'est pas perdu* et qu'une autre fois *on s'y prendrait à temps.*

Cet entretien assez long pour faire des envieux donna lieu aux propos les plus déplacés. Plus d'une femme était jalouse de ce qu'on appelait ma *position*, et beaucoup briguaient en secret la faveur qu'elles affectaient de dédaigner.

Les jours suivants je reçus quantité de visites, — plusieurs personnes qui n'avaient pas songé à me faire cette politesse vinrent déposer leur carte, et je me dis que sous le rapport de la bassesse toutes les cours se ressemblent, les plus nouvelles comme les plus anciennes. Combien on était loin de deviner ce qui me préoccupait! — Une fois partie du bal, je ne songeai plus à ce petit succès de vanité.

Depuis son rétablissement Charles ne venait plus me voir aussi souvent; il choisissait les heures où je recevais les indifférents, étant certain de ne pas me trouver seule. Il s'informait cependant fort exactement de ce que je faisais, il n'avait cessé de diriger mes courses. Voici le billet qu'il m'adressa le surlendemain du magnifique bal de la garde dont tous les journaux du temps ont conservé le souvenir :

« Que faisiez-vous hier soir ? J'avais espéré vous rencontrer chez la duchesse de L... Vous deviez y aller; pourquoi n'êtes-vous pas venue? Craignant qu'il ne fût trop tard, je n'ai pas osé me présenter chez vous, ou, si je dois être franc, redoutant de vous trouver seule, je m'en suis abstenu. Me permettez-vous de vous accompagner demain matin chez Gérard ? Tout le monde y court pour voir le portrait de Mme Walewska. Ce n'est plus qu'ainsi que je veux vous voir. Quelque bizarre que je vous paraisse, ne me retirez ni votre confiance, ni votre amitié. Tolérez-moi, plaignez-moi. Si vous pouviez deviner à quel point je suis malheureux, vous comprendriez que j'aie plus que jamais besoin de votre indulgente amitié et que je suis digne de votre estime. »

Il est des instants dans la vie où un mot décide de l'avenir. Ces quelques lignes amenèrent une explication que nous redoutions et évitions tous deux.

M. de F... avait continué à me témoigner le même empressement que par le passé; s'il avait recherché toutes les occasions de me voir seule, si enfin j'avais supposé avoir à me défier de ses projets, je me serais tenue en garde contre lui et contre moi. Mais cette persistance à m'éviter, cette mélancolie invincible dont j'ignorais la cause, le mystère dont il enveloppait ses sentiments, et, plus que tout, la sagesse qui dirigeait toutes ses actions, me troublèrent plus encore que ne l'eussent fait ses assiduités passées. Pour la première fois j'osai entrevoir que je l'aimais, et je le lui laissai deviner. Il m'est impossible de retrouver les paroles dont je me servis, mais apparemment il y avait dans ma réponse un tel accent de vérité, une si vive agitation, un regret si poignant d'en avoir peut-être trop dit, que Charles ne put se méprendre sur mes sentiments; et la parfaite connaissance qu'il avait de la droiture de mon caractère me servit mieux que tout l'art qu'une coquette aurait pu déployer en cette occasion. Au bout d'un demi-heure je reçus le billet suivant :

« Pourquoi m'avez-vous écrit ? Vous avez achevé de me rendre le plus malheureux des hommes! Il faut absolument que je vous parle, recevez-moi seul ce soir. »

Je restai anéantie. L'idée de son bonheur avait seule put l'emporter un moment sur la rigidité de mes principes et sur la ferme résolution que j'avais prise de ne jamais manquer à mes devoirs. Dès que j'acquis la certitude de l'inutilité d'un si grand sacrifice, j'éprouvai un sincère désespoir.

Lorsque, le soir, Charles se fit annoncer, il me trouva à la place où j'avais reçu sa réponse, absorbée dans mes réflexions au point qu'il fut effrayé de mon immobilité. Assise auprès de mon bureau, j'avais machinalement saisi un canif et, sans y songer, je découpais mon gant. Un gouttelette de sang me fit sortir de ma rêverie et porta l'effroi dans ce cœur si familiarisé avec le danger

— Que faites-vous ? s'écria-t-il en m'arrachant le canif. De grâce, écoutez-moi. Ayez pitié de l'état dans lequel je suis. Le moment est venu où l'honneur m'impose le devoir cruel de ne vous plus rien cacher. Lorsque je vous vis en Pologne, je vous aimai avec ardeur et dévouement. Jusqu'à cette époque j'avais été fort léger; il vous était réservé d'amener un changement complet en moi. Je m'étonnais souvent de l'espèce de culte que vous m'inspiriez, à moi qui suis si peu timide auprès des femmes,..... je n'osais vous laisser deviner mon amour! Vous étiez entourée d'une telle auréole de pureté et de candeur, je vous voyais si exclusivement occupée de votre enfant et si soumise à vos devoirs, qu'il me sembla impossible et pour ainsi dire criminel de chercher à vous détourner du droit chemin; d'ailleurs vous me témoigniez une bienveillance si naturelle, un intérêt si naïf que je partis convaincu que mon amour n'avait même pas été deviné. En présence de votre mari, je demandai la permission de vous écrire et je l'obtins, car on était bien aise d'avoir des nouvelles du quartier général. Un seul mot dans une de vos lettres fit naître dans mon cœur un peu d'espoir! On avait parlé d'une femme qui, prétendait-on, m'avait suivi en Allemagne; je crus m'apercevoir que ce racontar absurde était venu jusqu'à vous; j'osai même supposer que vous en aviez été contrariée, et je désirais si vivement m'expliquer que, ne perdant pas un instant, je m'adressai au maréchal Davout pour qu'il me donnât la permission de me rendre à Varsovie. Si cette permission m'avait été refusée, j'étais décidé à partir secrètement; mais c'était de vous que j'attendais cette autorisation. Hélas! vous devez vous rappeler le ton railleur de votre réponse; aussi sollicitai-je la permission de revenir en France. Le prince Murat ne me pardonnait pas d'avoir quitté son état-major, et pendant plus d'une année je me vis oublié dans une triste garnison d'Allemagne. Ma mère m'écrivait souvent et me consolait de son mieux; elle me répétait dans toutes ses lettres que je devais être tranquille, qu'une personne dont le crédit se trouvait bien établi, et qui m'aimait sans que je m'en doutasse, faisait des démarches pour me faire revenir. Effectivement je finis par recevoir l'ordre ou pour mieux dire la permission de rentrer, signé de la main de l'Empereur lui-même. Décidé à vous oublier, mais toujours poursuivi par votre image, je vous comparais involontairement à toutes les femmes que je voyais; votre naturel, votre gaieté piquante, cet abandon tout particulier aux Polonaises, et qui, surtout en vous, m'avait semblé si séduisant, rendait à mes yeux les Françaises maniérées et dépourvues de cette originalité qui multiplie les moyens de plaire et de subjuguer. L'une d'elles cependant, et c'est la seule dont vous deviez à jamais ignorer le nom, arriva à mon cœur tout en cherchant à me cacher le sentiment que je lui avais inspiré. C'était d'elle que me parlait ma mère dans toutes ses lettres. N'étant point jolie, elle se croyait condamnée à ne jamais être aimée et n'osait même pas chercher à plaire; son constant et généreux attachement se dérobait à tous les yeux sous les dehors d'une affection toute fraternelle.

« Mes rapports avec son frère, qui était mon meilleur ami, me donnaient l'occasion de la voir sans cesse. Je l'observai longtemps avant de la payer de retour. Elle ne m'inspirait ni l'attrait que d'autres m'avaient fait connaître à mon entrée dans le monde, ni l'amour exalté que vous seule aviez fait naître dans mon âme. Je finis par l'aimer, car j'eus mille preuves de son dévouement. Plus je l'appréciai, plus il me sembla indigne de tromper son attente. « Oui, me disait-elle de sa douce « voix, mais si vous pouviez encore aimer une « autre femme, aimer comme vous avez aimé en « Pologne, je sens que j'en mourrais. » Ces quelques mots firent que je lui sacrifiai ma liberté. Depuis deux ans je me suis dévoué à son bonheur et je me suis cru moi-même heureux en voyant avec quelle reconnaissance elle acceptait ma sincère affection. Votre présence a détruit subitement toute illusion; j'ai retrouvé auprès de vous les vives émotions que je croyais à jamais anéanties. Je me suis senti renaître à l'espérance, à la joie; l'absence de mon amie, partie quelques jours avant votre arrivée, m'a livré sans défense à l'entraînement si puissant que j'éprouvais. Mais dès que j'entrevis que vous pourriez être touchée de tant d'amour, et dès que j'eus envisagé sérieusement ma position et ma conduite, la voix sévère de l'honneur s'est fait entendre; j'ai compris que mon devoir était de vous fuir!!! J'ai beaucoup souffert et beaucoup lutté; je voulais surtout que vous pussiez me garder votre estime. Je vous connais trop, je sais trop vous apprécier pour oser vous offrir un cœur enchaîné par *le devoir* à une autre existence.

« Vous êtes si digne d'être l'unique objet de mon culte que vous ne pourriez sans indignation voir une autre femme réclamer sa part de mon affection. Si en Pologne j'avais osé espérer qu'un jour vous pourriez m'aimer, j'aurais tout quitté, ma mère, mon pays, mes amis. Votre patrie serait devenue la mienne, je l'aurais défendue et servie avec cet enthousiasme que vous seule Polonaise savez si bien inspirer. Je vous voyais entourée d'hommages, vous étiez également aimable pour tous, jamais vous ne m'avez encouragé à faire un aveu. Maintenant je vous ai tout dit, j'ai rempli mon devoir... je ne vous ai pas trompée en abusant de votre touchante et généreuse confiance. N'en exigez pas davantage! Gardez-vous de moi et de mon amour. Il est possible que, pour être bien sûr de vaincre, je devrais renoncer au dangereux bonheur de vous rencontrer sans cesse! Mais, vous avez de la raison pour deux ; comment trouverais-je le courage de vous quitter en songeant que bientôt la destinée va nous séparer peut-être à jamais! Vous retournerez dans votre pays, et moi je tâcherai de me faire tuer à la première occasion qui se présentera. Or, vous savez, ajouta-t-il avec un sourire mélancolique, que l'Empereur ne nous ménage pas ces occasions-là. Comment pourrais-je donc me priver du triste bonheur dont je puis encore jouir quelque temps? Un condamné a dans tous les pays le droit de disposer de ses derniers moments. »

Je l'avais écouté en silence, il était tard, pour la première fois je le vis partir sans regrets. Mon cœur était prêt à se briser!... Un torrent de larmes vint enfin me soulager; dès qu'il me fut possible de réfléchir, je sondai l'abîme au bord duquel j'avais marché. En rendant hommage à la scrupuleuse délicatesse de celui qui m'avait soutenue au moment où j'eusse peut-être succombé, je compris toute l'étendue du danger auquel je venais d'échapper. Toutefois, l'estime et l'admiration vinrent encore exalter un sentiment dont je ne pouvais me défendre et qui pendant longtemps encore domina tous les autres. L'image de cette femme mystérieuse que je voyais sans cesse entre lui et moi m'était odieuse! Je la parais de tous les charmes qu'elle n'avait peut-être pas, et je ne pouvais admettre qu'elle enviât mon sort, car, à tout prendre, la plus aimée devait se trouver la moins malheureuse.

IX

LE DINER A SAINT-CLOUD.

Invitation à Saint-Cloud. — La toilette. — Madame de Montebello. — Marie-Louise. — Promenade dans le parc. — Les placets. — Disposition de la table. — Le menu de l'Empereur. — Le château de Versailles. — Lenôtre et la princesse Borghèse. — Le prince Eugène. — Renonciation du roi de Hollande. — Câlineries de Marie-Louise. — Présages de la guerre de Russie. — Le spectacle. — Talma. — Déjeuner chez Talleyrand. — Adieux à Charles de F.... — Départ.

Si j'avais suivi mon premier mouvement, j'eusse quitté Paris sur-le-champ, mais j'y étais retenue par l'affaire dont les parents de mon mari m'avaient chargée : il s'agissait de réclamer une indemnité promise par l'Empereur en raison des pertes énormes que le comte et la comtesse Stanislas Potocki avaient supportées pendant le séjour de l'armée française dans leurs terres (en 1807).

Peu faite à ce genre de sollicitations, répugnant par nature à toute espèce d'affaire dont l'intérêt, quelque juste qu'il fût, était la base, j'avais complètement négligé de m'occuper de ma mission, et ce ne fut qu'en songeant qu'il faudrait rendre compte du résultat de mes démarches que j'y pensai (1).

Vint une seconde invitation pour Saint-Cloud, *la veille du jour* indiqué dans la lettre; impossible de refuser, et d'ailleurs la curiosité attachée à tout ce qui pouvait faire connaître la vie intime du grand homme devint pour moi une diversion des plus salutaires.

On portait à ce moment-là un deuil de cour; j'envoyai aussitôt chez madame Germont, afin d'avoir une toilette appropriée à la circonstance. Elle répondit à ma femme de chambre que l'Empereur n'aimant pas le noir, les deuils de ce genre, surtout à la campagne, se portaient tout en blanc, que la robe *ronde* et la coiffure de *fantaisie* étaient adoptées lorsqu'on avait l'honneur d'être admis dans l'intimité de Leurs Majestés, et que j'aurais à midi tout ce qu'il me fallait.

A cinq heures et demie, je me présentai à la

---

(1) Le prince Joseph Poniatowski reçut une donation qu'il a léguée à mon fils aîné, son filleul. M. Maret laissa entendre à mon beau-père que le duché de Lowicz lui serait octroyé, mais ces intentions ne se réalisèrent pas. Ce fut le maréchal Davout qui reçut plus tard le duché de Lowicz, en nue propriété. (Note de la comtesse.)

grille de Saint-Cloud. La sentinelle faisant quelque difficulté pour laisser entrer ma voiture dans la cour, le chambellan de service voulut bien faire lever la consigne et m'introduisit au salon.

J'y trouvai la duchesse de Montebello, laquelle, en sa qualité de dame du Palais, m'en fit les honneurs assez froidement, comme pour ajouter encore à l'embarras que j'éprouvais de ne rencontrer personne de ma connaissance. C'était sa manière, elle était ainsi pour tout le monde, — ce qui n'empêchait pas qu'elle eût des amis dévoués et des admirateurs sincères qu'elle devait autant à sa beauté qu'à l'estime qu'elle avait inspirée à tous ceux qui la connaissaient.

L'Impératrice entra à six heures précises, accompagnée de sa dame d'atour, une *ci-devant* dont j'oublie toujours le nom. On la disait parfaitement initiée au cérémonial en usage à la cour de Louis XVI, mérite fort recherché à cette époque, à cause de la jeune souveraine.

Marie-Louise, vêtue très simplement, portait une robe blanche, bordée au bas d'un ruban noir; c'était le deuil dont j'ai parlé (1). La princesse Bor-

---

(1) Voir la note à la fin du chapitre.

ghèse arriva un instant après, ainsi que l'Empereur et le duc de Wurtzbourg, oncle de l'Impératrice, celui-là même qui l'avait accompagnée à Paris. M. de Montalivet, ministre de l'intérieur, les suivait. C'était tout!... Il n'y avait ni suite ni apparat, — on était *en famille*.

Après m'avoir adressé quelques mots, l'Empereur sonna, demandant si les équipages se trouvaient à la porte. — Sur la réponse affirmative qu'on lui fit, il nous proposa une courte promenade dans le parc; il offrit le bras à l'Impératrice, et tous deux montèrent dans une élégante calèche attelée, à l'anglaise, de six magnifiques chevaux bais, avec trois jockeys en livrée vert et or.

Nous suivîmes dans une sorte de jolie corbeille à six places entièrement découverte. Le duc de Wurtzbourg avait l'air passablement embarrassé et n'adressa que peu de mots à la princesse Borghèse, dont on le disait épris; — il n'y paraissait pas le moins du monde.

Le silence n'était interrompu que par les plaintes et les soupirs des trois dames qui, n'ayant pas de chapeaux, se trouvaient exposées à la poussière et aux rayons du soleil.

On parcourut ainsi, pendant environ une demi-heure, toutes les allées du parc, allant toujours au grand trot.

Je remarquai, aux tournants des chemins, où nécessairement la course se trouvait ralentie, des individus qui, leurs requêtes en main, s'apprêtaient à les jeter dans la calèche de l'Empereur, sur un signe qu'il leur faisait.

Ces promenades étaient une de ces fantaisies dont l'Empereur ne comprenait pas le peu d'agrément ; et personne naturellement n'osait en faire la remarque. Au moment où la calèche s'arrêta, la banquette de devant se trouva encombrée des placets. Le chambellan de service reçut l'ordre de les remettre au secrétaire des commandements. J'ai appris depuis que, tous les matins, Napoléon se faisait lire un résumé des sollicitations présentées la veille, et dictait lui-même les réponses.

Au retour de la promenade, le dîner étant servi, l'Empereur fit signe à Marie-Louise de prendre le bras de son oncle et de passer dans la salle à manger ; il les suivit, nous entrâmes aussi, à l'exception de la dame d'atour et de la duchesse de Montebello, qui, à ma grande surprise, passèrent dans un autre salon où une table de trente couverts attendait les grands officiers, ainsi que les dames de service auxquelles le grand maréchal Duroc faisait les honneurs du repas. En suivant Leurs Majestés au travers des appartements, j'aperçus le maréchal Davout, de service ce jour-là, en qualité de capitaine des gardes. J'avoue qu'il me sembla piquant de lui faire *en passant* un petit salut amical pour le payer des airs de roi que lui et sa femme s'étaient donnés en Pologne.

La table de l'Empereur avait la forme d'un carré long. L'Impératrice et son oncle, tous deux personnages *muets*, occupaient un des côtés. Napoléon, vis-à-vis d'eux, se trouvait entre deux *places vides*. La princesse Borghèse et moi, nous étions à un des bouts du carré, et M. de Montalivet à l'autre. L'Empereur faisait ainsi habituellement dîner à sa table le ministre avec lequel il avait travaillé dans la matinée, afin de continuer l'entretien sur des sujets qui, quoique moins graves, avaient cependant rapport au travail du jour.

On était à la fin du mois de juin, il faisait grand jour, le soleil dardait ses rayons au travers du feuillage, mais en dépit de cet éclat, les candélabres étaient tous allumés et les fenêtres ouvertes. Ce double jour produisait un effet fort peu agréable. C'était là une bizarre fantaisie; l'on m'a assuré que jamais l'Empereur ne dînait autrement. Un page se tenait derrière sa chaise, une serviette à la main ; ce page faisait mine de présenter une assiette, mais Napoléon ne le souffrait pas, un officier de bouche remplissait cet office.

Le service marchait avec une extrême célérité. On l'eût dit confié à des sylphes, tant le silence était grand.

Napoléon mangeait peu et fort vite ; les plats les plus simples étaient ceux qu'il préférait. Vers le milieu du dîner on présenta à l'Empereur, sur une assiette plate qui ne faisait pas partie du relevé, des artichauts *à la poivrade :* il se prit à rire, et nous proposa de partager son *modeste* repas, faisant un grand éloge de ce mets d'anachorète. Mais comme personne ne sembla tenté d'en goûter, il fit passer l'assiette devant lui, et n'en laissa rien !

Par contre, l'Impératrice, fort préoccupée des plats qu'on lui présentait, n'en refusait aucun et paraissait contrariée de la promptitude avec laquelle ils se succédaient. Vers la fin du repas, l'Empereur rompit le silence, et s'adressant à M. de Montalivet, il l'interpella sur les travaux entrepris au château de Versailles qu'on commençait à restaurer.

— Je veux, dit-il, amuser les Parisiens comme au temps passé, — il faut que les eaux jouent tous les dimanches. Mais est-il vrai que sous Louis XVI ce divertissement coûtait chaque fois cent mille francs ?

Sur la réponse affirmative du ministre :

— C'est beaucoup, s'écria Napoléon, pour *aller regarder des cascades*. Eh bien ! si je refuse ce plaisir aux badauds de Paris, qui tiennent à s'amuser plus qu'à toute autre chose, ils n'auront pas le bon sens de comprendre que c'est pour faire un meilleur usage d'une somme aussi considérable.

Tout en parlant des jardins de cette royale résidence et de leur immensité, il se mit à chercher le nom du célèbre Lenôtre qui les a tracés.

Par un hasard singulier, M. de Montalivet ne se rappelait pas ce nom, et tous deux s'impatientaient sans résultat.

Je m'aventurai de le souffler à l'oreille de la princesse Borghèse, qui le répéta tout haut.

— Ah ! fit Napoléon, ce n'est pas de vous, cela ; je parierais que vous ignoriez que Lenôtre eût jamais existé... il n'est pas mort de votre temps !

Puis il me jeta un regard charmant.

Nous allions nous lever de table lorsque le chambellan vint prévenir l'Empereur que le vice-roi d'Italie l'attendait au jardin. Il se leva précipitamment sans laisser à Marie-Louise le temps d'achever les glaces, ce qui la contraria au point qu'elle ne put se défendre de s'en plaindre à son oncle.

Rentrés au salon, où les deux dames de service nous avaient précédés, nous y trouvâmes les fenêtres toutes grandes ouvertes ; elles donnaient sur l'allée principale du parc.

Le prince Eugène s'y promenait avec une extrême agitation ; dès que Napoléon l'eut aperçu, il alla à sa rencontre.

A en juger par la vivacité de leur entretien, le sujet devait être des plus graves. L'Empereur gesticulait, comme un vrai Corse ; le prince semblait chercher à le calmer ; on s'apercevait aisément que Napoléon n'était pas content. Des éclats de voix arrivaient jusqu'à nous, mais le vent emportait les paroles.

Dans le salon, le silence n'était interrompu que par quelques phrases banales que M. de Montalivet se croyait en devoir de nous adresser, afin de n'avoir pas l'air d'écouter la conversation qui avait lieu dans le jardin.

L'Impératrice ne proférait pas une parole ; assise auprès de son oncle, qui lui donnait l'exemple du plus parfait mutisme, elle regardait vaguement par la fenêtre, sans s'inquiéter le moins du monde de ce qui se passait dans le parc, où l'entretien de plus en plus animé se prolongeait encore.

Comme tout finit par être connu, principalement à la cour, où tant d'yeux et d'oreilles sont ouverts pour tout voir et tout entendre, nous apprîmes peu de temps après quelle avait été la cause de cet orage.

Le vice-roi, chargé par son beau-frère, le roi de Hollande, d'apprendre à l'Empereur sa renonciation au trône, venait d'accomplir cette mission difficile et s'était très probablement efforcé d'excuser son beau-frère.

Enfin, Napoléon rentra au salon ; sa figure était sévère, mais calme ; il alla droit à M. de Montalivet et le prévint que le lendemain, à cinq heures du matin, il se rendrait au petit Trianon, qu'on arrangeait pour la jeune souveraine. Marie-Louise demanda instamment d'être de la partie, promettant de ne pas se faire attendre et d'être prête à l'heure indiquée.

L'Empereur refusait avec douceur, alléguant que, dans l'état où elle se trouvait, il fallait éviter toute espèce de fatigue; pour donner plus de poids à son refus, il consulta la duchesse de Montebello, qui se rangea à son avis. Marie-Louise, en véritable enfant gâtée, ne se le tint pas pour dit; elle continua d'insister, affirmant que le médecin lui ordonnait l'exercice. Tout en câlinant son époux dans l'espoir d'obtenir ce qu'elle désirait, elle lui posa la main sur l'épaule; cette familiarité, devant des témoins, ne parut pas plaire à Napoléon; il ôta doucement la main de sa jeune épouse, non sans l'avoir serrée affectueusement.

L'Empereur m'ayant attirée dans une embrasure de fenêtre, me demanda quelles étaient les nouvelles que je recevais de Pologne, et s'il était vrai que l'empereur Alexandre menaçait de confiscation ceux de ses sujets qui ne rentreraient pas dans ses États.

Ayant reçu dans la matinée une lettre de mon

beau-père, je me trouvais à même de confirmer un fait dont l'Empereur paraissait vouloir douter. Je parlai de la nécessité qu'il y avait de presser mon retour.

— Ne vous inquiétez pas, me dit-il avec ce sourire gracieux qui lui était tout particulier; amusez-vous et ne songez pas *encore à faire vos paquets.*

C'est ainsi que des phrases jetées au hasard laissaient pressentir la guerre avec la Russie, dont personne n'osait *encore* parler, mais que tous regardaient déjà comme inévitable, vu les immenses préparatifs dont, cependant, on taisait le but.

— Que désirez-vous que je vous rapporte des Indes? me disait un des personnages les plus influents de l'époque.

— De Moscou ou de Pétersbourg? lui répliquai-je, afin de sonder sa pensée.

— Ah! il est possible que nous passions par là, mais je pense que vous préférerez un plus rare butin. Nous avons salué les Pyramides, il serait juste maintenant d'aller un peu voir ce que font nos rivaux d'outre-mer.

Tout ce que je rapporte maintenant semblera

un jour emprunté aux *Mille et une Nuits,* et pourtant je me suis fait une loi de ne m'écarter en rien de la plus stricte vérité ; mais on était si fort accoutumé aux prodiges que le merveilleux paraissait possible et l'impossible praticable.

J'en reviens à cette journée de Saint-Cloud, qui occupe une grande place dans mes souvenirs et qui fut terminée par un spectacle ravissant. Talma joua Manlius. C'était bien le triomphe de cet admirable acteur, qui joignait à la beauté de l'organe la noblesse des poses et des gestes et une rare régularité de traits. Lorsqu'il ceignait sa tête de la couronne de laurier, on eût dit un triomphateur antique allant prendre place dans un char traîné par des esclaves. On oubliait l'acteur, on ne songeait qu'au héros. Ce qu'il y avait d'extraordinaire, c'était sa grande ressemblance avec Napoléon, principalement de profil. On eût dit deux frères ; le regard seul différait : l'un était profond, l'autre d'une gravité affectée.

Paris accourut en foule. La salle n'était pas spacieuse, on faisait mille intrigues pour obtenir une place. L'Empereur lui-même disposait des loges ; les billets de parterre et ceux des galeries étaient distribués par les grands officiers de la cour. Mon billet me donnait entrée dans la loge des ministres étrangers, placée tout à fait à côté de la loge impériale. On y jouissait à la fois de deux spectacles également intéressants.

Napoléon, qui aimait les beaux vers, paraissait par moments désireux de faire partager, sinon son enthousiasme, du moins sa satisfaction à la jeune Impératrice, laquelle, immobile sur son fauteuil à aigles dorés, laissait errer ses regards dans la salle, ne les reportant sur la scène que par courts intervalles, et lorsqu'elle y était pour ainsi dire forcée par les applaudissements de l'Empereur ; il supportait avec une rare patience l'*apathique* indifférence de sa compagne.

Le spectacle terminé, vers onze heures, Leurs Majestés nous saluèrent et se retirèrent.

Aussitôt la route de Paris, splendidement éclairée, s'ébranla sous la course rapide des équipages de tous ceux qui avaient assisté à ce spectacle doublement royal, tant le jeu de Talma était admirable (1).

(1) Ce dîner eut lieu le 28 juin 1810. Le deuil de cour dont il est question fut porté à la mort du prince royal de Suède (25 juin). L'abdication du roi de Hollande fut connue le 9 juillet. Quant à la représentation théâtrale, il y a erreur ; la comtesse fait une confusion ; elle avait sans doute vu *Manlius* à la

Ainsi finit cette brillante journée qui eut pour résultats les plus ridicules incidents. M. de Talleyrand, qui ne s'était point avisé de se présenter chez moi et à qui jusque-là il avait semblé suffisant de déposer une carte chez mon portier, vint dès le lendemain me demander des détails sur le dîner de la veille. Il me questionna fort adroitement sur ce que j'avais vu et entendu; je me contentai de lui dire ce qu'il savait déjà fort probablement; contre son habitude, il fut parfaitement aimable, il me parla de la Pologne avec force éloges et, enfin, il m'engagea à venir déjeuner dans sa bibliothèque. Je me rendis avec empressement à cette invitation, et comme je tiens à ne jamais dire que la vérité, il me faut convenir que jamais je n'ai passé une plus charmante matinée. M. de Talleyrand me fit les honneurs de ses trésors; il était très naturel que les plus belles et les plus rares éditions se trouvassent réunies

---

Comédie-Française, où cette pièce fut jouée quatre fois en 1810. Ce fut *Hector*, tragédie de Luce de Lancival, que Talma joua à Saint-Cloud le 28 juin. L'Empereur fit venir Talma à Saint-Cloud deux fois en 1810, le 22 juin (*les États de Blois*) et le 28 (*Hector*). C'est grâce à ces renseignements, qui me sont communiqués par l'aimable archiviste de la Comédie-Française, M. Monval, que j'ai pu fixer cette date.

chez un connaisseur riche à millions ; toutefois, rien n'était comparable à la façon dont il montrait ses livres ; il ne disait jamais ce qu'on pouvait savoir ni ce que d'autres avaient déjà dit ou écrit ; il parlait fort peu de lui-même, beaucoup des gens éminents avec lesquels il avait eu des rapports. En un mot, il était aussi instruit qu'un grand seigneur qui accordait beaucoup de temps à ses plaisirs pouvait l'être. Pour compléter ce portrait flatteur qui n'est cependant pas flatté, je dirai que M. de Talleyrand possédait l'art merveilleux de faire oublier momentanément son passé lorsqu'il parlait du présent.

Ma porte était assiégée par des visiteurs de tous genres ! On vint me proposer les plus beaux hôtels, imaginant que je ne quitterais plus Paris ; il y eut même des personnes qui osèrent m'engager à ne pas *repousser* ce qu'elles appelaient une *insigne faveur*. Je vis là à découvert toute la bassesse et toute la corruption des courtisans. Qu'eussent-ils pensé, s'ils avaient pu lire au fond de mon âme et voir avec quel bonheur j'aurais échangé la situation qu'on me prêtait contre une vie obscure, mais semblable à celle que j'avais menée pendant quelques mois ?

Charles de F... vint me faire ses adieux au moment où je m'y attendais le moins. Tout en approuvant le parti que j'avais pris, il en souffrait et avait peine à me pardonner ce qu'il appelait un *excès de sagesse.* Trop fin cependant pour ne pas deviner et apprécier ce qu'il m'en coûtait pour combattre le penchant qu'il m'avait inspiré, il me voua une estime ainsi qu'un attachement sur lesquels je compterai toute ma vie (1). Je me trouvais autorisée à lui donner en partant mon portrait avec cette devise, empruntée au poème de Legouvé :

C'est moins qu'une maîtresse et bien plus qu'une amie.

Le coup de marteau frappé à la porte de ma maison lorsqu'il la quitta pour la dernière fois, résonna longtemps à mon oreille !... Je l'entendais dans mes rêves, il m'éveillait en sursaut !... Le temps seul calma cette douloureuse sensation ; ce ne fut que lentement, lorsque je fus de retour auprès de mes enfants, que le sentiment d'estime et de reconnaissance voué à l'ami, qui m'avait rendue aux devoirs les plus sacrés, l'emporta sur

(1) Voir Introduction.

des souvenirs tout à la fois pénibles et doux.

Je quittai Paris sans regrets ; cette ville avait été témoin de mes premiers chagrins, de ces chagrins qu'on traite de *malheurs* tant qu'on n'en a pas éprouvé de plus cruels et surtout de plus irréparables.

QUATRIÈME PARTIE
LE GRAND-DUCHÉ DE VARSOVIE

I

BIGNON.
(1811-1812)

Naissance du comte Maurice Potocki. — La cour de Frédéric-Auguste. — M. de Serra. — Le prince Joseph Poniatowski. — Son caractère. — Naissance du roi de Rome. — Enthousiasme des Polonais. — Voyage du prince Joseph Poniatowski à Paris. — Pauline. — M. Bignon. — Le *petit coin*. — M. Bignon et la cause polonaise.

J'eus une grande joie dans le courant de l'hiver, et cette joie me fit perdre de vue momentanément les événements politiques. Le 13 janvier (1812), à sept heures du matin, je mis au monde le fils qui m'avait été annoncé par la petite sorcière. Il naquit dans les circonstances prédites.

Pour la première fois de ma vie, j'éprouvai le désir d'avoir pour un de mes enfants un parrain royal!... Je me flattais de demander cette faveur au grand Napoléon, qui allait *ressusciter la Pologne*.

Je fis donc simplement ondoyer mon fils, qui reçut, je ne sais trop pourquoi, le nom de Maurice. — Cher enfant, combien tu étais beau et gentil !... jamais pleurs ni cris ne défiguraient ton gros et frais visage; tu devins l'amour de ta mère et la joie de la maison, tous t'adoraient. Je te remercie encore du bonheur que tu m'as donné.

Lorsque je revins en Pologne nous appartenions au roi de Saxe (1), auquel Napoléon nous avait donnés ou, pour mieux dire, annexés, ne sachant trop que faire du grand-duché de Varsovie qu'il avait organisé *en passant*, laissant au temps et aux circonstances le soin de l'agrandir.

Cette création du duché de Varsovie faisait la part belle à nos espérances.

En attendant *mieux* nous avions un monarque d'une rare moralité, qui s'occupait du bien-être de son pays avec une sollicitude sage et paternelle. Le Roi et la Reine (2), déjà avancés en âge, avaient,

---

(1) Frédéric-Auguste I*, 1750-1827, petit-fils d'Auguste II, roi de Pologne.

(2) Marie-Amélie de Deux-Ponts, 1751-1828.

à dire vrai, un entourage qui ressemblait fort à la cour endormie et surannée de la Belle au bois dormant. On eût dit que tous les rouages avaient été arrêtés depuis cent ans. On trouvait du moins à cette cour des principes solides, un désintéressement qui commençait à n'être plus du siècle, et des manières civilisées et polies à l'excès.

La forme de gouvernement octroyée par Napoléon était à peu de chose près celle de toutes les puissances rhénanes. Nous avions un conseil composé de sept ministres (1) et d'un président. Cette heptarchie, en apparence toute nationale, se trouvait en réalité soumise à l'influence du résident de France, véritable proconsul qui exerçait un pouvoir presque sans limites; mais il était permis, dans les circonstances exceptionnelles, d'en référer à l'Empereur lui-même par l'entremise du ministre secrétaire d'État résidant auprès du Roi, et chargé *uniquement* des affaires concernant le grand-duché.

(1) « Parmi les ministres que je trouvai en fonction, trois méritent une mention spéciale. » BIGNON, *Souvenirs d'un diplomate*, p. 40. Et il cite : le comte Stanislas Potocki, beau-père de l'auteur de ces *Mémoires* : « C'était un homme instruit, animé d'excellentes intentions »; le prince Joseph Poniatowski, « le Bayard de l'Empire »; le comte Lubienski.

A mon arrivée, le résident de France était M. de Serra (1), noble Génois, passablement raide et compassé, grand latiniste au dire des savants, mais peu versé dans l'art de la conversation, n'ayant ni les qualités ni les défauts qu'on attribue à la nation dont il était le représentant. On l'estimait généralement, mais on ne l'aimait guère. Acerbe dans la discussion, il y apportait la volonté de fer qu'on lui avait conseillé d'adopter comme moyen de réussir auprès d'un maître absolu. Souvent mon beau-père, qui était président du conseil, revenait de la séance désespéré des exigences de M. de Serra. On s'efforçait vainement de lui représenter que le pays, épuisé par les dépenses auxquelles il s'était vu condamné par suite du long séjour de l'armée, n'offrait plus de ressources. Il ne voulait rien entendre; il répondait aux objections en disant : *Il le faut cependant, messieurs, et cela sera, car l'Empereur l'exige.* Alors, en désespoir de cause, on s'adressait au maître suprême, qui faisait faire quelques avances de fonds et donnait l'ordre au résident de temporiser sans toutefois céder (2).

(1) Voir sur Serra, BIGNON, *Souvenirs,* ch. II.
(2) Et cependant lorsque nous gémissions d'être ainsi gouver-

Entièrement dévoué à M. de Talleyrand, auquel il devait sa position, M. de Serra, au fond de l'âme, n'aimait pas Napoléon. Il ouvrait quelquefois son cœur à ceux des ministres dont la discrétion lui était connue, mais ces sentiments ne diminuaient en rien le zèle qu'il apportait à exécuter les ordres envoyés de Paris.

L'Empereur nous avait rendu nos couleurs nationales, notre langue, nos institutions, notre armée dont le prince Poniatowski était le chef. Jamais homme plus que le prince Joseph ne fut digne de commander aux cinquante mille braves qui servaient déjà sous ses ordres. Adoré des soldats dont il partageait les dangers et les fatigues, il obtenait d'eux, au moindre signe, ce que d'autres obtenaient grâce à une sévère discipline.

Son caractère présentait les plus singuliers contrastes. Dominé chez lui, cédant volontiers par amour de la paix, il retrouvait au besoin la mâle énergie qu'exigeaient les circonstances difficiles dont sa vie fut traversée. Dès lors l'homme privé

nés avec une despotique indifférence, combien nous étions loin de prévoir ce que l'avenir nous réservait! Semblables aux femmes qui regrettent jusqu'à la tyrannie de celui qu'elles ont aimé, avec quels amers sentiments sommes-nous obligés de parler de ces temps d'espérance et de gloire! (Note de la comtesse.)

disparaissait et faisait place à l'homme public, tout dévoué à l'honneur de sa patrie. Ce qu'il y avait de plus surprenant dans ce composé d'héroïsme et de faiblesse, c'est que l'amour-propre n'a jamais été le mobile d'aucune de ses actions, jamais il n'y eut d'homme aussi dépourvu de *vanité*. Peut-être même l'histoire lui reprochera-t-elle l'absence complète de cette imperfection ; la position exceptionnelle dans laquelle il se trouvait aurait pu le porter à s'élever jusqu'au trône et à assurer ainsi l'existence de son pays. Toutefois ses nobles sentiments, sa brillante valeur et sa mort glorieuse en ont fait un héros dont le nom révéré restera à jamais cher à sa patrie.

Les lettres arrivant de Paris ne contenaient que les comptes rendus pompeux des fêtes données à l'occasion des relevailles de la jeune souveraine, qui, en mettant au monde un fils si vivement désiré, avait comblé les vœux de son époux, et affermi le trône impérial. Cette époque fut, à coup sûr, la plus brillante de la vie de Napoléon, tous ceux qui lui appartenaient reflétaient, pour ainsi dire, son bonheur.

Ce ne furent que fêtes et bals costumés où tous les dieux de l'Olympe se virent conviés. La reine de Naples apparut en Minerve, et sa sœur, la belle Pauline, en Vénus.

Depuis longtemps l'armée n'avait joui d'une trêve aussi prolongée. La présence de cette brillante jeunesse, avide de plaisirs ainsi que de repos, prêtait un nouveau lustre aux fêtes de tout genre. Mais au milieu de cet enivrement général, des paroles mystérieuses se firent entendre, et l'on commença à ne plus douter de la guerre — de cette guerre où Napoléon allait jouer sa gloire et son empire et qu'il voulait, ainsi que Xerxès, entreprendre à la tête de cent peuples divers. Le temps s'écoulait en négociations diplomatiques. Napoléon exigeait de l'empereur Alexandre qu'il lui sacrifiât l'Angleterre. Tout en mesurant le danger de la résistance, ce prince ne pouvait se résoudre à changer de système et temporisait, aidé par l'esprit conciliant de M. de Caulaincourt, ambassadeur de France, qui, séduit par le noble caractère de l'autocrate et la confiance qu'il lui témoignait, arrêtait encore les foudres de son maître.

Le prince Poniatowski, envoyé par le roi de Saxe et par le gouvernement pour exprimer à l'empereur Napoléon la part que la nation prenait à la joie que lui donnait la naissance de cet héritier si ardemment désiré (1), ne rapporta de Paris *rien de positif* au sujet de la guerre. La cour était en fêtes, et si quelques esprits chagrins prophétisaient une entreprise aussi gigantesque que périlleuse, on ne les écoutait guère, car l'Empereur *se taisait encore*. Le prince fut reçu avec une rare distinction, on lui fit l'accueil le plus flatteur. Sa belle et noble figure lui attira des succès de tout genre; la ravissante Pauline ne se montra pas indifférente à notre héros, et il put ajouter sur ses tablettes galantes une victoire de plus.

Tout à coup M. de Serra reçut l'ordre de se rendre à Dresde, et fut remplacé à Varsovie par M. Bignon. Nous avons toujours ignoré la cause de ce changement, et M. de Serra lui-même prétendait ne pas la connaître; toujours est-il que la mort l'attendait à Dresde. M. Bignon le remplaça au grand contentement du conseil, vu qu'il entendait mieux les affaires, et ne se montrait pas aussi désireux de satisfaire le *maître*.

Quant à la société, elle ne fut pas aussi satisfaite;

---

(1) « Si la joie eut quelque part des hypocrites, ce ne fut pas en Pologne. Le canon de Varsovie était un écho sincère de celui des Invalides. » BIGNON, p. 51.

— nous ne sûmes pas apprécier le nouvel envoyé comme il le méritait. Mais aussi M. Bignon se masquait à plaisir, et il eût été bien difficile de deviner, sous cette enveloppe bourgeoise et vulgaire, la supériorité et les talents dont il donna plus tard des preuves étonnantes.

Condamné par sa position à tenir maison, il faisait les honneurs de chez lui d'une manière fort maladroite; — je m'en veux d'avoir plus d'une fois trouvé à en rire.

Il nous ressassait une seule et même phrase qu'il modulait sur tous les tons, imaginant peut-être qu'elle était plus que toute autre à notre portée. C'était toujours :

— Est-il bien possible que vous soyez dans ce petit coin !... qui aurait pu imaginer que vous prendriez une aussi mauvaise place que ce petit coin !... Puisque je vous trouve dans ce petit coin, me sera-t-il permis de venir par moments partager votre solitude?... Ah! vous voilà dans votre petit coin!... Quelle injustice de vous cacher ainsi !... Vous vous êtes placée là afin de faire vos petites observations, et de ce petit coin vous moquer de nous!...

Et fût-on au beau milieu du cercle le plus brillant ou sur le canapé solitaire d'une douairière allemande, tout devenait pour M. Bignon le petit coin!... Si parfois les occupations de maître de maison ne lui laissaient pas le temps de se livrer à de longues périphrases, c'était *en passant* un mot de coquette ou de respectueuse bienveillance, selon les personnes.

Qui donc eût imaginé que, peu d'années plus tard, ce personnage si embarrassé deviendrait l'orateur le plus entraînant, un des publicistes les plus distingués, l'écrivain auquel Napoléon devait un jour confier le soin de transmettre à la postérité sa miraculeuse histoire (1)? Qui aurait deviné alors que M. Bignon était un *homme supérieur*, dont les discours à la Chambre feraient la juste admiration de ses compatriotes? Qui eût dit qu'il défendrait avec tant d'éloquence la cause sacrée que nous plaidions au tribunal européen, et que son noble exemple susciterait des imitateurs sans nombre (2)?

(1) « Je lègue au baron Bignon 100,000 francs : je l'engage à écrire l'*Histoire de la diplomatie française de 1792 à 1815.* » Testament de Napoléon. — Bignon écrivit en effet l'*Histoire de France sous Napoléon* depuis le 18 brumaire jusqu'en 1812 (10 vol., 1829-1830).

(2) Bignon défendit plusieurs fois la cause polonaise, à la

Si parfois la légèreté de nos jugements nous rend injustes, jamais elle ne nous rend ingrats, et M. Bignon a laissé dans le cœur des Polonais une reconnaissance indestructible. J'avoue que pour ma part cette transformation m'a semblé merveilleuse. J'appris, à cette occasion, qu'il faut se garder de juger l'homme d'État *au salon*, principalement quand il n'y est pas né. Là se trouvait le secret de la vulgarité de M. Bignon. Au conseil on le préférait au *noble* M. de Serra, tout en étant loin de reconnaître sa grande valeur.

Chambre des députés, et, pendant la session de 1833, il fit insérer dans l'*Adresse* de la Chambre un paragraphe relatif au respect dû « à la *nationalité* d'un peuple aussi malheureux qu'héroïque ». Sur Bignon, voir MIGNET, *Portraits et notices,* vol. II.

II

PRÉLIMINAIRES DE LA CAMPAGNE DE RUSSIE.

(1812)

Déclaration de la guerre. — L'armée polonaise. — Entrevue de Napoléon et de François à Dresde. — Marie-Louise et Béatrice d'Este. — Diète confédérée. — Arrivée de l'archevêque de Malines. — Son portrait. — M. d'André. — Le duc de Broglie. — M. de Brévannes. — Installation de l'ambassadeur. — Son avarice. — Le prince Czartoryski, maréchal de la Diète. — Matuszewicz. — Le prince Adam. — Discours du prince Czartoryski. — Les cocardes. — Réponse de l'Empereur.

Au printemps de 1812 la guerre fut enfin déclarée, et nous vîmes l'Europe s'ébranler sous les aigles victorieuses de Napoléon.

En comptant les nations qui marchaient à la suite des étendards français, les plus sceptiques ne pouvaient douter du succès de cette audacieuse entreprise. Qui pourrait résister à de telles forces, commandées par un tel homme?... Et les Polonais espéraient voir renaître leur patrie, grande et puissante, telle enfin qu'elle aurait dû être pour combattre les ennemis de son libérateur, et servir de boulevard à la civilisation. Un mot de celui qui réglait les destinées du monde eût triplé nos forces, assuré sa victoire ou du moins protégé sa retraite. Que ne l'a-t-il proférée cette parole magique qui, en assurant notre existence, lui eût épargné des désastres sans exemple !

Dès que la nouvelle de la guerre fut connue dans le pays, la jeunesse courut de toute part aux armes, avant même d'être appelée. Ni les menaces de la Russie, ni les calculs et les craintes des parents ne purent arrêter cet élan patriotique; ce fut le même enthousiasme et le même dévouement qu'en 1806, mais il y avait un degré de confiance de plus.

Une génération nouvelle remplaçait celle qui, en partie, avait disparu dans les rangs de l'armée française; les enfants écoutaient avec une curiosité fiévreuse les récits de leurs aînés, et brûlaient d'ardeur. L'espoir de revenir victorieux les poussait aux héroïques actions. Des soldats, à peine sortis de l'adolescence, se firent admirer par de vieux grenadiers. Ceux qui ne portaient pas d'uniforme n'osaient se montrer dans les rues, car ils risquaient d'être insultés par les gamins.

Je ne suis pas encore bien vieille, et j'ai déjà vu se produire à trois reprises ces miracles d'héroïsme... (1)! Dans l'espace de quarante années nous avons trois fois tenté ces efforts généreux, d'autant plus dignes d'admiration, que chez les gens mûrs il n'y avait que peu d'illusions et peu d'espérance.

7.

Napoléon quitta Paris le 10 décembre en compagnie de Marie-Louise, qui voulut le reconduire jusqu'à Dresde. L'empereur François les y retrouva également accompagné de sa jeune épouse, Béatrice d'Este (2), dernier rejeton de cette illustre famille à laquelle se rattachent tant de traditions historiques et de souvenirs romanesques! Cette princesse, sacrifiée ainsi que le sont habituellement celles dont la politique règle les destinées, ne fut ni connue, ni appréciée, dans cette cour où elle s'éteignit bientôt *faute d'air*.

A l'occasion de cette rencontre s'établit une rivalité entre les deux impératrices. Marie-Louise n'était pas en état de comprendre d'autre grandeur que celle de sa position brillante; elle vou-

---

(1) En 1794, 1812 et 1831.
(2) Troisième femme de François; Marie-Louise-Béatrice d'Este mourut en 1816.

lut écraser sa belle-mère de ses magnificences et la combler des plus riches présents. Mais l'orgueil autrichien s'y opposa; — les deux princesses se quittèrent froidement.

Marie-Louise répandit des torrents de larmes en se séparant de son époux. On eût dit qu'elle pressentait que cet adieu devait être le *dernier* et que désormais l'histoire ne proférerait son nom qu'avec la défaveur que lui attira sa misérable conduite. Jamais on ne sut *au juste* ce qui s'était passé entre les deux monarques, mais à la manière dont Napoléon quitta son beau-père, il fut permis d'espérer qu'une alliance offensive et défensive venait d'être conclue entre eux.

Habile à exploiter les passions qu'il voulait mettre en jeu, l'Empereur ne négligea rien de ce qui pouvait flatter les Polonais, et porter leur enthousiasme jusqu'aux dernières limites du *possible;* toutefois il leur laissa *tout espérer* sans jamais se compromettre par des promesses intempestives. M. Bignon reçut l'ordre de s'informer minutieusement des *traditions nationales* et de s'assurer de quelle manière on avait jadis procédé aux *levées en masse*, à l'approche de l'ennemi.

On convoqua à cet effet une *diète confédérée*,

et l'on nous envoya un ambassadeur de France, dont le devoir fut de surveiller ce qui se passerait dans ces importantes circonstances.

Toutes ces démonstrations avaient pour but d'effrayer la Russie, en faisant entendre l'écho de nos espérances jusque dans les provinces les plus éloignées qu'elles nous avait enlevées.

Nous vîmes arriver M. de Pradt, avec toute la pompe qui convenait au représentant d'une grande nation et d'un puissant monarque.

Mais combien il nous parut petit et vulgaire, au milieu de ce faste dont il jouissait d'une façon à la fois hautaine et sordide! Parlant sans cesse de son ménage, de sa cuisinière qu'il allait faire venir, « vu qu'elle était aussi économe que consommée ! »... grondant tout haut ses gens, allant voir panser ses deux gros andalous, bavardant sans cesse, racontant sans se lasser des anecdotes que personne n'ignorait, affectant de rire des sentiments nobles et enthousiastes qu'il ne comprenait pas, manquant de dignité dans les manières et de tact dans les propos, tel était M. de Pradt !

En tout autre pays, et surtout en d'autres circonstances, il eût complètement échoué; mais les Polonais ne voyaient dans Mgr l'archevêque de

Malines que celui qui l'envoyait, celui dont la main puissante pourrait seule aider la Pologne à se relever. Cependant on n'en fut pas moins fort surpris de ce choix que rien ne justifiait, pas même le savoir-faire; M. de Pradt était si peu apte à diriger quoi que ce fût, qu'il se reposait entièrement sur un certain M. André ou d'André, dont je n'ai jamais su au juste le nom; on ne le rencontrait qu'aux grands dîners de l'ambassadeur, où, placé modestement au bout de la table, il dissimulait son mérite et son influence. Toutefois sa figure expressive et mobile se prêtait mal à déguiser l'impression peu agréable que lui causaient les lazzis de l'amphitryon, qui parfois se livrait à une gaieté ne convenant ni à son âge ni à son état. Autant l'ambassadeur nous sembla peu fait pour la mission qui lui était confiée, autant l'ambassade était bien composée. Parmi les plus remarquables de ces messieurs, je citerai le duc de Broglie (1), encore très jeune, mais qui, à la manie près de lorgner son pied, annonçait déjà des talents remarquables et possédait une instruction

(1) Victor, duc de Broglie, né en 1785, mort en 1870. Il épousa en 1816 la fille de madame de Staël. Voir sur ce duc de Broglie : SAINTE-BEUVE, *Causeries du lundi*, II.

solide jointe à un caractère honorable; M. de Brévannes, homme d'infiniment d'esprit et de bon sens, facultés rarement réunies. Il souffrait d'un anévrisme déjà fort développé; sa santé le rendait souvent triste et rêveur, mais dès l'instant où son mal faisait trêve, ses saillies égayaient le salon. Je n'ai guère rencontré d'homme aussi *tranquillement* aimable et spirituel. Il y avait aussi M. de Pannat, un peu trop occupé de sa très petite personne et de son mérite, mais ne manquant nullement de moyens et d'habileté. C'était, je crois, le travailleur de la bande; enfin ce bon et respectable M. de Rumigny, dont le souvenir est resté cher à tous ceux qui l'ont connu et qui plus tard, devenu ambassadeur en Suisse, s'est montré protecteur de tous les Polonais malheureux.

Les aménagements du palais Bruhl, qu'on avait offert à l'ambassadeur, n'étaient pas entièrement terminés, car on y apportait autant de soin que de luxe; M. de Pradt, qui ne voulait pas rester dans l'hôtel où il était descendu, ne sut où se loger. Louer momentanément un local convenable n'arrangeait pas Monseigneur; il était économe et très décidé à mettre de côté tout ce qu'il pourrait épargner sur les deux cent mille francs fixés par l'Empereur comme frais de représentation. Le voyant absorbé par d'aussi misérables préoccupations au moment où les événements se compliquaient de plus en plus et réclamaient toute l'attention de l'ambassadeur, mon beau-père se décida à lui offrir l'appartement que le prince Murat avait occupé. M. de Pradt accepta sans trop se faire prier. C'est ainsi que nous fûmes initiés aux mille petitesses dont sa vie se composait, et c'est ainsi que nous apprîmes à le juger.

L'armée polonaise, déjà au grand complet, grâce à l'ardeur avec laquelle elle avait été organisée, reçut l'ordre de se mettre en marche. Elle partit, réunissant dans ses rangs la plus brillante jeunesse; pas un des noms historiques ne manqua à l'appel.

Nous étions tous convaincus du succès de l'entreprise. Mais trop de malheurs individuels étaient à redouter pour qu'il fût possible de ne pas concevoir de cruelles inquiétudes; nous savions que tous courraient au-devant du danger, guidés par un chef qui donnerait l'exemple de la témérité.

Toutes les mesures étant prises, l'Empereur fit entendre qu'il désirait voir le vieux prince Czartoryski (1), père du prince Adam, promu à la dignité de maréchal de la Diète.

Matuszewicz, ministre de l'intérieur, homme d'infiniment d'esprit, qui devait tout au vieux prince, se rendit à Pulawy, afin d'engager son protecteur à ne point refuser d'associer son nom vénérable à cet événement si important. On parla de l'effet que produirait dans tout le pays de voir, en tête de toutes les signatures apposées à l'acte fédéral, la signature d'un vieillard généralement respecté, dont l'immense fortune, l'âge et la position sociale faisaient une sorte de patriarche, et auquel se rattachaient nos plus anciennes traditions.

Ceux qui connaissaient le fond de la pensée de l'Empereur prétendirent que, si Napoléon attachait une si grande importance à cette nomination, c'était qu'il avait l'intention d'opposer le nom du père à celui du fils. Lié au Czar par une affection sincère, séduit par des promesses qui alors n'étaient peut-être pas illusoires, le prince Adam attendait d'Alexandre cette même Pologne que nous imaginions ne pouvoir obtenir que par

(1) Voir plus haut, 1re partie, ch. v.

les armes victorieuses de l'empereur des Français. Poursuivant avec ardeur cette chimère, unique passion de sa noble vie, Adam Czartoryski servait fidèlement l'autocrate et ne voulait voir dans les démonstrations de Napoléon qu'un moyen propre à favoriser d'ambitieux projets.

Jamais je n'oublierai qu'un jour, après avoir discuté longuement ces deux opinions, dont l'une était devenue chez lui une *conviction,* tandis que l'autre restait en moi une espérance fondée sur l'intérêt général, il s'écria avec le plus généreux enthousiasme :

— Si l'avenir venait à prouver que ma défiance est coupable, je me soumettrais sans murmurer à être banni de cette patrie que nous devrions à la magnanimité du vainqueur; je lui élèverais des autels jusque dans les déserts où il m'aurait exilé pour me punir d'avoir ajouté foi aux promesses d'Alexandre.

Le vieux prince ne partageant pas les opinions de son fils, ou, pour mieux dire, n'en ayant pas de bien arrêtées par suite de son grand âge et de l'affaiblissement de ses facultés, finit par se rendre aux instances de Matuszewicz, et vint occuper à Varsovie la place éminente qui lui était offerte.

On commit l'inexcusable imprudence de ne point l'empêcher de se montrer en uniforme de feld-maréchal autrichien, uniforme qu'il portait habituellement. La vue de ces couleurs étrangères au milieu d'une réunion de patriotes choqua avec raison les représentants du pays. Le prestige du nom et des cheveux blancs disparut en grande partie sous ce vêtement, qui ne rappelait que trop les justes griefs qu'on avait contre la maison d'Autriche, depuis le premier partage, et depuis la spoliation faite avec tant d'acharnement par Marie-Thérèse.

Malheureusement ce ne fut pas la seule faute dont le respectable vieillard se rendit coupable. Le jour (1) de l'ouverture de la Diète, il mêla à son discours une teinte de chevalerie surannée que réprouvaient et le lieu et les circonstances.

Après avoir commencé par un appel éloquent aux sentiments les plus nobles, aux dévouements les plus héroïques, aux sacrifices les plus complets, il s'adressa aux dames qui remplissaient les tribunes; il parla du patriotisme dont devaient faire preuve les épouses, les mères et les sœurs.

---

(1) Le 26 juin 1812. Voir *Mémoires du prince Adam Csartoryski,* II, p. 285.

La vieille princesse ainsi que ses filles se trouvaient dans la salle. Elles répondaient par des acclamations et des serments qui prêtaient fort au ridicule. Des cocardes aux couleurs nationales, préparées d'avance, furent jetées et distribuées à tous les assistants. Plusieurs de ces cocardes furent envoyées au quartier général par le courrier que l'ambassadeur expédia sur-le-champ pour annoncer à l'Empereur l'effet produit par l'ouverture de la Diète.

Cette galanterie qui tenait aux souvenirs du passé et ce patriotisme féminin, dans une salle de Diète où devaient être discutés les intérêts les plus graves, ne purent que paraître déplacés, et les gens raisonnables s'en affligèrent. Le prince, avec son nom et ses quatre-vingts ans, eût produit une sensation autrement en harmonie avec les circonstances si, appelant les Polonais *aux armes,* il se fût contenté de leur montrer la nouvelle carrière ouverte devant eux; il ne fallait là ni exaltation théâtrale, ni démonstrations bruyantes. Rien n'est propre à émouvoir comme des sentiments élevés et profonds exprimés simplement.

L'ambassadeur répondit au discours du maréchal avec une diplomatie tellement ambiguë que, pour être comprise, sa réponse eut besoin d'être *expliquée*, et, comme il arrive en pareil cas, chacun l'interpréta à sa manière; l'on ne fut d'accord que sur un point, c'est que l'Empereur ne voulait encore s'engager à rien.

III

DE PRADT.

(1812)

Smolensk. — Mort du comte Grabowski. — Les réunions de l'ambassade de France. — Le roi de Westphalie à Varsovie. — Madame Walewska chez de Pradt. — Un dîner à la campagne. — Les cousins. — Impromptu de M. de Brévannes. — Les Français. — Le cadeau de l'ambassadeur.

Napoléon arriva jusqu'à Wilna sans rencontrer la moindre résistance; — il aurait dû deviner que l'ennemi voulait l'attirer au cœur même de la Russie. — Il s'arrêta quelques jours dans cette capitale de la Lithuanie, il y organisa un gouvernement provisoire semblable à celui du grand-duché. M. Bignon fut chargé de diriger cette nouvelle ambassade. De Wilna, Napoléon marcha sur Smolensk ayant échelonné ses gigantesques armées.

Après chaque passage de rivière l'ambassadeur recevait le courrier qui devait porter à Paris le bulletin destiné au *Moniteur*, et nous communiquait les nouvelles. Le public les accueillait avec transport, la ville s'illuminait spontanément, et l'on courait en foule s'informer des détails qui intéressaient vivement chacun de ceux qui avaient à l'armée parents ou amis.

Le premier bulletin important fut celui qui annonçait la prise de Smolensk, dont l'Empereur en personne avait commandé l'assaut. Les Polonais y firent, comme partout, des miracles de valeur. — A Smolensk, l'armée victorieuse se trouvait sur les confins de l'ancienne Pologne; il semblait que le plus difficile était fait. Le *Te Deum* fut chanté dans toutes les églises; mais l'enivrement de la victoire ayant fait place aux alarmes les plus naturelles, on s'enquit des pertes inévitables qu'on avait à déplorer. La mort héroïque du général Michel Grabowski, tué au moment où, à la tête de sa brigade, il s'élançait le *premier* sur les remparts de la ville, causa les plus sincères regrets et suspendit momentanément les démonstrations joyeuses. C'était un de ces hommes qui, jeunes encore, s'attirent l'affection de tous. Il était le frère de mon amie (1), je le

---

(1) Madame Sobolewska.

voyais souvent. Sa pauvre sœur s'obstina à ne pas croire à son malheur, car le corps du général n'avait pas été retrouvé; elle crut longtemps que son frère avait été fait prisonnier.

Dès que l'ambassadeur se fut installé au palais Bruhl, qui venait d'être richement remeublé pour lui, il annonça que son intention était de recevoir tous les huit jours et de faire danser la jeunesse. Mais ce projet rencontra une grande difficulté : hors les jeunes gens de l'ambassade, il n'y avait pas dans toute la ville un seul individu *en âge* de faire un tour de valse : tous étaient à l'armée! Il fallut donc renoncer à ce divertissement; d'ailleurs, les dames retirées dans les campagnes voisines n'étaient guère d'humeur à se rendre aux pressantes invitations de Son Éminence, car elles attendaient anxieusement les nouvelles du quartier général.

Aussi les premières réunions de l'ambassade furent-elles mornes et tristes; c'était le désert. On apprit que l'Empereur se faisait rendre un compte détaillé de tout ce qui se passait à Varsovie; on se disait qu'il ne manquerait pas d'être choqué des démonstrations d'une tristesse peut-être justifiable dans le fond, mais déplacée, vu les dispositions favorables dont il nous donnait des preuves, — et les dames furent contraintes de se montrer de temps à autre.

L'arrivée du jeune roi de Westphalie (Jérôme Bonaparte) mit un peu d'animation en ville. Il commandait un corps de réserve; il avait l'ordre de joindre l'Empereur, mais, ne pouvant faire marcher ses troupes avec la même célérité que sa cour, il fut obligé de s'arrêter à Varsovie. On prétendit même depuis que, peu difficile sur les créatures qu'il admettait à son intimité, il se trouva si bien dans un pays où la beauté des femmes n'est ni rare ni exclusive, que l'ambassadeur reçut un jour l'ordre de le faire partir. Toujours est-il qu'en arrivant il fit le roi, annonça qu'il tiendrait cercle et recevrait les dames désireuses de lui être présentées. Cela sembla parfaitement déplacé de la part d'un monarque de vingt ans (1), qui se trouvait là en passant et jouait à la couronne, comme les enfants jouent à la madame.

Il y eut donc schisme; les unes y allèrent, le plus grand nombre se révolta contre les insinua-

---

(1) Jérôme était né en 1784; il avait vingt-huit ans en 1812.

tions de l'ambassadeur, lequel prétendait qu'on ne pouvait *rien refuser au frère de Napoléon*. Le prince s'offensa du peu d'empressement que les dames lui témoignèrent, il voulut essayer de donner un bal, mais les mêmes difficultés qui avaient arrêté M. de Pradt se présentèrent.

Il fallut se borner à des dîners passablement ennuyeux; l'étiquette observée avec une rigueur toute particulière en excluait les hommes aimables que leur position sociale n'autorisait pas à *s'asseoir* en présence du roi.

Nous ne pouvions nous faire, nous autres, à ces exigences impériales, — nous avions des habitudes trop républicaines.

C'est à tort qu'on a accusé Jérôme d'être dépourvu de moyens; il avait l'esprit prompt et juste. Avec un degré de légitimité de plus et un degré de puérile vanité en moins, il eût passé pour un prince distingué; mais, enfant gâté de la fortune, il usait et abusait de ses faveurs. Ce fut l'histoire de presque tous les membres de cette famille. Chacun d'eux pris *séparément* possédait des qualités incontestables, mais la grandeur de Napoléon les écrasait. Il n'y avait choses ridicules qu'on ne racontât sur les habitudes de ce jeune roi. On prétendait que tous les matins il prenait un bain de rhum et tous les soirs un bain de lait; — ses gens mettaient, disait-on, la liqueur en bouteilles et la vendaient *au rabais!*

Il poussait si loin l'élégance que jamais il ne mettait deux fois certains vêtements, — si bien qu'un bonnetier de Paris auquel il devait une somme considérable lui fit un procès des plus désagréables. L'Empereur ne voulut jamais entendre parler des dettes de son frère, — et un petit roi de Westphalie n'était guère en mesure de faire les choses aussi largement, sans mettre le trouble dans son budget.

Je crois qu'à l'ambassade on fut *soulagé* de le voir enfin partir; mais une autre visite survint qui mit au grand jour le manque de tact de l'ambassadeur.

Madame Walewska, donnant pour prétexte des affaires de famille qui exigeaient sa présence, arriva à Varsovie dans le courant de l'été. Personne ne fut dupe de ce prétexte. Comme elle ne s'était jamais occupée de ses affaires et que son mince domaine était aux mains d'un fermier, il fut aisé de deviner que l'espoir d'être appelée au quartier général était le véritable mobile du voyage. Mais depuis son mariage, Napoléon évitait toute apparence de légèreté.

Pendant les quelques jours que la belle passa à Varsovie, Monseigneur regarda comme de son *devoir* de la traiter en fac-similé d'impératrice. Elle eut le pas sur toutes les dames. Aux dîners d'apparat elle fut toujours servie la *première,* occupa la place d'honneur et reçut tous les hommages ainsi que toutes les marques de respect!... Ce qui choqua visiblement les douairières et donna de l'humeur à leurs maris, tandis que les jeunes femmes, peu soucieuses de l'étiquette, riaient sans se gêner de l'amoureuse extase avec laquelle Mgr l'archevêque lorgnait le joli bras et la main blanche et potelée de la petite comtesse.

Elle s'était prodigieusement formée pendant son séjour en France; elle y avait pris un *aplomb modeste,* difficile à soutenir dans la position équivoque où elle se trouvait. Ayant à ménager Marie-Louise, fort jalouse, dit-on, madame Walewska sut au milieu de Paris faire douter des rapports secrets qu'elle avait conservés avec l'Empereur. Aussi est-ce la seule de ses liaisons à laquelle Napoléon ait donné de la suite. Au moment où il cessa d'être heureux, madame Walewska se crut libre de jeter le masque et suivit l'Empereur à l'île d'Elbe, mais il blâma cette démarche, et l'amie dévouée au malheur se vit éloignée par considération pour l'épouse infidèle.

Les empressements par trop indiscrets de M. de Pradt furent cause que la belle quitta brusquement Varsovie; elle était visiblement embarrassée et préféra aller s'enfermer dans son modeste manoir, où elle attendit l'issue des événements.

Mon mari, ayant suivi le mouvement général, s'était rendu à Wilna (1), où il occupait une place (2) dans le gouvernement provisoire que l'Empereur venait d'organiser. Pendant ce temps je restai à Natoline avec mes enfants, et m'occupai de l'installation de cette délicieuse résidence.

M. de Pradt, voulant juger par lui-même de cette maison de campagne dont il avait entendu parler, m'écrivit pour me *demander* à dîner. Je fus d'autant plus surprise de cette *cordialité* et de ce sans-façon que je n'avais rien fait pour provoquer une pareille *demande;* toutefois j'y répondis comme il convenait. Nous vîmes donc arriver

---

(1) Voir *Réminiscences sur Alexandre Ier et Napoléon Ier*, par la comtesse DE CHOISEUL-GOUFFIER, p. 103 et 105.

(2) Alexandre Potocki était grand écuyer.

M. l'ambassadeur, traîné par ses gros andalous. La journée était très chaude, M. de Pradt se trouva très fatigué. Dès qu'il se fut un peu remis, il reprit son chapelet de vieilles anecdotes, dont la plus fraîche datait de Mme de Pompadour, des voyages à Marly, etc. Il ne se tut qu'au moment où nous passâmes dans la salle à manger. Là encore il nous fallut subir de longues dissertations sur chaque plat; — il s'étonnait qu'en Pologne on pût faire d'aussi bonne cuisine, et il en dit tant que je lui déclarai que mon chef était *Français !* Sa surprise fut extrême, — il ne cessa de m'accabler de questions: — Son nom? — le lieu de sa naissance? — l'école à laquelle il avait étudié! — J'ignorais tous ces détails; aussi eus-je l'idée de faire appeler l'artiste lui-même. Les jeunes gens de l'ambassade, honteux de cette petite scène passablement ridicule, en souffraient visiblement. Je me levai de table, prétextant l'heure avancée et la promenade que nous avions à faire.

A cet appel, toute la société courut à la métairie, où les calèches nous attendaient, tandis que l'ambassadeur reprenait le chemin de la ville.

C'était la saison ainsi que l'heure où les cousins sont le plus méchants! On eût dit qu'une mauvaise fée les avait appelés dans cette délicieuse habitation, afin d'empêcher qu'on ne s'y crût en paradis. Si j'en parle ici, c'est que ce petit fléau donna lieu à un charmant impromptu. Le plus jeune des auditeurs, dont j'ai déjà parlé, M. de Pannat, fort occupé de son mérite ainsi que de sa *toute petite personne,* faisait entendre des plaintes amères et nous étourdissait par les cris aigus que lui arrachait chaque nouvelle piqûre!... tant et si bien que, vers la fin de la promenade, il s'écria qu'il était mort, que le dernier de ses ennemis venait de l'achever, et qu'étant mangé par ces *cannibales,* il ne lui restait plus qu'à être enterré. Charmée d'avoir un monument de plus à placer dans le parc, je mis l'épitaphe au concours! Voici celle que M. de Brévannes me remit au bout de quelques minutes; il l'avait écrite sur son carnet, tout en se promenant. Elle donnera la mesure de la finesse et de la grâce de son esprit.

> *D'un auditeur ici le tiers repose.*
> *Plaignez sa mort et celle du cousin*
> *Qui pour avoir mangé si peu de chose*
> *Mourut de faim!...*

M. de Pannat fut tout aussi ravi que nous de ce quatrain; il se moqua de lui-même avec une gaieté toute française.

Nation aimable autant que spirituelle, délicieux pays que je ne reverrai peut-être jamais, et dont j'ai tant apprécié les agréments et conservé si vivement le souvenir, reçois ici mon hommage!... Si j'avais à recommencer cette pénible tâche qu'on *appelle la vie,* c'est Française que je voudrais renaître!... Non que je renie ma patrie; le ciel m'en préserve! plus elle est opprimée, plus elle a de droits à être chérie de ses enfants. Mais si on avait le choix, avant de s'être *engagé,* ne serait-il pas permis d'améliorer son sort, afin d'échapper à tant d'espérances déçues, à tant de malheurs irréparables?

J'étais alors à cette époque de la vie où l'avenir se présente toujours meilleur qu'il ne doit être, comme pour consoler du présent. — Aujourd'hui que les chagrins m'ont vieillie plus encore que les années, je regrette le passé et compte peu sur l'avenir; il ne saurait me rendre tout ce que j'ai perdu!

Revenons à M. de Pradt afin de n'avoir plus à parler de lui. Lorsqu'il fut sur le point de quitter notre hôtel pour aller occuper le palais Bruhl, il crut de sa dignité de laisser un souvenir à mon beau-père. Il avait admiré à Willanow la belle galerie de tableaux du comte Potocki, et sachant que mon beau-père, qui a rassemblé ces peintures, était à la fois amateur et connaisseur, il lui demanda la permission de lui offrir un chef-d'œuvre.

— Il ne déparera pas la collection, dit-il.

Mon beau-père se défendit de son mieux, mais ne voulant pas désobliger M. l'ambassadeur, il finit par accepter.

Le tableau qu'il offrait se trouvait dans le palais épiscopal de Malines, — il fallait un temps assez long pour le faire venir.

— Ce sera probablement une Madone de l'École flamande, disait mon beau-père; je n'en fais pas grand cas, presque toutes ces Madones manquent de noblesse.

— Mais si c'était un Albert Durer, ou un Holbein? répliquai-je.

Et nous nous amusions ainsi à deviner jusqu'où irait la magnificence du présent, lequel ne coûterait rien à celui qui l'offrait.

— On le portera au compte de l'ambassade,

comme *propriété nationale*, dit mon beau-père.

La caisse si longtemps attendue arriva enfin! On déroula la plus infâme des croûtes! C'était le portrait d'un brigand célèbre jadis dans la contrée. Mais que faisait ce tableau dans un palais attenant à la cathédrale? — C'est ce que M. de Pradt ne sut jamais nous dire.

J'eus beaucoup de peine à dissimuler ma surprise; mon beau-père, dont la politesse était extrême, joua le ravissement, et M. de Pradt se retira, persuadé qu'il avait mystifié son hôte; — le chef-d'œuvre alla prendre rang dans les combles de Willanow.

IV

LA RETRAITE.

(1812-1813)

Premières nouvelles des désastres. — Arrivée de Napoléon à Varsovie. — Le dîner de l'*Hôtel d'Angleterre*. — Madame Walewska. — Le colonel Wonsowicz, son récit de l'arrivée à Dresde. — Retour des soldats. — Le prince Poniatowski. — Son *butin*. — Mojaïsk. — Les aigles. — Le *coucou*. — Enthousiasme patriotique. — Départ du prince Poniatowski. — Ses adieux à la comtesse Potocka. — Son testament.

Jusqu'à Moscou les bulletins furent magnifiques, — l'ennemi se retirait; on nous assurait qu'il se sauvait, et nous le crûmes par la raison très simple que tels étaient nos plus chers désirs.

Je ne m'arrêterai pas à parler d'événements si connus, et dont parleront encore bien des fois d'habiles écrivains. Je ne noterai que les circonstances relatives à la Pologne, et les impressions que nous éprouvâmes.

Pendant l'hiver de 1812 les assemblées de l'ambassadeur étaient devenues brillantes; — on s'y rendait avec d'autant plus d'empressement que c'était aux soirées de M. de Pradt que l'on apprenait les nouvelles si impatiemment attendues. Quand les courriers n'arrivaient pas, on s'en prenait à la rigueur de la saison qui rendait les routes impraticables. Il était entendu qu'il n'y avait pas à s'inquiéter.

Lorsque je repasse dans ma mémoire les sensations diverses que les événements faisaient naître, je ne puis assez m'étonner de notre stupide et inexplicable tranquillité.

Les désastres qui allaient fondre sur l'armée ne furent prévus que par un petit nombre d'alarmistes. La nouvelle de l'incendie de Moscou fut le premier signal de la déroute. Cependant l'ambassadeur prenait toutes les mesures possibles et impossibles afin d'entretenir les illusions que nous nous plaisions à conserver. Les courriers envoyés de l'armée à l'Impératrice étaient dirigés sur Berlin ; — pas une lettre confiée à la poste n'arrivait à son adresse, toutes étaient interceptées. M. de Pradt semblait avoir pris pour devise : *Amuser et abuser ;* — il donnait des bals et des dîners splendides.

Mais tout à coup les nouvelles manquèrent complètement, et il fut bientôt impossible de cacher ce qui se passait. Fidèle au rôle qu'il s'était imposé, l'ambassadeur voulut nous faire danser encore une fois ! — mais ce dernier bal fut si lugubre qu'on croyait plutôt assister à une cérémonie funèbre qu'à une fête.

Mon beau-père m'ayant communiqué, sous le sceau du secret, les nouvelles qu'on s'obstinait à dissimuler, exigea que je me rendisse à ce bal. Je mis une robe de velours noir afin d'avoir un prétexte pour ne pas danser. M. de Pradt, affectant de se montrer très choqué d'une toilette si peu appropriée à la circonstance, me répéta à plusieurs reprises qu'elle n'était pas de mon âge. Mais, tandis qu'il faisait les honneurs de l'air du monde le plus dégagé, on se disait à l'oreille que l'ambassade venait de recevoir à l'instant même l'ordre de se tenir prête à partir, et qu'on faisait les paquets.

Moins le coup était prévu, plus il fut ressenti. Varsovie tomba dans une sorte de stupeur muette. Une affreuse inquiétude s'était emparée de toutes les familles qui avaient à l'armée des pères, des frères, des maris. On ne s'abordait qu'en tremblant. L'imagination resta cette fois fort au-dessous de l'horrible vérité. Nous fûmes mis au courant de tout à la fois, — les nouvelles ayant été gardées secrètes pendant plus de quinze jours. Le brillant décor qui nous avait fascinés s'écroula subitement. Nous comprîmes que les efforts les plus désespérés ne pouvaient désormais prolonger une lutte dans laquelle nous avions placé toutes nos espérances. Ce drame de plusieurs mois se terminait d'une façon épouvantable : la ruine du pays et nombre de malheurs individuels. En vain cherchait-on à prolonger le doute sur le sort de ceux qui avaient tout sacrifié à la plus sainte des causes ! La désolation était générale : on ne pouvait se consoler de voir ainsi s'évanouir la seule chance favorable au rétablissement de la Pologne. Il n'était plus à présumer que Napoléon reprît sa prépondérance dans le Nord, et pût à l'avenir y faire la loi.

Le 10 décembre, — il gelait à pierre fendre : vingt-quatre degrés, — nous étions tristement réunis autour du foyer de famille et nous déplorions l'inexprimable démenti donné par le grand homme qui s'était obstiné à jouer sa puissance et sa gloire contre l'impérieuse marche de la nature. On vint tout à coup demander mystérieusement mon beau-père de la part de l'ambassadeur. Tout le monde s'attendait à voir partir M. de Pradt d'un instant à l'autre; aussi notre première idée fut-elle qu'il s'agisssait simplement d'une visite d'adieu.

Deux heures pleines d'anxiété s'écoulèrent. Tout ce qui arrivait ne pouvait que nous alarmer, — il n'était plus possible de rien espérer d'heureux.

Au bout de cette longue attente, le comte Stanislas Potocki revint visiblement ému; il nous donna à deviner quel était le personnage avec lequel il s'était entretenu. C'était l'empereur Napoléon lui-même, qui après avoir sacrifié un million d'hommes à son audacieux caprice, vaincu par un élément destructeur, revenait *seul,* mais nullement abattu, encore moins *découragé.* Son prodigieux génie lui laissait entrevoir les ressources immenses de la France, et la possibilité de les mettre en œuvre pour ressaisir le sceptre du monde prêt à lui échapper.

Il parla des désastres sans chercher à les déguiser, ni même à en diminuer l'horreur. Il avoua ses fautes, fit allusion à la confiance excessive qu'il avait eue dans son étoile, qui jusqu'à cette fatale époque semblait dominer les éléments. Il détailla toutes les chances favorables que l'avenir pouvait lui offrir, fit un résumé succinct de la politique européenne; il énuméra avec une rare sagacité les événements favorables et contraires qu'il pourrait rencontrer. Il ne détruisit pas nos espérances, mais encouragea les efforts, promit qu'il reviendrait à la tête d'une armée nouvelle, en un mot, fit passer dans l'âme de ceux qui l'écoutaient le feu qu'il avait mis dans son discours. La fascination que cet homme extraordinaire exerçait sur tous ceux qui l'écoutaient était si puissante que mon beau-père, qui nous avait quittés tout abattu, rentra plein d'espoir. Et cependant il n'était plus dans l'âge des illusions, et son esprit aussi juste que pénétrant visait au positif dans toutes les préoccupations sérieuses de la vie.

Nous qui n'avions pas assisté au discours du puissant magicien et n'étions pas sous le prestige, nous restâmes accablés. Le présent seul nous importait. Il nous apparaissait comme un spectre hideux. Au travers de cette vision sanglante, l'avenir, qui déjà nous avait trahis tant de fois, ne se montrait que sombre et désolé.

M. de Pradt, dans le récit qu'il a publié de son ambassade, en s'efforçant de ridiculiser cet entretien remarquable, s'est montré sous un jour très peu favorable. Il joua jusqu'au bout le rôle de flatteur soudoyé, se montra plein d'admiration pour les projets de son maître, ainsi que pour le mot si souvent répété depuis : *Du sublime au ridicule il n'y a qu'un pas*. Il ne se retira qu'après force protestations.

Nous fûmes très surpris d'apprendre qu'au lieu de descendre à l'ambassade, Napoléon avait préféré se rendre à l'hôtel d'Angleterre, où il dîna. Peut-être imagina-t-il assurer par là son incognito grandement compromis, car il mit pied à terre à l'entrée du pont de Praga, et traversa tout le faubourg de Cracovie à l'heure où ce quartier de la ville est le plus fréquenté, vêtu d'une fourrure de velours vert à brandebourgs d'or, et coiffé d'un grand bonnet en zibeline. C'est chose surprenante qu'il ne fut ni suivi ni reconnu. Absorbés par les événements, les gens ne pouvaient s'imaginer que l'Empereur se trouvât déjà de ce côté de la Vistule, tandis qu'on le croyait encore perdu dans les glaces de la Dzwina.

Il n'était accompagné que de M. de Caulaincourt et du colonel Wonsowicz (1), officier d'ordonnance, dont la bravoure et le dévouement

---

(1) La comtesse Potocka épousa le comte Wonsowicz en secondes noces.

lui étaient connus. Roustam, le mamelouk, avait reçu l'ordre de ne point quitter la voiture et de ne venir à l'hôtel qu'à la brune, au moment où tout serait prêt pour le départ.

En se mettant à table, Napoléon envoya chercher l'ambassadeur et lui donna l'ordre d'aller querir le président du conseil ainsi que les deux ministres (1), avec lesquels il voulait s'entretenir.

Les chevaux furent commandés à la poste, au nom de M. de Caulaincourt, — c'était une façon de garder l'incognito, — et l'on repartit vers neuf heures du soir. Voici une anecdote aussi curieuse que peu connue : en passant par Lowicz (2), Napoléon voulut se détourner de son chemin pour aller voir madame Walewska, qui, ainsi que je l'ai dit, vivait solitaire dans son château.

M. de Caulaincourt, auquel l'Empereur confia son projet, s'opposa très vivement à cette fantaisie d'amoureux ; — il eut le courage d'en représenter toute l'*inconvenance* et d'appuyer sur l'effet qu'une pareille légèreté produirait sur l'Impératrice,

---

(1) Mostowski et Matuszewicz, tous deux personnages d'un mérite éminent et d'un esprit très supérieur. (Note de la comtesse.)

(2) Ville du palatinat de Rawa, royaume de Pologne.

ainsi que sur tous ceux qui ne pardonneraient pas à Napoléon d'avoir songé à ses amours au moment où il venait d'abandonner son armée en déroute. Après avoir boudé quelques instants, l'Empereur, trop juste pour en vouloir à celui qui venait de lui donner cette nouvelle preuve d'attachement et de bon sens, fit à Caulaincourt des protestations d'estime et d'affection qui honorent ces deux hommes. Le colonel Wonsowicz, témoin de cette petite scène qui avait eu lieu en berline, n'étant pas tenu au secret, me la raconta de la façon la plus piquante.

Nous lui dûmes aussi des détails curieux sur l'arrivée de l'Empereur à Dresde. Le seul allié fidèle qui lui restât était le Roi de Saxe; il voulut s'entretenir avec ce prince des mesures qu'il comptait prendre. Arrivé chez M. de Serra au milieu de la nuit et désirant ne pas perdre un instant, il intima au colonel Wonsowicz l'ordre d'aller sur-le-champ au château royal et d'éveiller le Roi, qui de temps immémorial n'avait vu son sommeil troublé. La garde et la sentinelle dormaient aussi, — ce ne fut qu'au travers des plus grandes difficultés que l'envoyé de l'Empereur arriva jusqu'à l'appartement du Roi. Ce dernier, réveillé en sursaut par un officier, eut toutes les peines du monde à comprendre que Napoléon, passant dans sa capitale, lui demandait un moment d'entretien. Mis au fait par Wonsowicz, il se fit habiller à la hâte et se jeta dans une chaise à porteurs pour se rendre chez le ministre, car les écuries de la cour se trouvant au faubourg, il eût fallu trop de temps pour avoir un carrosse à cette heure de la nuit, où jamais rien d'imprévu n'était encore arrivé. Au jour, le bruit se répandit que le Roi avait disparu et qu'on ignorait ce qu'il était devenu. Grande fut l'alarme. Les chambellans, les pages et les coureurs se répandirent dans la ville, semant cette singulière nouvelle, dont l'explication ne fut donnée qu'au moment où l'Empereur était déjà sur la route de Paris.

Peu de jours après le passage de Napoléon, ceux de nos soldats qui étaient en état de supporter le voyage revinrent successivement. Les uns étaient couverts de haillons qui n'avaient pu les préserver du froid, d'autres, plus favorisés, portaient des fourrures de femmes (1).

(1) La comtesse de Choiseul-Gouffier parle, dans ses *Réminiscences*, de cette retraite; — elle nous montre les soldats traversant Wilna « vêtus de la façon la plus grossière (*sic*), affublés de

Nous vîmes ainsi le comte Arthur Potocki, aide de camp du prince Poniatowski, arriver dans un traîneau découvert, atteint d'une fièvre nerveuse.

Le prince Poniatowski revint un des derniers. Son voyage fut long et pénible; il s'était démis le pied en descendant de cheval et fut forcé de rester couché dans sa voiture, éprouvant des douleurs intolérables au plus léger mouvement.

Dès que j'appris l'arrivée du prince je courus baiser ses mains. Ses traits, abattus par la souffrance, exprimaient plus encore les douleurs de l'âme que les douleurs physiques. Il regrettait amèrement cette belle armée décimée sous ses yeux, — il pleurait la mort héroïque de tant de braves sacrifiés à l'inexplicable imprudence du grand homme auquel, pourtant, il restait fidèle malgré tout. Je crus remarquer qu'il n'avait pas perdu tout espoir, et j'en fus d'autant plus surprise, qu'il était du petit nombre de ceux qui, tout en se dévouant, ne s'aveuglaient pas sur le résultat probable d'une lutte aussi gigantesque. Il annonça que son séjour à Varsovie serait de courte durée, qu'une fois les

chapeaux de velours... enveloppés d'ornements d'église, de chapes, de chasubles,... figurant dans cette *mascarade historique* la gloire expirée du grand conquérant (*sic*) ».

débris de l'armée polonaise réunis, il s'occuperait activement d'une nouvelle organisation des troupes. Il ajouta que, pour le carnaval, nous aurions des officiers autrichiens, moins aimables que les Français, mais parfaits danseurs. C'était une allusion au régiment du prince de Schwartzenberg sur lequel Napoléon comptait encore, — dernière illusion qui ne dura que peu de jours; dès que l'armée polonaise se fut portée sur Cracovie, le général autrichien remit Varsovie aux Russes, et dès lors la trahison fut flagrante.

Ayant remarqué un énorme in-folio près du lit du prince, je lui demandai en riant si ce n'étaient pas ses Mémoires.

— Ah! nous avons bien le temps d'écrire! dit-il. Emportez ce volume comme souvenir, — c'est mon *butin à moi*. Je l'ai fait ramasser sur la grande route, — et je l'ai lu pour me distraire. C'est un voyage en Orient, — gardez-le pour vos enfants, le temps y ajoutera du prix. — Vous savez, j'espère, que nous avons traversé Moscou au milieu des trésors abandonnés, *l'arme au bras*, pas un des miens n'a quitté les rangs. Il dit ces quelques mots avec une sorte d'orgueilleuse satisfaction qui brilla dans son regard.

Je ne pus m'empêcher de lui rappeler une autre circonstance ; c'était l'assaut de cette batterie dont la prise décida la mémorable victoire de Mojaïsk. Il m'écouta avec la modestie qui le caractérisait, — il faisait si peu de cas des dons que la nature lui avait prodigués, que sa rare valeur lui semblait être le propre de tout homme bien portant ; il ne croyait pas aux poltrons.

Peu de jours après son retour, tandis que nous écoutions avec le plus vif intérêt le récit qu'il nous faisait de la campagne, un aide de camp vint le prévenir qu'un grand nombre de soldats demandaient la permission de remettre leurs aigles à leur capitaine.

Ne pouvant marcher, le prince se fit porter dans la cour ; — nous le suivîmes. Je fus alors témoin d'une scène touchante et sublime. Dès que Poniatowski parut sur le perron, tous ces braves se pressèrent autour de lui, déposant leurs aigles à ses pieds. Les soldats n'avaient pas perdu de vue ces insignes un seul instant ; au moment où d'autres ne songeaient qu'à sauver leur vie, ils avaient, eux, songé à l'honneur du régiment. Un seul de ces aigles manquait. Le prince en fit l'observation avec un sourire attendri.

— Ah! s'écrièrent-ils tous à la fois, il est là, le *coucou,* mais comme il a eu la tête emportée par un boulet, notre camarade est tout honteux de le présenter dans ce piteux état!... Allons, allons, approche-toi, ce n'est pas ta faute!

Tous riaient aux éclats, et l'on vit s'avancer un jeune homme de vingt ans, le bras en écharpe; il tira de la poche d'une redingote en lambeaux ledit *coucou;* le posant d'un air confus à côté des autres, il s'excusa de rapporter cet aigle ainsi mutilé.

— C'est qu'il est encore jeune, le camarade, disaient les plus vieux; il allait toujours en avant!

Et c'étaient des cris de : Vive la Pologne!... Vive notre chef adoré!... Vive la patrie!...

Ne pouvant plus longtemps contenir son émotion, le prince s'essuyait les yeux à la dérobée. Les soldats s'imaginèrent apparemment que le prince était affligé, et, pour le consoler, ils lui annoncèrent qu'il verrait bientôt revenir ses canons.

— Ne vous inquiétez pas, disaient-ils; ceux qui les ramèneront n'ont pu faire diligence comme nous. Car, voyez-vous, c'est beaucoup plus lourd! Mais ils viendront dans quelques jours, soyez tranquille. Nos chevaux morts ou mangés, nous nous sommes attelés nous-mêmes à nos canons... Rétablissez-vous seulement, et vous verrez que tout ira bien!... Nous nous battrons, nous nous vengerons!... Nous vous suivrons, fût-ce en enfer.

Et des vivats! des bonnets en l'air, et quels bonnets, grand Dieu! — des lambeaux! des guenilles attachées les unes aux autres! Et ces gens n'avaient pas un vêtement chaud, pas de chaussures! Les plus favorisés avaient les pieds entortillés de lisières de drap. — Tous, du moins, étaient gais et dispos, prêts à recommencer le lendemain ou le jour même, s'il l'eût fallu.

Le prince leur fit distribuer tout ce qui se trouvait d'argent dans sa caisse. On leur servit, dans la cour, un repas improvisé. Nous leur versâmes du vin de Champagne; ils portèrent avec enthousiasme la santé de leur chef. Tous les gens attachés au service du prince, ainsi que les habitués de la maison, s'empressèrent autour d'eux, tandis que seuls ils semblaient surpris qu'on les fêtât de la sorte; — ils pensaient n'avoir fait que leur devoir.

Le temps s'écoulait pesamment. Une sorte d'engourdissement douloureux avait succédé aux plus vives, aux plus cruelles émotions!... l'avenir apparaissait menaçant.

Ce grand combat, ce combat à outrance — toute l'Europe contre un seul homme! — allait donc commencer et devait décider de notre sort.

Hélas! ce n'était plus au bord de la Dzwina, mais sur les rives du Rhin que ce duel colossal devait avoir lieu. C'en était fait de la fortune du héros; les débris de son trône, en s'écroulant, allaient nous écraser.

Cependant notre armée reçut l'ordre de se porter sur Cracovie. Le prince Poniatowski quitta Varsovie à la fin de janvier. Il était parfaitement rétabli et vint au moment de son départ me faire ses adieux. Je remarquai que sa belle figure était voilée de mélancolie. Ce n'était pas l'idée d'un adieu sans retour qui le préoccupait; — indifférent à sa propre destinée, il songeait à la destinée de Napoléon. Il entrevoyait que l'édifice européen construit à force de victoires allait disparaître.

Quand je l'embrassai pour la dernière fois, il me fut impossible de retenir mes larmes; — il me gronda alors; il me défendit de le regretter s'il venait à périr glorieusement sur un champ de bataille. — Ne serais-je pas, disait-il, bienheureux de ne pas assister aux malheurs qui vont probablement fondre sur notre pauvre patrie?

Voyant qu'en dépit des consolations qu'il s'efforçait de m'offrir, je continuais à m'affliger, il voulut donner à l'entretien une tournure moins grave; il me fit remarquer que je n'appréciais pas, ou ne comprenais pas assez l'avantage qu'il aurait de mourir sans devenir vieux....

Il fit venir mes enfants, les embrassa, me recommanda de leur parler un jour de lui, et partit plus attendri qu'il ne voulait le paraître. C'était, hélas! un dernier adieu! Nous apprîmes depuis que, certain de ne pas revenir, il avait fait son testament, — rien de plus noble et de plus touchant que l'expression de ses dernières volontés; — il désirait que sa collection d'armes fût partagée entre ses anciens compagnons et que les sommes qu'on trouverait dans ses caisses fussent distribuées à ses pauvres ainsi qu'aux soldats décorés, afin, disait-il, *qu'ils puissent encore une fois boire à ma santé.* Il assurait la fortune de deux enfants naturels et celle d'un vieux valet de chambre; il laissait à sa sœur (1) la jouissance de toute sa for-

---

(1) La comtesse Tyszkiewicz; voir 3ᵉ partie, ch. III.

tune et me léguait sa terre de Jablonna. Puisse sa mémoire y être à jamais vénérée, et puissent les souvenirs précieux qui y sont réunis ne pas tomber au pouvoir de mains sacrilèges.

Pour ma part, je crois m'être acquittée du devoir que m'imposait ce legs. Pendant dix années je ne me suis permis de toucher au revenu de ce beau séjour que pour l'embellir. L'inscription placée à la porte de la bibliothèque, ou plutôt du musée, exprime ma pensée :

USTRONIE BOHATERA STARANNIE OZDOBIWSZY
POTOMKOM PRZEKAZUJE (1).

(1) *Przekazuje,* le second *e* est cédillé. — « Cette retraite du héros par mes soins embellie, je la lègue à ses descendants. »

V

MORT DU PRINCE PONIATOWSKI.

(1813)

Le prince Adam Czartoryski et Alexandre. — Propositions de l'empereur de Russie à Poniatowski. — Le prince Antoine Radziwill, mandataire du roi de Prusse. — Attitude du prince Poniatowski. — Entrevue de Napoléon et de Poniatowski à Dresde. — Campagne de Saxe. — Le prince Sulkowski. — Dombrowski. — Le comte Pac. — Les Polonais à l'île d'Elbe. — Krasinski. — Funérailles du prince Poniatowski.

Nous eûmes bientôt la certitude que l'Autriche s'entendait avec la Russie : — pendant que le prince Poniatowski gagnait Cracovie, le feld-maréchal autrichien faisait place à l'avant-garde russe commandée par le général Czaplic, qui, en sa qualité de Polonais, avait pour tâche de semer les proclamations de son souverain, — proclamations pleines d'assurances et de promesses séduisantes.

Dès que les ministres : Matuszewiz, Mostowski (1) et Sobolewski, à la tête desquels se

---

(1) Ministre de l'intérieur.

trouvait le comte Zamoyski, furent informés des intentions magnanimes de l'empereur Alexandre, il s'établit entre eux et les émissaires du gouvernement russe des rapports mystérieux que surveillait M. Bignon, lequel, revenu de Wilna, avait reçu l'ordre de se rendre à Cracovie à la suite du prince Poniatowski.

Abusé par des espérances illusoires, le prince Adam Czartoryski, ami et confident d'Alexandre, ne doutait pas que l'autocrate n'eût conçu le magnanime projet de rendre à la Pologne sa primitive existence; il se fit un devoir de servir le Czar, mais il ne prévit pas que le vieux parti russe opposerait des obstacles insurmontables à toute tentative de résurrection. C'est ici qu'intervient Novosiltzoff, qui joua un rôle infâme dans les affaires de notre malheureux pays. Il affecta de partager les espérances patriotiques de Czartoryski et les tendances libérales d'Alexandre, et parvint ainsi à s'insinuer auprès d'eux, tout en rassurant toutefois les boyards sur l'effet que pourraient avoir les idées généreuses du jeune souverain; il profita secrètement de l'énorme fortune du prince Czartoryski afin de satisfaire ses goûts fastueux et de pourvoir à ses obscures débauches. Porté par les intrigues sur la scène politique, où son influence maudite devait désormais exercer une si grande influence, il fut nommé membre du gouvernement provisoire.

Les choses en étaient là, quand le prince Poniatowski, établi à Cracovie avec son corps d'armée, attendait toujours les ordres de Napoléon.

Alexandre, jugeant le moment opportun pour nous détacher de la France, fit offrir au prince les conditions les plus avantageuses pour la Pologne. Ce fut à cette occasion que Poniatowski prononça ces nobles paroles qui le révèlent tout entier : « Je n'accepterais pas les espérances les mieux fondées, s'il fallait les acheter au prix du déshonneur. »

L'envoyé russe repartit sans avoir rien obtenu. La Prusse alla plus loin. Le prince Antoine Radziwill, mari de la princesse Louise de Prusse, cousine du Roi, arriva à Cracovie, muni d'instructions secrètes. Radziwill fit entendre au prince que le moment était venu où personne ne s'étonnerait de voir un Poniatowski aspirer au trône électif; il démontra que, le sort de la Pologne se trouvant lié à une aussi juste ambition, l'histoire ne saurait reprocher au vaillant capitaine d'avoir abandonné les étendards français, lorsque, à juste titre, il pouvait déployer les siens.

Ce discours insidieux fut accompagné des éloges les plus flatteurs.

Poniatowski répliqua que, désirant se montrer digne des protestations d'estime qui lui étaient transmises au nom d'un monarque respectable, il croyait de son devoir de répondre avec une entière franchise. Il refusa donc nettement des propositions dont, à vrai dire, il était plus surpris que flatté.

— J'ai juré, ajouta-t-il, de ne point séparer la cause de mon pays de celle de Napoléon, qui seul nous a tendu la main.

Le prince Poniatowski engagea le prince Radziwill à quitter Cracovie dans les vingt-quatre heures; il le prévint qu'il allait informer M. Bignon de ce qui s'était passé.

C'est de ce jour que date la confiance toute particulière que Napoléon témoigna depuis à Poniatowski; l'Empereur alla même jusqu'à concevoir la pensée de mettre le prince sur le trône de Pologne, si les circonstances le permettaient. Hélas! c'était par là qu'il aurait fallu commencer! Malheureusement la défiance et le mépris que l'Empereur avait pour les hommes faussèrent souvent ses jugements sur les individus.

J'ai vu une lettre dans laquelle mon oncle rapportait un entretien familier qu'il avait eu à Dresde avec Napoléon, au moment où l'on traitait de cette paix qui aurait pu être signée alors à des conditions acceptables. Par une fantaisie assez bizarre, l'Empereur exigea du prince qu'il exprimât son opinion sur cette importante question. Poniatowski, avec sa franchise de soldat, dit sans hésiter :

— Puisque Votre Majesté l'ordonne, voici mon avis : il me semblerait prudent de faire la paix pour ensuite mieux faire la guerre.

— Peut-être n'auriez-vous pas tort, s'écria Napoléon; mais moi, je ferai la guerre pour ensuite mieux faire la paix. L'avenir décidera qui de nous deux a raison. A ce moment il lança avec tant de violence le cordon de sonnette avec lequel il avait joué pendant tout l'entretien, qu'on entra subitement.

Le 13 avril 1813, l'armée polonaise reçut l'ordre de se mettre en mouvement. Elle traversa la Bohême et se concentra à Zittau, en Saxe. Bien des années plus tard, me rendant à Carlsbad, je traversai ce joli pays, et j'eus le bonheur d'y voir le nom du prince Poniatowski chéri et vénéré.

L'été de 1813 vit les derniers prodiges de génie de Napoléon. Ce fut encore le soleil d'Austerlitz qui éclaira les batailles de Lutzen et de Bautzen... mais le désastre de Leipsick donna le signal de la chute du colosse.

L'Empereur trouva le prince Poniatowski à Delitz; — il se fit indiquer tous les points par où l'ennemi pouvait tenter l'attaque, et confia le plus important de ces points à la valeur des Polonais.

Pendant toute la journée du 16 octobre ils maintinrent leur position, quoique avec des forces infiniment inférieures à celles de l'ennemi. Ce fut à Delitz que Poniatowski reçut le bâton de maréchal. Le 19 au soir, il fut mandé chez l'Empereur pour prendre ses ordres.

— Prince, lui dit-il, vous allez défendre le faubourg du Midi et couvrir la retraite.

— Sire, il ne me reste que bien peu de monde, répliqua Poniatowski, ne dissimulant qu'avec peine la douleur qu'il venait d'éprouver en voyant tomber, la veille, les trois quarts de ses soldats.

— Peu importe! sept mille Polonais sous vos ordres valent un corps d'armée.

— Sire! nous sommes tous prêts à nous faire tuer.

Là encore les Polonais firent des prodiges, mais le petit nombre de ceux qui échappèrent à l'ennemi furent bloqués par suite de l'explosion du pont de Leipsick. Leur héroïque chef, se voyant sur le point d'être fait prisonnier, se précipita dans l'Elster; il ne savait pas nager et avait, de plus, le bras en écharpe, — il disparut dans les flots de cette misérable rivière, prodigieusement gonflée par les pluies d'automne.

— Dieu m'a confié l'honneur des Polonais, c'est à Dieu que je le remets! Telles furent ses dernières paroles. Elles résumaient dans leur sublime simplicité l'histoire de toute sa vie.

Pendant quelques jours nous ignorâmes cette cruelle catastrophe qui venait de mettre le comble à nos infortunes. Les Russes, maîtres de Varsovie, cachèrent les détails du combat, mais bientôt nous apprîmes cette affreuse nouvelle, dont l'impression ne peut être comparée qu'à celle que doit produire un tremblement de terre. Le pays se trouvait au pouvoir de nos plus barbares ennemis, notre armée était détruite, toutes nos ressources étaient épuisées. Le modeste duché de

Varsovie, qui naguère nous semblait au-dessous de nos espérances et de nos efforts, allait devenir un sujet d'éternels regrets.

Napoléon se trouva fort en peine de remplacer le prince Poniatowski; — il ne voulait pas licencier ce qui restait des troupes polonaises, il comptait s'en servir si l'occasion s'en présentait. Son choix tomba sur le prince Sulkowski, qui s'était distingué en Espagne — et dont le nom se rattachait à ses souvenirs d'Égypte, où un Sulkowski avait attiré son attention et conquis sa faveur (1). Ce choix ne fut pas heureux. Sulkowski, quoique plein de bravoure, n'avait ni les talents ni le caractère d'un homme supérieur. Fatigué d'une campagne longue et désastreuse, n'ayant rien à demander à la fortune et peu soucieux de la gloire, il n'avait qu'un désir, c'était de retourner auprès d'une femme qu'il adorait. Il ne s'appliqua donc nullement à relever l'esprit du soldat, et, se sentant au-dessous de sa tâche, il donna sa démission.

Le commandement fut alors confié à Dombrowski (2), celui-là même qui avait jadis orga-

(1) Voir *Bourienne,* t. II, ch. XII.
(2) Jean-Henri Dombrowski, 1755-1818.

nisé les premières légions polonaises en Italie (1).

Dombrowski passa le Rhin à Mayence et s'arrêta à Sedan avec un régiment fort incomplet. Le général de Flahault (2), aide de camp de l'Empereur, reçut l'ordre d'aller le rejoindre afin de l'aider à remplir les cadres. Ce ne fut pas sans peine qu'on parvint à mettre sur pied trois régiments de cavalerie dont le comte Pac (3) prit le commandement, tandis que Dombrowski, malade et déjà fort avancé en âge, resta à Sedan, où il s'occupa de réorganiser le corps d'infanterie.

Le brave comte Pac, blessé grièvement à l'affaire de Craon, fut forcé de se retirer. Sur ces entrefaites, Vincent Krasinski obtint, par un décret signé à Fontainebleau le 4 avril 1814, le poste de général en chef de l'armée polonaise.

Nos compatriotes sollicitèrent vainement la faveur de suivre le héros dans l'exil. Napoléon,

---

(1) En 1796.

(2) Né en 1785, il mourut en 1870 grand chancelier de la Légion d'honneur.

(3) Louis-Michel, comte Pac, 1780-1835. Il se distingua dans presque toutes les guerres de l'Empire, d'abord comme chef d'escadron des chevau-légers de la garde, puis comme colonel du 14ᵉ de cavalerie polonaise, enfin comme général de brigade et général de division attaché à l'état-major de Napoléon.

touché des marques de dévouement que lui donnaient ces soldats au moment où il se voyait trahi, fit choix de trente Polonais qui, sous les ordres du colonel Jerzmanowski, s'embarquèrent pour l'île d'Elbe.

L'impartialité est un triste devoir pour ceux qui écrivent leurs souvenirs, lorsqu'ils ont à révéler, à côté des actions dignes d'éloge, les fautes et les turpitudes.

Généralement, le caractère des Polonais est un composé de deux extrêmes : un patriotisme, une noblesse, un désintéressement sans bornes, ou une forfanterie, une ambition, une vanité sans frein. C'est de ces derniers éléments que se composait le caractère de Krasinski; ambitieux sans grandeur, courtisan par principe et par goût, menteur déterminé, il ne reculait devant rien de ce qui pouvait favoriser ses folles visées.

Voulant passer pour un grand seigneur protecteur des arts, il demanda à Vernet un tableau représentant la bataille de Somo-Sierra, et eut l'audace d'y faire mettre son portrait; personne cependant n'ignorait qu'il n'avait pas assisté à ce combat; il s'était borné à faire étalage de sa vanité. Il est possible que ses contemporains l'eussent absous, mais, après la chute de Napoléon, il s'attacha à l'empereur Alexandre, devint Russe, tout comme précédemment il s'était fait Français. Il apporta dans les affaires de son pays un dévouement qui le fit surnommer par le patriote Niemcewicz : *volontaire de bassesse.*

La dernière faveur que lui réservait la fortune l'eût peut-être réhabilité dans l'esprit de ses concitoyens, s'il avait su en profiter ; toutefois un penchant invincible pour l'intrigue et le désir de s'élever à tout prix l'entraînèrent dans une voie honteuse, en achevant de le rendre méprisable. Chargé par Alexandre de ramener en Pologne les débris de notre armée, il reçut l'ordre de s'arrêter à Leipsick pour l'exhumation des restes du prince Poniatowski. Après avoir accompli ce devoir, Krasinski aurait dû disparaître, vivre de souvenirs, et attendre les événements.

Pour parler de la translation de ces cendres vénérées, j'ai besoin de me recueillir. Dès que le cortège funèbre fut signalé, la route se couvrit d'une nombreuse population qui courait au-devant de celui qu'elle regardait comme le dépositaire de la gloire nationale. Ce n'étaient qu'imprécations et gémissements. Le clergé vint en grande pompe jusqu'à la barrière de la ville (1) pour recevoir le corps, qui était placé sur un char de deuil couvert d'un manteau d'hermine et orné d'insignes et d'armoiries. Les troupes suivaient dans un morne silence, la crosse renversée. Tout à coup, d'un mouvement spontané, les soldats se jetèrent sur les chevaux, les dételèrent, et sans même consulter leurs chefs, s'emparèrent du cercueil. Ils arrivèrent ainsi à l'église de Sainte-Croix; là, ils remirent le précieux fardeau aux mains des officiers généraux qui le déposèrent dans la chapelle souterraine. On devait plus tard transporter les restes de Poniatowski à Cracovie, dans la cathédrale, où sont enterrés nos rois et nos grands hommes.

A partir de ce jour, on vit tous les matins la foule se presser au service divin, assistant avec recueillement à la messe funèbre célébrée auprès du cercueil; — il m'est arrivé plus d'une fois de me trouver auprès d'un vieux soldat qui arrosait de ses larmes les marches du catafalque.

Ma voiture de deuil n'avait pu suivre le cortège

---

(1) Varsovie.

que lentement, au milieu de cette foule dont, mieux que tout autre, je comprenais et partageais les regrets. J'avais emmené mes enfants; il me semblait que j'accomplissais un dernier devoir, en offrant à leur imagination juvénile la vue de ce lugubre spectacle ; je voulais qu'ils n'oubliassent jamais combien il y a de gloire à vivre et à mourir ainsi.

CINQUIÈME PARTIE

LES RUSSES A VARSOVIE

I

KOSCIUSZKO ET ALEXANDRE
(1815)

Correspondance d'Alexandre et de Kosciuszko en 1814. — Le tumulus. — Le conseil des ministres. — Novosiltzoff. — La chibouque de M. de Lanckoy.

Pendant un séjour auprès des parents de mon mari (1), occupée de l'éducation de mes trois enfants, je reprends tristement le récit des événements qui eurent lieu en Pologne après l'abdication de Napoléon.

L'empereur Alexandre déclara qu'il prenait notre pays sous sa protection immédiate. A Paris, il témoigna aux Polonais l'estime la plus flat-

(1) A Willanow.

teuse. A cette nouvelle, le général Kosciuszko crut de son devoir d'adresser à l'empereur de Russie une lettre dont voici la copie :

Lettre de Kosciuszko à l'empereur Alexandre.

« Sire! Si de mon humble retraite j'ose m'adresser à un grand monarque qui se déclare protecteur de l'humanité, c'est parce que sa magnanimité m'est bien connue. Je commence par demander trois grâces à Votre Majesté : la première, c'est d'accorder une amnistie générale aux Polonais, sans aucune restriction, et de reconnaître comme libres les paysans dispersés dans les armées étrangères, dès qu'ils rentreront dans leurs foyers. La seconde, c'est que Votre Majesté se proclame roi de Pologne, accepte une constitution analogue à celle que possède l'Angleterre, et qu'Elle établisse des écoles, entretenues aux frais du gouvernement, pour l'instruction des paysans. La troisième, c'est que la servitude de ceux-ci soit abolie au bout de dix ans et qu'ils jouissent de leurs possessions en toute propriété.

« Si mes prières sont exaucées, j'irai personnellement, quoique malade, me jeter aux pieds de Votre Majesté pour La remercier et rendre hommage à mon souverain. Si mes faibles talents pouvaient être encore de quelque utilité, je partirais à l'instant pour rejoindre mes concitoyens et servir ma patrie et mon souverain avec fidélité.

« KOSCIUSZKO. »

« Berville, 9 avril 1814. »

Alexandre répondit le 3 mai (1). Habile dans l'art de la coquetterie politique, il choisit à dessein un jour cher aux Polonais pour leur faire les plus brillantes promesses et captiver l'affection personnelle de Kosciuszko. Voici quelle fut sa réponse :

Lettre de l'empereur Alexandre à Kosciuszko.

« J'éprouve une grande satisfaction, général, à répondre à votre lettre. Vos vœux les plus chers sont accomplis. Avec l'aide du Tout-Puissant j'espère réaliser la régénération de la brave et respectable nation à laquelle vous appartenez. J'en ai pris l'engagement solennel, et de tout temps son bien-être a occupé mes pensées. Les circonstances politiques seules ont mis des entraves à l'exécution de mes desseins. Ces obstacles n'existent plus.

---

(1) Date de la Constitution de 1791.

Deux années d'une lutte terrible et glorieuse les ont aplanis. Un peu de temps encore, et les Polonais recouvreront leur patrie, leur nom, et j'aurai le bonheur de les convaincre que, oubliant le passé, celui qu'ils croyaient leur ennemi sera celui qui réalisera leurs vœux. Combien j'aurais de satisfaction, général, de vous avoir pour aide ! Votre nom, votre caractère, vos talents seront mes meilleurs appuis.

« Recevez, général, l'assurance de toute mon estime.

« ALEXANDRE. »

De semblables paroles n'admettaient pas de doutes sur les intentions de celui qui les avait tracées et signées de sa main. Kosciuszko, séduit et entraîné, vint à Paris offrir ses services à l'Empereur qui, plein d'égards pour le défenseur de toutes les libertés (Kosciuszko avait fait la guerre d'Amérique), alla jusqu'à donner l'ordre qu'une garde d'honneur fût placée devant l'hôtel qu'habitait le général.

Comprenant l'enthousiasme que ce nom honoré ferait naître en Pologne, Alexandre accueillit avec empressement l'offre généreuse de ce noble patriote, lui fit part de ses projets et l'engagea à le suivre au Congrès de Vienne, où notre sort devait être définitivement arrêté.

Toutefois, s'étant bientôt convaincu que les intentions de l'empereur Alexandre n'étaient ou ne pouvaient être telles que son ardent patriotisme les avait rêvées, il se tint à l'écart et ne voulut pas voir son nom associé aux promesses illusoires que l'autocrate ne cessait de nous faire entendre.

Le cœur rempli d'amertume, Kosciuszko s'en retourna en Suisse pour y finir ses jours. Peu d'années après, il mourut entre les bras d'amis fidèles, laissant un nom qui ne cessera jamais d'être vénéré. Les Polonais obtinrent de l'Empereur la permission de ramener la dépouille mortelle de Kosciuszko sur cette terre qu'il avait chérie et défendue avec tant d'ardeur. Son corps fut déposé dans la cathédrale de Cracovie(1).

Dans l'intention d'éterniser des souvenirs si précieux, et de les renouveler pour ainsi dire sans cesse, en mettant sous les yeux des générations futures un monument qui rappelât les services et le dévouement de ce héros populaire, il fut décidé

(1) A côté du cercueil de Poniatowski.

qu'on élèverait un tumulus (1) en son honneur. Il fallut dix ans pour construire ce monument, et des sommes énormes ; — toutes les classes de la société prirent part à la souscription : l'empereur mit son nom en tête de la liste et donna son obole. Loin d'être dépourvu d'une certaine grandeur d'âme, Alexandre possédait une qualité dont les souverains sont rarement doués : — il comprenait les sentiments élevés et ne semblait pas en prendre ombrage.

Dès que le sort de notre pays fut décidé au Congrès de Vienne, l'empereur Alexandre ajouta à ses titres celui de roi de Pologne ; voulant donner une apparence nationale au gouvernement, il nomma un conseil auquel furent adjoints trois hommes des plus intègres : le prince Czartoryski (2), Wawrzecki et le prince Lubecki ; — la présidence était dévolue au sénateur russe Lanckoy.

Novosiltzoff faisait aussi partie de ce conseil.

La nature avait disgracié cet homme, comme si elle eût voulu que l'expression repoussante de sa

(1) C'est le *Kopiec* élevé aux environs de Cracovie.
(2) Le prince Adam, fils du prince Adam-Casimir ; voir ses *Mémoires*, 2 vol. Plon, 1887.

figure servît d'avertissement à ceux que son adresse et sa duplicité pouvaient induire en erreur. Il louchait d'une façon toute particulière : tandis qu'un de ses yeux flattait, l'autre scrutait au plus profond de l'âme la pensée qu'on cherchait à lui dérober. Il me fut présenté par le prince Czartoryski, et, dans les premiers temps de son séjour à Varsovie, il vint souvent chez moi, apparemment pour savoir ce qu'on y disait et ce qu'on y pensait.

J'avoue qu'il me fascina pendant quelques mois, — je le crus dévoué à nos intérêts. De plus expérimentés que moi y furent pris, et n'en revinrent pas aussi promptement. Fils naturel du comte de Strogonoff, Novosiltzoff fut élevé à l'étranger grâce aux bienfaits de ce grand seigneur. Son séjour en Angleterre lui avait donné l'aspect d'un gentleman. Son influence maudite s'exerça en Pologne pendant vingt années. Délateur vil et cupide, on le vit sans cesse inventer des conspirations afin d'alarmer le gouvernement, et par là compromettre la liberté ainsi que la vie des jeunes étudiants que de malheureuses mères rachetaient au prix de leurs maigres fortunes.

Dès que M. de Lanckoy fut installé, il fit venir

sa femme et ses enfants, tous d'une laideur de Patagons. Cependant, malgré son type tartare, ses pommettes saillantes et ses petits yeux chinois, M. de Lanckoy avait une figure d'honnête homme tout à fait avenante. Il était du petit nombre des Russes qui, à juste titre, passent pour gens d'honneur. Mais l'écorce sentait l'ours, tant elle était grossière.

Je me rappelle qu'obligée d'aller chez Mme de Lanckoy, je fus avertie par une amie que M. le président se permettait, en véritable satrape, de venir au salon, sa pipe à la bouche, lorsqu'il croyait pouvoir compter sur l'indulgence des dames qui s'y trouvaient. Je me fis donc bien raide afin de ne pas être reçue en intime. La pièce où se tenait Mme de Lanckoy, imprégnée d'une forte odeur de tabac, ne laissait nul doute sur ce qu'on m'avait raconté. Mais le valet de chambre s'étant empressé de m'annoncer, *Monsieur* eut le temps de se sauver. J'y trouvai beaucoup de monde, entre autres M. de Novosiltzoff, que j'interpellai avec une sorte d'affectation sur l'*infâme* odeur dont l'atmosphère du salon était empestée, l'engageant à faire soigneusement examiner si, au moyen des tuyaux de cheminée, il ne se trouvait pas une communication avec le *corps de garde,* situé dans la cour du palais Bruhl, que M. le président occupait. J'eus tout lieu de croire que j'avais été comprise, vu que depuis il s'abstint de venir fumer au salon, ce qui me valut plus d'un remerciement de la part des dames qui, n'ayant pas le courage de témoigner leur mécontentement, s'étaient vues condamnées à avaler les bouffées de tabac qu'exhalait la chibouque de M. de Lanckoy.

II

LE CONGRÈS DE VIENNE.

(1815)

Le prince Czartoryski au congrès. — Correspondance du prince avec lord Gray et lord Holland. — Le prince de Metternich. — Le prince de Talleyrand. — Lord Castlereagh. — Le congrès *danse*. — Les souverains et les femmes. — Le tournoi. — Nouvelles du débarquement de Napoléon. — Vive le roi de Pologne ! — La nouvelle constitution.

Le prince Czartoryski, aveuglé par ses illusions et croyant avoir atteint le but auquel tendaient toutes ses pensées et ses actions, avait suivi l'empereur Alexandre au congrès de Vienne. — Là s'établit une lutte incessante entre la fiction et la vérité. — Voyant que les intentions d'Alexandre n'étaient point telles qu'il s'en était flatté, et désirant passionnément rattacher l'Angleterre aux intérêts de son pays, le prince renoua une correspondance intime et suivie avec lord Gray et lord Holland; il s'attacha à leur faire comprendre qu'il était indispensable au repos de l'Europe, d'arrêter les empiétements de la Russie, en reconstituant une Pologne assez puissante pour qu'elle pût servir de boulevard à la civilisation.

Ces lettres, dont j'ai vu des copies, le prince eut l'imprudence de les confier à un secrétaire attaché à sa personne depuis bien des années. Le caractère et le dévouement de cet homme semblaient des garanties plus que suffisantes, mais les lettres finirent par être dérobées de la manière la plus indigne et livrées à M. de Novosiltzoff, qui s'en servit plus tard comme d'un chef d'accusation contre un ministre et un ami, auquel Alexandre accordait toute sa confiance. L'empereur ayant été à même, pendant nombre d'années, d'apprécier les qualités et les talents de Czartoryski, venait de l'associer dès le début du congrès à tous les travaux qui devaient avoir rapport aux futures destinées de la Pologne. Mais Czartoryski, qui n'avait autre ambition que d'être utile à son pays et de le servir avec une ardeur sans pareille, ressemblait à ces héros de l'antiquité qui sacrifiaient à la patrie toutes leurs affections.

Ceux qui l'ont soupçonné de travailler pour lui-même l'ont étrangement méconnu.

Il était évident que les représentants des divers

cabinets de l'Europe, arrivaient à Vienne avec des dispositions autres que celles que l'empereur de Russie y apportait.

Tous convenaient de l'iniquité du partage de la Pologne, ainsi que de l'impossibilité de laisser subsister plus longtemps un état de choses qui devait donner lieu à des troubles incessants : tous voulaient que ce pays fût rétabli dans ses anciennes limites, qu'il fût libre et indépendant.

Le prince de Metternich protesta au nom de son maître, déclarant qu'il ne reculerait pas devant les plus grands sacrifices, mais à la condition de voir la Pologne régie par un gouvernement national.

De son côté M. de Talleyrand insistait, au nom de la France, sur le rétablissement de la Pologne, disant que le partage de ce pays avait été le prélude du bouleversement de toute l'Europe, mais que le roi de France, à peine rétabli dans ses droits, ne pouvait que prendre une part consultative dans cette affaire.

Comme en Angleterre l'opinion publique influence toujours plus ou moins la politique du cabinet, lord Castlereagh ne manqua pas de parler de la Pologne d'une façon claire, insistant sur la nécessité de réparer le plus grand crime politique qui jamais ait souillé les annales du monde civilisé. Le noble lord demandait que les parties co-partageantes adoptassent un système qui les *honorât aux yeux du monde entier.*

La Prusse, dont les intérêts étaient liés à ceux de la Russie, gardait le silence, heureuse d'avoir échappé à l'anéantissement dont Napoléon l'avait menacée (1).

Au milieu de ces graves préoccupations, le Congrès *dansait,* ainsi qu'on l'a dit malignement. Nous n'ignorions rien de ce qui s'y passait; chacun avait des amis ou des correspondants qui s'empressaient de rendre compte des plus menus détails. Les souverains, semblables à des enfants qui échappent pour la première fois à la férule de leurs précepteurs, jouissaient avec ravissement du bonheur de se voir maîtres chez eux. — Le grand colosse qui les avait inquiétés pendant si longtemps n'était plus là pour les menacer et les contenir. Complètement heureux, ils s'amusaient *comme des Rois* qu'ils étaient, croyant n'avoir plus rien à redouter. Chaque monarque fit choix d'une dame. Alexandre adressa ses hommages à

(1) Il y a quelques inexactitudes dans tout ce passage; voir *Introduction.*

la jeune femme qui passait pour la plus vertueuse, la princesse d'Ansperg; on la trouvait si sage et si peu jolie, que ce choix ne laissa pas que de surprendre; on en rit même sous cape, la célèbre Mlle Bourgoing ayant compromis la réputation de l'Empereur lors de son séjour à Paris.

Le roi de Prusse s'amouracha de la belle Julie Zyczy. — Tous les petits potentats suivirent cet exemple, et bientôt le Congrès fut métamorphosé en cour d'amour, à cela près que, chaque matin, les ministres échangeaient des notes diplomatiques, dont les souverains prenaient connaissance fort à la hâte, pressés qu'ils étaient de voler à leurs plaisirs. Aussi les affaires n'avançaient guère.

La cour de Vienne déploya une magnificence à laquelle on était loin de s'attendre; il semblait que, si près de sa ruine, elle devait avoir épuisé son trésor, mais il n'y parut nullement. L'empereur François donna des fêtes splendides, entre autres un *tournoi* où la noblesse de tous le pays rivalisa de magnificence; les armures antiques, ainsi que la richesse des caparaçonnements tout en or et pierres fines, auraient, au besoin, pu servir de rançon à d'illustres prisonniers.

Les plus belles dames se montrèrent couvertes de diamants; elles distribuèrent des prix dignes de la splendeur de la fête, qui eut lieu dans le vaste manège impérial. — Plusieurs milliers de spectateurs y assistèrent, moyennant des billets distribués par la cour et par les dames.

Au milieu de ces joies et de ces magnifiques divertissements, M. de Talleyrand reçut un courrier qui apportait la nouvelle du débarquement de Napoléon. On eût dit la foudre éclatant par un beau jour sans nuages et pulvérisant des mortels d'autant moins préparés à ce choc imprévu, qu'ils avaient déjà oublié leurs revers et leur abaissement.

Le lion avait fait le mort; il revenait rugissant et superbe! Tout se prosternait à son approche. Il n'était plus temps d'échanger des notes et de négocier; c'était un sauve-qui-peut général, on n'avait plus la tête à rien! — Des courriers furent lancés dans toutes les directions afin d'arrêter les armées qui, chacune, s'acheminait vers son pays. — On pourrait affirmer que, ce jour-là, souverains et ministres couchèrent le chapeau sur la tête et l'épée au côté, tant l'alarme fut grande!...

Tel fut le dénouement du fameux Congrès et

l'accouchement du traité de 1815, — venu au monde sous l'impression de terreur qu'inspirait à tous le retour inattendu de Napoléon. — Ce traité fixa le sort de la Pologne.

Alexandre, satisfait d'une conclusion plus prompte et plus facile qu'il n'osait l'espérer, étant données les difficultés qu'il avait rencontrées au début, se proclama roi d'un pays qu'on lui abandonnait sans réserve; il faisait grand bruit d'une prétendue restauration, qu'il feignait de regarder comme son plus beau titre à l'immortalité, tandis qu'au fond ce n'était qu'un partage *de plus,* vu qu'en augmentant sa part de quatre millions de sujets, il lui devenait impossible de disputer aux autres la libre possession des provinces qu'ils s'étaient adjugées lors du démembrement de notre malheureux pays.

Ne pouvant se dissimuler qu'il devait se justifier vis-à-vis de ceux auxquels il avait maintes fois promis bien plus qu'il ne tenait, Alexandre déclara que le *repos de l'Europe* n'avait pas permis pour le moment que tous les Polonais fussent réunis en un seul État.

Le courrier porteur de cette importante nouvelle fut aussitôt expédié, muni de dépêches pour le président, pour le sénat et pour M. de Novosiltzoff.

Il arriva vers le soir. — On discuta aussitôt sur la façon de publier, avec *le plus d'éclat,* le contenu de l'importante missive. M. de Novosiltzoff, qui en toute chose prenait l'initiative, décida que le mieux serait de faire crier dans la salle du théâtre, pendant l'entr'acte : *Vive le roi de Pologne !* C'était là une singulière invention.

De la part de tout autre, cette manière d'annoncer un fait d'une telle importance eût semblé, à juste titre, une sorte d'épigramme, car, assurément, il y avait de la comédie dans toute cette affaire. Mais on ne pouvait supposer que le commissaire impérial se permît une mauvaise plaisanterie.

La chose se passa donc ainsi, et comme il y avait au parterre quantité de gens soudoyés et encore plus de dupes, les cris ainsi que les applaudissements devinrent frénétiques. Mais les loges restèrent froides et muettes ! — Aucune des personnes qui influençaient l'opinion ne se joignit aux manifestations bruyantes qui éclataient de différents points du parterre.

M. de Novosiltzoff eut beau se démener, lancer des encouragements de ses yeux louches, distribuer des sourires et des poignées de main, tout le monde rentra promptement dans le silence.

Quelques-uns des aides de camp de l'Empereur qui se trouvaient à Varsovie circulaient dans la salle; ils s'arrêtaient à la porte des loges, mais intimidés par l'accueil froid qu'ils y rencontraient, et ne sachant trop quelle contenance prendre, ils s'en retournaient à leur place, de l'air du monde le plus déconcerté.

Voilà de quelle manière nous apprîmes un événement si grand en apparence, mais qui ne changeait guère notre position précaire, à cela près qu'on nous promit une constitution fondée sur une représentation nationale.

Un gouvernement représentatif, comme celui qu'il avait vu fonctionner en Angleterre, était pour le moment la marotte d'Alexandre. Il jouait à la constitution comme les enfants jouent à la madame.

Ceux qui l'approchaient et lui étaient dévoués prétendaient que ses intentions et ses projets tendaient à tenir plus qu'il n'avait promis; on disait qu'Alexandre, gêné par le mécontentement que faisait déjà naître en Russie sa partialité pour les Polonais, devait agir avec prudence et lenteur. Je ne saurais réfuter cette opinion; toutefois, il me semble que, si Alexandre eût voulu *sincèrement* régénérer la Pologne, ce n'est point à son frère, le grand-duc Constantin, qu'il eût confié le pouvoir, sachant parfaitement qu'il en abuserait et que son caractère et ses idées étaient en contradiction avec les mesures généreuses et libérales que l'Empereur disait vouloir adopter. Le 13 mai 1815, Alexandre signa les bases de la constitution qui devait régir son nouveau royaume. On y remarqua non sans surprise la flatteuse promesse qu'on nous faisait d'assimiler la charte, dans la mesure du possible, à celle du 3 mai 1791, objet de la vénération de tout patriote. Mais ce ne fut pas avec le même sentiment qu'on vit, à l'article suivant, que cette même constitution devait être regardée comme un *lien sacré qui unissait à jamais* le royaume de Pologne à l'empire de Russie!

Cependant, si cette charte avait été appliquée de bonne foi, la nation eût été satisfaite. Mais le mécontentement fut à son comble lorsque, le jour de la publication, on s'aperçut que différents articles avaient été omis et d'autres altérés (1).

(1) La charte avait passé par les mains de M. de Novosiltzoff. (Note de la comtesse.)

III

SÉJOUR DE L'EMPEREUR ALEXANDRE A VARSOVIE.
(1815)

Arrivée de l'Empereur. — Le cérémonial. — Le bal de la Redoute. — Le grand-duc Constantin. — La discipline russe. — Constitution du nouveau ministère. — Le prince Adam Czartoryski. — Zaïonczek. — Madame Zaïonczek. — La maîtresse du grand-duc. — Vengeance de Constantin.

Alexandre fit son entrée environné du double prestige de pacificateur généreux et de régénérateur bienfaisant; ce prestige était encore rehaussé par la grâce séduisante des manières et par l'aplomb que donne le bonheur. Ce n'était plus le prince jeune et confiant que nous avions vu naguère courir au-devant du désastre (1). C'était un monarque dans toute la force de l'âge; — il avait été éprouvé par le malheur et était maintenant comblé des faveurs de la fortune.

On le reçut avec un empressement calme et

(1) Voir 1re partie, ch. VII.

respectueux qui ne ressemblait point, certes, à l'enthousiasme qu'avait inspiré Napoléon.

De longues discussions eurent lieu sur la manière dont on fêterait l'arrivée d'Alexandre. Les uns proposèrent que les dames, sous la forme de divinités slaves, allassent à sa rencontre lui offrir le pain et le sel, signes de paix et d'alliance chez les peuples du Nord. Ceci, avec raison, sembla par trop théâtral et ne fut point accepté. D'autres voulurent qu'on remît en honneur les cérémonies qui se faisaient jadis à l'élection des rois. M. de Novosiltzoff désapprouva ce projet, disant qu'il ne convenait pas de mêler *les souvenirs aux espérances*. On s'arrêta donc aux formes reçues en tout pays, c'est-à-dire aux illuminations avec *transparents,* ainsi qu'aux spectacles *gratuits.* La ville offrit un bal magnifique dans les salles de la Redoute, qu'on réunit au Grand Théâtre et qui furent décorées avec infiniment de goût et d'élégance.

L'Empereur y vint entouré de tout un état-major de généraux polonais; il portait lui-même l'uniforme de nos militaires, il n'avait pour toute décoration que le cordon de l'Aigle blanc. On eût dit que, s'attachant à faire oublier qu'il régnait sur d'autres peuples, il voulait nous inspirer autant de confiance que d'amour. Ses manières insinuantes, l'expression douce et bienveillante de sa figure touchèrent tout le monde, et, disons-le franchement, la facilité avec laquelle, nous autres Polonais, nous nous laissons impressionner, fit le reste, et je crois que, ce jour-là, Alexandre, entraîné par l'expression des sentiments que sa présence faisait naître, *rêva* une Pologne libre et indépendante, où il eût trouvé un refuge et des sujets fidèles.

Ce fut à ce bal, pour la première fois, que nous vîmes le grand-duc Constantin remplir auprès de son auguste frère les fonctions d'aide de camp; l'épée au côté, l'uniforme serré et boutonné, il ne quittait pas l'Empereur des yeux, guettant ses ordres et paraissant se plaire à l'attitude raide et guindée que donne l'habitude du service. Aussi ne se dispensa-t-il jamais de cette parade; et toutes les fois que l'Empereur vint à Varsovie, le grand-duc ne céda sa place à personne; il appelait *devoir* ce qui était son plus grand plaisir. Il se voyait ainsi condamné à ne pas danser et à se tenir constamment auprès de la porte du salon, afin de ne pas manquer la sortie de son *supérieur*.

Je hasardai, en passant, une plaisanterie à laquelle il répondit avec un sérieux imperturbable :

— Le service prime tout, me dit-il, et l'Empereur lui-même ne saurait m'en dispenser.

Tel était, chez ce prince, l'amour de la discipline, qu'il eût pensé commettre un crime si, cédant aux instances de son frère, il eût pour un instant abandonné son poste. Pour lui, la parade équivalait à un champ de bataille, car, fort peu brave de sa nature, il n'aimait de ce dangereux métier que le simulacre. Son extrême sévérité pour le soldat tenait autant à la férocité de son naturel qu'à l'importance extrême qu'il donnait aux plus menus détails. Si Constantin avait été doué du caractère d'Alexandre, il eût certainement fini par subjuguer les Polonais. Il est même probable que l'ardent patriotisme qui nous a portés aux entreprises les plus téméraires et les moins réfléchies, eût succombé à la longue sous l'influence d'un gouvernement moins arbitraire et plus d'accord avec les institutions qui nous avaient été promises.

Espérons que la Providence, dans ses desseins impénétrables, nous réserve des destinées impossibles à prévoir, et qu'elle proportionnera le bienfait à l'énormité du supplice.

Le premier séjour de l'Empereur apporta de notables changements dans l'administration du royaume. Un gouvernement stable remplaça le gouvernement provisoire. M. de Lanckoy s'en alla, je ne sais trop sous quel degré de latitude, régir une des provinces du vaste empire, et à coup sûr il y fut mieux à sa place qu'il ne l'avait été à Varsovie.

L'armée avait déjà un chef dans la personne du grand-duc; il s'agissait de nommer le lieutenant du royaume, et de former un ministère. L'Empereur appela au gouvernement presque tous ceux qui étaient ministres pendant la courte existence du grand-duché de Varsovie. M. Ignace Sobolewski fut secrétaire d'État, M. Matuszewiez eut les finances, M. Mostowski la guerre, le comte Stanislas Potocki, mon beau-père, l'instruction publique; la justice fut confiée au seul homme (1) qui n'avait pas pris part précédemment aux affaires de Pologne, car se trouvant au service de la Russie, il n'était venu à Varsovie qu'au moment où Alexandre nous avait donné un gouvernement provisoire. Il n'était pas vu d'un très bon œil,

---

(1) Thomas Wawrzecki, qui est nommé plus haut, p. 364.

encore que son caractère honorable et les services qu'il avait rendus à la patrie, lors de la guerre de 1794, eussent suffi à faire oublier la position qu'il s'était vu forcé d'accepter.

Tous les autres ministres se trouvaient être des gens d'un esprit éminent, d'une instruction remarquable, dont le patriotisme éprouvé(1) et les antécédents sans tache donnaient les espérances les mieux fondées à toute la nation, qui ne put qu'applaudir au choix d'Alexandre. Malheureusement, à l'instar de Napoléon, il jugea indispensable de faire surveiller le gouvernement par un représentant qui prit le titre de *commissaire impérial* près du gouvernement de Pologne, et, plus malheureusement encore, ce choix si important tomba sur M. de Novosiltzoff. — Sa mission n'avait, à la vérité, pour prétexte que de *faciliter* les relations entre la Pologne et la Russie; mais à force de ruse et d'adresse, il finit par s'insinuer dans le Conseil suprême, et n'ignora rien de ce qui s'y passait.

(1) Le comte Stanislas Potocki ainsi que M. Mostowski avaient été détenus, après la révolution de Kosciuszko, l'un dans les cachots d'Olmutz et l'autre dans ceux de Pétersbourg, pour avoir pris part à ce mouvement national et à la rédaction de la Constitution du 3 mai. (Note de la comtesse.)

Organe secret du parti russe, auquel l'émancipation de cette Pologne, toute timide qu'elle fût, inspirait une secrète envie, il semble que, dès lors, il eut le projet d'amener une rupture entre le souverain et la nation.

La nomination du lieutenant fut le premier acte par lequel Alexandre blessa l'opinion. Personne n'était plus digne d'occuper ce poste important que le prince Czartoryski. Ami intime de l'Empereur, initié à tous les secrets de la politique du jour, connu par ses vertus civiques, ses vastes lumières et son désintéressement, il était tout désigné pour être le représentant du souverain. Telle avait été probablement l'intention première d'Alexandre; mais, cédant dès le début à une influence funeste, il sacrifia son ami aux préventions ou, pour mieux dire, aux prévisions de son frère. — Certes Czartoryski n'eût jamais servi d'instrument aux folles exigences d'un pouvoir arbitraire; il n'eût pas agi comme le grand-duc, qui ne put jamais se soumettre à un ordre de choses qu'il ne comprenait même pas.

Le prince Czartoryski ne conserva que sa place au Sénat, et perdit toute influence *directe* dans les affaires du pays; — toutefois il resta curateur de l'Université de Vilna. Ce poste important le rendait suprême arbitre de l'instruction publique, et huit millions de Polonais, soumis à la domination russe, lui durent, pendant nombre d'années, l'éducation la plus soignée, ainsi que l'inspiration des plus nobles sentiments.

Constantin prenait ombrage des noms qui ne devaient leur illustration qu'au temps. Il ne put jamais déguiser son aversion pour les grandes familles polonaises; aussi insinua-t-il à l'Empereur que le choix d'un lieutenant devait tomber sur un militaire *obscur* qui, dévoué à la Russie, n'apporterait jamais d'obstacle aux ordres qui lui seraient donnés. Tous deux décidèrent de nommer à ce poste un vieillard décrépit, dépourvu de toute notion administrative, et dont le caractère faible et le dévouement à la nouvelle dynastie assuraient d'avance la docilité. Zaïonczek (1) baissa sa tête blanchie dans les camps et accepta, ainsi qu'on l'a dit très judicieusement, une charge au-dessus de

---

(1) « Depuis quelque temps, le conseil d'administration s'est convaincu que le général Zaïonczek, avec un avis éclairé et honorable sur toutes choses, n'en est pas moins sans opinion, sans volonté et, pour ainsi dire, sans propre conscience dès qu'il s'agit de monseigneur le grand-duc. » *Mémoires du prince Czartoryski*, II, 352.

ses moyens et une récompense au-dessous de ses mérites. Soldat parvenu, créature de l'infâme Branicki (1), on l'avait vu, courtisan de Bonaparte, suivre le général en Égypte sans cependant se faire remarquer parmi tant d'officiers distingués.

Rentré au service de la Pologne, au moment où le grand homme donnait une nouvelle existence à notre armée, il avait perdu une jambe dans la retraite de Moscou, ce qui atténua l'opinion fort peu favorable, ainsi que les bruits injurieux auxquels sa conduite *équivoque,* pendant la guerre de l'indépendance, avait donné lieu.

Sa femme mérite d'occuper une place dans mes souvenirs, et si l'histoire lui refuse une page, ceux qui, comme moi, l'ont connue de près, doivent, en toute justice, parler de la dignité avec laquelle elle sut se maintenir dans la position élevée qui désormais lui fut assignée; elle exerça une grande influence sur son mari; elle combattait sans cesse la servilité qu'il apportait à exécuter les ordres les plus iniques, alors qu'il violait à tout propos la Constitution et déclarait hautement que, devant tout à l'empereur Alexandre, il le

(1) Branicki ou Branecki, homonyme de M. de Cracovie; c'est le Branicki des *Mémoires de Lausun* et de *Casanova.*

servait avec la même ardeur et le même dévouement qu'il aurait jadis apportés à servir Napoléon.

Cette lutte incessante amenait souvent dans le ménage de violents orages. — Madame Zaïonczek, chassée pas une porte, rentrait par l'autre, et disait à son mari des vérités que nul autre n'eût hasardées et qui ne restèrent pas toujours sans effet.

Douée d'un tact et d'une mesure infinis, elle se fit grande avec les grands, et modeste avec nous. Sa subite élévation ne dérangea en rien ses habitudes ni ses relations. Issue d'un famille obscure, elle conserva des rapports avec les siens; elle ne les renia jamais, sans cependant les pousser, ni les mettre en avant. — Noble et désintéressée, elle s'occupait infiniment plus de la renommée de son mari que des avantages dont sa position aurait pu la rendre désireuse. — Futile dans ses goûts autant que ferme dans ses sentiments et ses opinions, elle offrait le singulier mélange de la frivolité la plus féminine, et d'une fermeté de caractère admirable.

Moitié ministre, moitié Ninon, moins la publicité, elle se livrait à son goût pour la parure et la mode, ainsi qu'à son penchant pour la galanterie, en dépit de ses soixante ans, sans cependant jamais laisser échapper une occasion d'être utile à son mari. — L'Impératrice mère, quoique sévère sur les bienséances, la traita avec infiniment de distinction, lors d'un séjour qu'elle fit à Varsovie, et la fit même remercier d'avoir résisté aux insinuations du grand-duc, qui avait désiré qu'elle présentât dans le monde sa maîtresse, une Française dont les antécédents étaient de nature à lui *fermer* l'entrée des salons.

Voici comment les choses s'étaient passées. — Il devait y avoir grand bal chez le lieutenant. M. de Novosiltzoff, toujours *complaisant*, avait pris sur lui d'aller demander un billet d'invitation pour madame Fridrichs. — Fort heureusement madame Zaïonczek entra chez son mari au moment où l'on traitait cette délicate affaire, et, le voyant disposé à ne point refuser, elle déclara que s'il cédait à une demande aussi inconvenante, elle se dirait malade et ne paraîtrait pas au bal, à moins toutefois que le grand-duc ne lui envoyât un ordre écrit et signé de sa main, afin qu'elle pût se justifier auprès des femmes du monde.

Le Mercure galant chargé de cette négociation s'en retourna battu.

Madame Zaïonczek essuya les reproches de son

mari, qui lui prédit les plus grands malheurs. — Mais, tout au contraire, cet acte de fermeté, qui bientôt fut connu tant à Varsovie qu'à Pétersbourg, lui attira la considération générale.

Le grand-duc se soumit, non sans humeur, mais il n'osa rien dire; il sentait parfaitement l'inconvenance de la démarche qu'il avait faite. Personne plus que lui n'avait le sentiment du juste et de l'injuste. Trop faible pour refuser quelque chose à sa maîtresse, et comptant sur la lâche condescendance que le lieutenant manifestait en toute occasion, il ne prévit point que sa femme apporterait un obstacle invincible à ce ridicule projet; beaucoup trop fin pour laisser voir sa rancune immédiatement, il prépara lentement sa petite vengeance.

Quelque temps après ce que je viens de rapporter, la ville offrit un grand bal à Constantin et pria madame Zaïonczek d'en faire les honneurs. — Comme de raison, madame Fridrichs n'y fut point priée.

Debout au milieu de la salle, le prince s'abandonnait à sa mauvaise humeur. — Il était de rigueur que la dame chargée de recevoir s'occupât principalement de celui en l'honneur duquel la fête était donnée. — Mais ce fut en vain que la patronesse chercha à intéresser le grand-duc par différents sujets de conversation; habituellement bavard, ce jour-là il ne répondait que par monosyllabes, lorsque tout à coup prenant sa lorgnette, il se mit à examiner la toilette de bal que portait madame Zaïonczek, toilette si élégante et si fraîche, qu'une jeune fille aurait pu l'envier.

Le sourire de Constantin ne promettait rien de bon. Madame Zaïonczek étant de ces personnes auxquelles rien n'échappe, se prépara à l'attaque, tout en ayant l'air de ne point remarquer l'attention avec laquelle le grand-duc l'examinait. — L'heure de la vengeance venait de sonner, elle ne put y échapper.

— Toujours quinze ans, l'âge des *fleurs et des amours!...* dit le prince, promenant sa lorgnette de haut en bas.

— Monseigneur, ordonnez-vous que je me retire? fit madame Zaïonczek, accompagnant ce peu de mots d'un mouvement qui voulait dire qu'elle était prête à quitter le bal. — Ce calme et cette menace tacite déconcertèrent tellement le prince, qu'il resta interdit, s'excusant le plus gauchement du monde, et, cette fois encore, les rieurs ne furent pas de son côté.

IV

LE MARIAGE DU GRAND-DUC CONSTANTIN.
(1820)

La diète de 1818. — Rôle du grand-duc Constantin. — Statue du prince Joseph Poniatowski. — Madame Broniec. — Jeanne Grudzinska. — Madame Fridrichs. — Le mariage. — Mésintelligence. — Le piano offert à la femme du grand-duc. — Madame Weiss. — La duchesse de Lowicz.

Le 17 mars 1818 fut la date mémorable de l'ouverture de la Diète. L'Europe écouta avec surprise et admiration les paroles d'un autocrate tout empreintes de l'amour de la liberté. Alexandre donnait à une petite partie de ses sujets des institutions libérales.

« Avec l'aide de Dieu, disait-il, je compte étendre ces influences bienfaisantes sur toutes les contrées que la Providence a confiées à mes soins. »

Ce ne fut pas seulement la Pologne, mais aussi la Russie, qui reçut la tacite promesse de jouir plus tard des libertés constitutionnelles qui nous étaient octroyées.

La nation se rassembla de toute confiance, croyant être appelée à exercer ses droits. Cependant les intentions du souverain avaient déjà été dénaturées. Trois des points les plus importants de la constitution avaient été modifiés.

1° Droit de suspendre la liberté individuelle (*habeas corpus*) *selon que l'avantage du pays l'exigerait;* 2° le budget ne serait soumis à la délibération des Chambres *qu'autant que le monarque le jugerait convenable;* 3° la censure serait maintenue.

Quoi qu'il en fût, le discours d'ouverture de l'Empereur ne fut qu'une apologie du gouvernement constitutionnel. Tous les journaux portèrent aux nues le monarque magnanime qui donnait un si bel exemple, exemple qu'on espérait voir imiter en Allemagne, où la nation semblait encore plus mûre pour de telles institutions.

Le maréchal de la Diète fut le général Krasinski, qui était tout aussi dévoué à la Russie que Zaïonczek. Il n'avait sur ce dernier d'autres avantages que sa naissance et un reste de réputation militaire acquise tant bien que mal dans les guerres de Napoléon.

Un des événements les plus extraordinaires de

cette Diète fut le rôle que s'y réserva le grand-duc. Comme prince du sang, la Charte l'appelait au Sénat; mais, soit que dès le début il désirât manifester son peu de soumission aux règlements prescrits, soit que la bizarrerie de son caractère le portât toujours à faire des coups de tête, il accepta le mandat de député du faubourg de Praga. Constantin consulta son auguste frère, qui l'encouragea dans cette voie; l'Empereur, avec sa finesse habituelle, pressentait que la figure menaçante de ce prince servirait à interloquer les orateurs et à comprimer les dangereux élans de leur patriotisme.

Ce fut un spectacle nouveau et curieux que de voir l'héritier présomptif de l'empire, le principal auteur de tous les abus de pouvoir, s'ériger en défenseur du peuple et devenir *en apparence* le gardien des libertés constitutionnelles.

Pendant les quinze années que dura ce jeu de prince, Constantin vint assez rarement à la Chambre. Il ne parla qu'une seule fois, — en français, — à propos d'une question de fourrages. Il ne présenta qu'une seule pétition en faveur des habitants de Praga, et ce fut la seule qui eut un succès complet auprès de l'Empereur. — Du reste, il se borna à l'inspection la plus minutieuse des sentinelles postées dans les couloirs et à une stricte surveillance de police pendant la durée des séances. En un mot, il faisait plus le caporal que le député.

Soit complaisance pour le grand-duc, soit goût de famille, Alexandre ne manquait jamais la parade; — il retournait ensuite à de plus graves occupations. Vers deux heures, il sortait une seconde fois et rendait visite aux dames qu'il distinguait.

Un jour il vint me voir, et je profitai de l'occasion qui m'était fournie pour demander à l'Empereur son assentiment au sujet de l'intention qu'on avait d'ériger, sur une des places de la ville, la statue équestre du prince Poniatowski. En ma qualité d'héritière et de proche parente du héros, j'avais le droit de hasarder cette demande. Alexandre daigna me donner l'autorisation que je sollicitais et parla en termes émus des nobles qualités et de la mort héroïque de celui auquel on voulait rendre un hommage si mérité.

Dès le lendemain, je reçus une lettre officielle de l'Empereur qui confirmait sa promesse. Il autorisait une souscription publique dont l'armée prit l'initiative, en offrant trois jours de solde. Ce document impérial a été déposé dans les archives de Willanow, où il est précieusement conservé.

Après avoir remanié l'armée, le grand-duc entreprit d'appliquer son système d'obéissance passive à toutes les branches de l'administration.

Semblable en tout à l'empereur Paul, son père, Constantin joignait à la barbarie d'un moujik la courtoisie d'un homme du monde; — il se piquait de courtoisie chevaleresque envers les femmes. C'est ainsi que survint un changement inattendu dans la vie intime du grand-duc.

L'attention que le public apporte toujours à observer les actions les plus insignifiantes de ceux qui, par leur position, ne sauraient échapper à sa curieuse surveillance, fit qu'on remarqua bientôt que le grand-duc fréquentait assidûment la maison de madame Broniec. Elle s'était établie à Varsovie, afin de surveiller l'éducation des trois filles qu'elle avait eues de son premier mariage avec M. Grudzinski.

Jeannette, l'aînée des trois sœurs, étant la moins jolie, fut d'abord peu distinguée; bien faite, quoique petite, elle avait des boucles blondes, des yeux d'un bleu pâle, frangés de cils plus blonds encore que ses cheveux; — sa figure avait l'aspect effacé d'un pastel, elle en avait aussi la douceur. Elle était infiniment gracieuse, surtout à la danse; on eût dit une nymphe

> Rasant la terre et ne la touchant pas.

Les faiseurs de bons mots prétendirent qu'elle s'était glissée dans le cœur du grand-duc en y dansant la gavotte.

Madame Fridrichs, entourée de gens qui lui rapportaient tout ce qui se passait dans un monde dont elle s'était vue repoussée à juste titre, devint jalouse et tracassière. Il y eut des scènes, et désormais Constantin dissimula sa nouvelle inclination qui, de jour en jour, devenait plus sérieuse.

La mère, flattée des assiduités du prince, trop bornée pour en sentir l'inconvenance et en prévoir le danger, facilita les entrevues.

Cependant les flatteurs et ceux qui briguaient des places ou des pensions affluèrent autour de Jeanne, qui resta simple, modeste, réservée, n'acceptant que l'amour et dédaignant tout le reste; on ne lui vit jamais ni un bijou, ni une parure de plus qu'à ses sœurs.

Cette situation dura deux ans; tout à coup le

bruit se répandit que le mariage avait eu lieu très secrètement, très simplement, mais accompagné de toutes les cérémonies religieuses et civiles prescrites par le code Napoléon, encore en vigueur.

Jeanne Gradzinska avait exigé que la bénédiction nuptiale fût faite selon le rite catholique romain.

Les seuls témoins furent, outre les parents et les sœurs de la mariée, M. de Novosiltzoff, en sa qualité de commissaire impérial, et le médecin de madame Broniec, le docteur Czekierski.

Dès le lendemain, le grand-duc courut chez son ancienne maîtresse, qu'il venait de marier à un jeune officier nommé Veiss; Constantin amena madame Veiss chez sa femme et lui dit, en la lui présentant, qu'il désirait qu'elles vécussent dans de *bons rapports*. La princesse se raidit, le grand-duc s'irrita; il s'ensuivit une mésintelligence visible qui ne fit que s'accroître; le public prit parti pour l'épouse légitime si cruellement déçue dans ses plus justes espérances. Jusque-là elle n'avait inspiré qu'un médiocre intérêt, mais sa triste position inspira une profonde pitié. On la vit dépérir; sa pâleur mortelle, le désordre de ses jolies boucles blondes, jadis son plus bel ornement, la firent ressembler à Ophélie. Elle cachait soigneusement ses chagrins, mais sa figure trahissait ses douleurs secrètes; elle avait les yeux hagards et paraissait ne voir et n'entendre rien de ce qui se passait autour d'elle. C'est ainsi que nous la vîmes assister aux fêtes données à l'occasion de son mariage, sans y prendre la moindre part. Semblable à une machine, soumise à l'action que lui imposait son maître, elle suivait le grand-duc sans même le regarder; elle s'asseyait, restait silencieuse et immobile jusqu'au moment où un ordre précis de son époux vînt la forcer de livrer une main inerte au danseur qui s'inclinait devant elle; elle quittait lentement son fauteuil, suivait machinalement la cadence d'une polonaise sans proférer une parole, et se laissait ramener à la place qui lui était assignée, sans paraître se douter qu'elle l'eût quittée pour un moment. Le grand-duc affectait de ne rien voir, mais il était sombre et ne pouvait dissimuler son mécontentement. Ainsi ce mariage auquel Constantin avait sacrifié ses droits au trône, et qui avait donné lieu à une longue suite de contestations, semblait n'avoir pour résultat que le malheur des deux époux. Sur ces entrefaites, l'Empereur arriva à Varsovie pour assister à l'ouverture de la seconde Diète. Il s'aperçut aisément du peu d'harmonie qui régnait dans le nouveau ménage, sans toutefois en deviner la cause sur-le-champ.

Le grand-duc et la grande-duchesse restèrent impénétrables; quant à madame Veiss, rompue aux finesses de son ancien métier, elle sut parfaitement cacher les rapports qu'elle avait conservés avec le prince. Une circonstance fortuite révéla tout le mystère.

Alexandre, désireux de faire plaisir à sa belle-sœur, et remarquant qu'elle n'avait pas de piano, lui envoya le plus beau qu'il put se procurer.

A une des visites *matinales* que le grand-duc favorisait, madame Veiss ayant pénétré jusque dans le boudoir de la princesse, aperçut non sans surprise le magnifique instrument. Imaginant que ce cadeau ne pouvait avoir été offert que par le prince, elle se montra jalouse; et désireuse de donner une preuve de plus de sa puissance à l'épouse qu'elle outrageait sans cesse, elle poussa l'arrogance jusqu'au point d'oser lui demander le sacrifice de ce piano.

La princesse se défendit avec hauteur; la scène fut vive, mais après une résistance à laquelle Constantin n'était pas accoutumé, il fallut céder, et, dès le lendemain, le superbe instrument alla orner le salon de madame Veiss.

Le hasard, qui se plaît souvent à révéler les faits les mieux cachés, arrangea tout. Alexandre allait presque journellement dîner au Belvédère, chez son frère. Ennuyé des perpétuels tête-à-trois qui suivaient le dîner, il proposa un jour à sa belle-sœur de passer dans son boudoir, afin d'y respirer l'odeur des fleurs, tout en écoutant un peu de musique.

Lequel des deux époux fut le plus embarrassé ? Quoi qu'il en soit, le grand-duc voulut tourner l'affaire en plaisanterie ; sa femme, au contraire, fondit en larmes et garda le plus profond silence.

Dès ce moment les soupçons d'Alexandre devinrent des certitudes. Il n'avait consenti qu'avec peine au divorce (1) et au second mariage de son frère, mais dans son désir d'éloigner Constantin du trône, il avait cédé. Il espérait qu'il faisait ainsi le bonheur du grand-duc.

L'Empereur, n'ayant plus de doutes sur la cause

(1) Le grand-duc Constantin avait épousé en 1796 Julie, princesse de Cobourg, qui en 1801 s'enfuit de Pétersbourg et se réfugia dans sa famille.

de la mésintelligence qui régnait au Belvédère, donna sur-le-champ l'ordre de faire partir madame Veiss.

L'harmonie la plus parfaite s'établit enfin entre les deux époux; on eût dit un changement de décoration. La princesse revint à la vie. La souffrance qui avait si visiblement altéré ses traits ne laissa plus de traces sur son visage; l'attachement de Constantin sembla s'accroître de jour en jour.

Alexandre, auquel elle devait ce changement subit dans sa position, ne borna pas là ses bienfaits. Ne pouvant, par égard pour sa mère, donner à sa belle-sœur le titre de grande-duchesse, qui n'appartient qu'aux princesses du sang, il lui accorda l'investiture du duché de Lowicz, dont elle prit le titre.

ÉPILOGUE

Ici finissent mes notes. Désormais si j'écris encore, ce sera sans ordre et uniquement pour signaler les faits remarquables gravés dans ma mémoire. Les malheurs sans cesse croissants du pays et mes chagrins personnels m'ont ôté non seulement le désir, mais encore la faculté de m'occuper de mes souvenirs. Il me répugne d'accuser les autres et de chercher à me justifier. D'ailleurs, les *Confessions* de Rousseau, que j'ai lues longtemps après avoir commencé à écrire, m'ont servi de leçon.

Malgré son talent incontestable et sa prosodie merveilleuse, il est arrivé à faire des bavardages; dans son excessive vanité il a pu croire qu'il est des gens auxquels l'abandon, vis-à-vis de la postérité, est permis, tandis qu'elle est rarement indulgente pour qui veut l'intéresser à des personnalités.

Bizarre et pénible sensation que celle qu'on éprouve lorsque, après avoir vécu longtemps, on jette un regard attentif derrière soi! Combien d'événements, qui nous ont semblé remarquables, condamnés à l'oubli ! Combien d'ambitions avortées, d'espérances déçues, de regrets effacés, d'enthousiasmes refroidis !... Que de passions dites *invincibles* détruites avant le temps ! Que d'importance attachée à des intérêts misérables et à des vanités puériles qui n'ont laissé nulle trace ! Quel nombre infini d'individus ont disparu, les uns, fauchés avant l'âge, les autres, après avoir fourni une longue et pénible carrière ! Combien d'actions, combien de noms qui paraissaient mériter l'immortalité, refoulés dans le gouffre où tout s'engloutit, tandis que des gens moins méritants surgissent parce qu'ils se trouvent mêlés à des événements remarquables !

Et l'on a été témoin de ces drames, on a couru tous ensemble vers le même abîme ; — éclats de joie, cris de détresse, tout s'est confondu !

Arrivés près du but, en sommes-nous plus sages, sommes-nous armés contre les malheurs et soumis aux décrets du sort ? Hélas ! l'homme ne cesse de souffrir et d'espérer que lorsqu'il cesse de vivre. L'âge modifie et change la nature de nos impressions sans cependant les anéantir.

GÉNÉALOGIE DES PONIATOWSKI

Stanislas CIOLEK PONIATOWSKI (1678-1762), ami et compagnon d'armes de Charles XII, Castellan de Cracovie, Marié le 14 septembre 1720 à Constance CZARTORYSKA.

Casimir (1721-1800), grand chambellan, marié à Apollonie Ustrzycka.	François (1723-1758), chanoine de Cracovie.	Louise (1728-1797), comtesse Zamoyska.	Isabelle (1) (1730-1808), comtesse Branicka.	Stanislas - Auguste (1732-1798), roi de Pologne.	André (1734-1773), marié à M. T. Kinsky.	Michel-Georg (1736-1794), primat de Polog
Prince Stanislas (1754-1833).	Constance (1756-1830), mariée en 1775 à Louis, comte Tyszkiewicz.		Ursule (2), comtesse Mniszech.		Marie-Thérèse (3) (1765-1834), comtesse Vincent Tyszkiewicz.	Joseph (1763-1813), maréchal de France.
	Anna, comtesse Potocka (4) et comtesse Wonsowicz (1776-1867).					

Auguste P. (1803-1866).

Nathalie P., princesse Sanguszko (1807-1830).

Maurice P. (1812-1880).

Marie, comtesse Alfred Potocka.

Auguste — Nathalie — Marie, comtesse Zamoyska et princesse Lubomirska — Eustache

Julie, comtesse Ladislas Branicka. — Roman P. — Clémentine, comtesse Jean Tyszkiewicz. — Joseph P.

(1) Madame de Cracovie.
(2) Comtesse de la Plaque.
(3) Enterrée à Valençay.
(4) Auteur des présents Mémoires.

TABLE ANALYTIQUE

DES NOMS PROPRES

Abramowicz, 149 (en note).
Alexandre Ier, 44; reçu à Willanow, 89-94, 157, 158, 172, 283, 297, 310-311, 347, 348, 356; ses rapports avec Kosciuzko, 359-364; au congrès de Vienne, 368-372; la Charte, 374-377; entrée à Varsovie, 378-385, 386; diète de 1818, 391-393, 394; séjour à Varsovie, 398-401.
André (d'), 307.
Ansperg (princesse d'), 372.
Austerlitz, 92, 351.
Avaray (comte d'), 19-22.

Baireuth (la margrave de), ses mémoires, 1, 2.
Bar (confédération de), 6.
Bassompierre (les), 15-21, 27, 166.
Bautzen, 351.
Béatrice d'Este, 304.
Beningsen (le général), 44-45.
Berry (duc de), 21.
Berthier, 115, 147; au mariage de Marie-Louise, 183-187, 189.

Bialystok (château de), 6-8.
Bignon, citation, 41 (en note), 293 (en note), 294 (en note); son portrait, 298-301, 305, 315, 347, 349.
Borghèse (prince), 110, 130, 135; son haut fait d'armes, 152-153.
Borghèse (princesse Pauline), 153; son portrait, 209; fête de Neuilly, 215-219; à Saint-Cloud, 275-281, 297; relations avec Poniatowski, 298.
Boucher, 245.
Bourgogne (duc de), 63.
Bourgoing (Mlle) et Alexandre Ier, 372.
Bourrienne, citation, 116 (en note), 353 (en note).
Branicki ou Branecki, 386.
Branicki (comte Jean-Clément), 6, 8, 172.
Branicka (comtesse), Mme de Cracovie. *Voir* Isabelle Poniatowska.
Branicki (comte Xavier), 49 (en note).

Brévannes (de), 308; son quatrain, 324.
Brignole (comtesse de), 220-221.
Brignole (Mlle de), duchesse de Dalberg, 142.
Broglie (Victor, duc de), 307.
Broniec (Mme), 395-397.

Campan (Mme), 161.
Canova, 209.
Caroline, reine de Naples, 193; son portrait, 209-210, 297.
Casanova, 386 (en note).
Castlereagh (lord), 370-371.
Catherine de Russie, 4, 23-25, 242.
Caulaincourt, 297; à Varsovie en 1812, 334-336.
Charles XII, 29-32.
Charles (archiduc d'Autriche), lettre que lui adresse Napoléon, 186.
Chateaubriand, 28; citation, 66 (en note).
Choiseul-Gouffier (comtesse), 118 (en note), 195 (en note), 322 (en note), 337-338 (en note).
Choiseul, 6 (en note).
Choisy (de), 6 (en note).
Claude Lorrain, 259.
Coigniet (capitaine), 113 (en note), 114 (en note).
Comminges (comte de), 136.
Constantin (grand-duc), 377, 380-390; son mariage, 390-401.

Corinne, jugée par Napoléon, 149-150.
Courlande (duchesse de), 226; son portrait, 239-240.
Cracovie (Mme de). *Voir* Isabelle Poniatowska.
Créqui (Mme de), 26 (en note).
Czaplic (général), 346.
Czartoryska (Constance), 32.
Czartoryska (princesse Isabelle), née Fleming, son portrait, 60-69, 312.
Czartoryski (prince Adam-Casimir), son portrait, 57-60; son rôle à la diète de 1812, 309-314.
Czartoryski (prince Adam), 91, 310-312, 347, 364, 365; au congrès de Vienne, 368-370, 384-385.

Dalberg (duc de), 142-143, 202.
Damas (comte Charles de), 180-181.
Daudet (Ernest), 19 (en note), 21 (en note).
David, son chef-d'œuvre, 245-246.
Davout (maréchal), à Varsovie, 160-162, 164; à Savigny, 229-234, 267; à Saint-Cloud, 278.
Davout (maréchale), son portrait, 161; à Savigny, 229-234.
Delille, citation des *Jardins*, 57 (en note).
Delitz, 351.

TABLE ANALYTIQUE. 407

Denon, 206; visite de la comtesse Potocka à D., 224-225.
Dombrowski (général), 15 (en note), 353-354.
Duchêne (Mlle), 26-27.
Duchesnois (Mlle), 157 (en note).
Dumouriez, 6 (en note).
Durer (Albert), 326.
Duroc, 278.
Dzialynska (comtesse), 59 (en note).

Élisa, grande-duchesse de Toscane, son portrait, 209.
Enghien (duc d'), 55.
Esterhazy (Paul), 183-185.
Eugène, vice-roi d'Italie, 281-282.
Exelmans (général), 110.
Eylau, 151.

Fezensac, citation, 116 (en note).
Flahault (général de), 354.
F.....t (Charles de), son portrait, 100-101, 112-114; la relique rose, 139-140, 151, 163-165; entrevue avec la comtesse à Paris, 202-204, 229; sa maladie, 235-239; danger auquel il échappe, 252; l'aveu, 263-272; ses adieux, 282-290.
Fornica, 36 (en note).
François, empereur d'Autriche, 183-184, 186, 197, 304-305; fêtes données à l'occasion du congrès de Vienne, 372-373.
François I*er*, 63.
Frédéric II, 2; son cabinet de travail, 65-66.
Frédéric-Auguste I*er*, roi de Saxe, 292-293, 297; Napoléon chez le roi de Saxe, 336-337.
Fridrichs (Mme), maîtresse du grand-duc Constantin, 388-389, 399-401.
Friedland, 156.

Gay (Delphine), 145 (en note).
Geoffrin (Mme), 5 (en note), 54 (en note).
Gérard, ses portraits, 246, 264.
Germont (Mme), couturière, 230, 274.
Girardin (Stanislas), 153 (en note).
Girodet, sa *Didon*, 246.
Grabowski (général Michel), 316.
Gray (lord), 368.
Grodno, 3.
Grudzinski, 395.
Grudzinska (Jeanne), épouse le grand-duc Constantin, 395-401.
Guerchin (le), sa *Sibylle*, 206.

Henri IV, 197.
Holbein, 326.
Holland (lord), 368.
Hortense, reine de Hollande, 210.

Iéna, 1, 96, 132.
IGELSTROM, 10 (en note).

Jablonna, 246 (en note), terre du prince Poniatowski léguée à la comtesse Potocka, 345.
JANVIER, secrétaire du prince Murat, 127-129, 130.
JÉRÔME BONAPARTE, roi de Westphalie, son séjour à Varsovie, 318-320.
JERZMANOWSKI (colonel), à l'île d'Elbe, 355.
JOSEPH II, 58, 66-67.
JOSÉPHINE, 198, 200, 202, 249; à la Malmaison, 256-261.
JULIE, princesse de Cobourg, première femme du grand-duc Constantin, 400 (en note).

KALKREYTER (général), 91-92, 97.
KAUFFMANN (Angelica), 45 (en note).
KAUNITZ (prince), son portrait, 67-69.
KELLERMANN, 6 (en note).
KORZENIOWSKI (J.), 23 (en note), 39 (en note).
KOSCIUSZKO, 10, 11; ses rapports avec Alexandre Ier, 359-364.
KOSSAKOWSKI (frères), 23 (en note).
KRASINSKI (Adam), 7 (en note).
KRASINSKI (Michel), 7 (en note).
KRASINSKI (Vincent), son portrait, 354-356; maréchal de la diète de 1818, 392.

LABÉDOYÈRE, 237-238.
LAGRANGE (le beau), 111.
LAMBALLE (princesse DE), 55, 243.
LANCKORONSKA (comtesse), 181-182.
LANCKOY (DE), 364-367.
LANCKOY (Mme DE), 365-367.
Lançut (château de), 54-56.
LAURE (de Nove), 228-229.
LAUZUN, 386 (en note).
LAVAL (duc DE), chez Talleyrand, 227-229.
LAVAL (vicomtesse DE), son salon, 225-227, 240.
LAVEN (princesse DE), 221.
LEGOUVÉ, 289.
Leipsick, 352.
LENORMAND (Mlle), 249-250.
LENOTRE, 280-281.
LESUEUR, 245.
LIGNE (prince DE), 58; son portrait, 177-179, 214.
LIGNE (princesse DE), 178-179.
LIGNE (princesse Flore DE), 243-244.
LOUIS, roi de Hollande, 282, 286 (en note).
LOUIS XIV, 54, 63.
LOUIS XV, 85, 128.
LOUIS XVI, 67, 190, 275.
LOUIS XVIII, à Bialystok, 19.
LOUISE (princesse de Prusse), et princesse Radziwill, 348.
LUBECKI (prince), 364.
LUBIENSKI (comte), 293 (en note).

TABLE ANALYTIQUE. 409

Lubomirska (princesse Isabelle), princesse maréchale, son portrait, 54-57.
Luce de Lanceval, 287 (en note).
Lutzen, 351.
Luynes (duchesse de), son portrait, 214.

Malmaison (la), 239; visite à la M., 256-261.
Maret, duc de Bassano, son portrait, 140-141, 145, 154, 274 (en note).
Marie-Amélie, reine de Saxe, 292-293.
Marie-Antoinette, 66, 188.
Marie d'Arquien, 50.
Marie-Louise, mariage à Vienne, 183-187, 188, 193, 197-198; entrée à Paris, 200-202, 205; présentation de la comtesse Potocka à Marie-Louise, 207-208, 210; à la fête de Neuilly, 214-219, 223; sa jalousie, 256; dîner à Saint-Cloud, 275-288; naissance du roi de Rome, 296-298; à Dresde, 304-305; sa jalousie, 321, 329, 335.
Marie-Thérèse, 312.
Masson (Frédéric), 15 (en note), 149 (en note).
Matuszewicz, ministre de l'Intérieur, 310-311, 335 (en note), 346, 382.
Metternich (prince de), 69, 183; au congrès de Vienne, 370.

Mignet, 301 (en note).
Mittau, 19.
Mnizech (co. tesse), tante de l'auteur, son portrait, 241-245.
Mojaïsk, 340.
Montalivet, 276-282.
Montebello (duchesse de), 275, 277, 283.
Montesquiou (Anatole de), 162, 188.
Monval, 287 (en note).
Moreau, 162.
Morellet (abbé), son portrait, 248-249.
Moscou, incendie de, 328-329.
Mostowski, 335 (en note), 346, 382, 383 (en note).
Murat, 99; son portrait, 102-104, 106, 111, 117, 127-129, 130, 135; ses phrases à effet, 136-138, 163, 267, 309.

Napoléon, 1, 22, 40, 55, 63, 65, 94-99, 104; entrée à Varsovie, 105-109, 114-116; son portrait, 119-121, 122; liaison avec Mme Walewska, 124-127; séjour à Varsovie, 130-138, 139, 143, 145; avec Mme Walewska à Osterode, 146-150, 154; à Tilsitt, 156-159, 160, 162, 163; mariage avec Marie-Louise, 182-184, 188-191; opinions contraires à son mariage, 196-197; réception de Compiègne, 197-198; entrée à

Paris en 1810, 199-202; présentation de la comtesse Potocka à Napoléon, 205-207; ses sœurs, 208-210; à la fête de Neuilly, 214-219; au bal Schwartzemberg, 221-223; son portrait par David, 245, 248; à la Malmaison, 256-261; au bal de la Garde, 261-263, 268; dîner à Saint-Cloud, 273-288, 292, 293, 294, 295, 296, 297, 300; à Dresde, 302-305, 309, 310, 314; de Vilna à Smolensk, 315-326, 317, 318, 319; Mme Walewska, 320-322; arrivée à Varsovie en 1812, 331-336; à Dresde, 336-337, 339, 343; conversation avec Poniatowski, 349-350, 354-355, 356, 359; réveil du lion, 371-374, 383, 386, 387, 392.

NARBONNE (comte Louis DE), 188-195.
Natoline, 87, 259, 322.
NECKER, 26 (en note).
NICOLAS Ier, 119, 173.
NIEGOLEWSKI, 15 (en note).
NIEMCEWICZ, 356.
NOAILLES (Alfred DE), 111.
NOVOSILTZOFF, son portrait, 347-348, 364-365, 366, 369, 375-376, 377 (en note), 379, 383, 388, 397.

OBERKICH (baronne D'), 7 (en note).
OGINSKI (Michel), 7 (en note).

PAC (comte), 354.
PAER, 131.
PALFY (comtesse DE), 181.
PANNAT (DE), 308; les cousins, 324-325.
PAUL Ier, 7, 19, 45, 395.
PÉRIGORD (Louis DE), 110.
PÉTRARQUE, 228.
POMPADOUR (Mme DE), 323.
PONIATOWSKA (Constance), comtesse Louis Tyszkiewicz, mère de l'auteur, 3, 9, 45-48, 50, 84, 167, 171, 176-177, 192, 195.
PONIATOWSKA (Isabelle), comtesse Branicka, 6, 8-9, 15, 17, 19, 20, 26-29; sa mort, 165-172, 176.
PONIATOWSKA (Louise), comtesse Zamoyska, 33 (en note).
PONIATOWSKI (Casimir), 3 (en note), 33 (en note).
PONIATOWSKI (François), 33 (en note).
PONIATOWSKI (le prince Joseph), oncle de l'auteur, 90, 92, 97-98, 103, 122, 144; les étendards, 155, 206, 274 (en note), 293 (en note); chef de l'armée en 1811, 295-298; son retour de la campagne de Russie, 338-345; sa mort, 346-358, 363 (en note); sa statue, 394-395.
PONIATOWSKI (le prince Stanislas), oncle de l'auteur, 38.
PONIATOWSKI (Stanislas), 29, 32-35.

POTOCKA (comtesse Auguste), 49 (en note).
POTOCKA (comtesse Stanislas), belle-mère de l'auteur, 49, 52-53, 71, 86, 120, 128-129, 136, 203, 273.
POTOCKA (Nathalie), princesse Sanguszko, fille de l'auteur, 87; sa naissance, 143-145, 233 (en note).
POTOCKI (comte Alexandre), premier mari de l'auteur, 39-41, 50-53, 56-57, 72, 84, 88, 89, 110, 140, 167, 177, 184-185, 192; à Vilna, 322.
POTOCKI (comte Arthur), 338.
POTOCKI (comte Auguste), fils de l'auteur, 49 (en note); sa naissance, 86-87, 111-112; son baptême, 144-145.
POTOCKI (comte Maurice), fils de l'auteur, 87; on prédit sa naissance à sa mère, 258-260; sa naissance, 291-292.
POTOCKI (comte Ignace), frère du suivant, 42, 144.
POTOCKI (comte Stanislas), beau-père de l'auteur, 41-43, 48, 52-53, 70-88, 99, 117, 120, 144; à Tilsitt, 156, 203, 273, 284, 294, 326, 327, 330, 331, 332, 382-383.
POTOCKI (Stanislas-Félix), 23 (en note).
POTTER (Paul), 260.
POUSSIN (le), 245.
POZZO DI BORGO, 182.
PRADT (DE), son ambassade, 306-334.

PRAGA (massacre de), 11-13.
PRUSSE (roi et reine de), à Tilsitt, 157-159.
PULASKI (Joseph et Casimir), 7 (en note).
PULAWY, 57-64, 310.
PULTUSK, 115.

RACINE, 39.
RADZIWILL (prince Antoine), 348-349.
RADZIWILL (prince Charles), 85.
RAPHAEL, 63.
RAPP, citation, 113-114 (en note).
RAZUMOWSKI (comte), 182-183.
REGNAULT DE SAINT-JEAN D'ANGELY (Mme), 220-222, 228.
RÉMUSAT (Mme DE), 99 (en note); citations, 104 (en note), 124 (en note), 125 (en note), 137 (en note), 248 (en note).
RÉMUSAT (Paul DE), 142 (en note).
RICARD (général), son portrait, 162-163.
RIGNY (Mlle DE), 15.
ROBESPIERRE, 190.
ROUSSEAU (J.-J.), 28-29; ses Confessions, 403.
ROUSTAM, 107, 126, 335.
ROVIGO (duc DE), citation, 126 (en note).
RULHIÈRE, 36 (en note).
RUMIGNY (DE), 308.
RZEWUSKI (Séverin), 23 (en note).

Sabran (L.-H.-H. Maxime de), évêque de Laon, 55.
Sainte-Beuve, citation, 2-3 (en note), 101 (en note), 150 (en note), 307 (en note).
Sapieha (Alexandre), 23 (en note).
Savary, 114, 134-135.
Saxe (maréchal Maurice de), 195.
Schœnbrunn (château de), 218.
Schwartzemberg (le prince de), bal donné à l'ambassade d'Autriche, 219-223, 339.
Schwartzemberg (princesse de), 221.
Serra (M. de), résident de France à Varsovie, 294-298, 301 ; à Dresde, 336.
Sésostris, 225.
Shakespeare, 63.
Sigismond Ier, 145.
Sobieski, 49, 50 (en note), 104, 363 (en note).
Sobolewska (Mme), son portrait, 47-48, 50, 80, 164, 316 (en note).
Sobolewski (Ignace), 346, 382.
Sorel (Agnès), 62.
Souvaroff, 13.
Souza (Mme de), 101 ; visite que lui fait la comtesse Potocka, 203-204, 229, 237 ; reçoit l'abbé Morellet, 248, 249 ; chez la diseuse de bonne aventure, 250, 255, 267, 271.
Stael (Mme de), 54 (en note),

Corinne, 149-150, 307 (en note).
Stanislas-Auguste, grand-oncle de l'auteur, 3-5, 6, 9, 33, 35, 106, 239, 241.
Stendhal, citation, 121 (en note), 181 (en note).
Strogonoff (comte de), 365.
Sulkowski (prince), 353.

Talleyrand, 115, 119, 121 ; son portrait, 122-124, 125, 130, 140, 141, 143, 145, 159, 197 ; son mot sur Caroline, reine de Naples, 210-212, 226 ; Talleyrand et le duc de Laval, 227-229, 240 ; visite à la comtesse Potocka, 287-288, 295 ; au congrès de Vienne, 370, 373.
Talleyrand (princesse de), son impertinence, 211-212, 226.
Talma dans *Manlius*, 285-286.
Targowica (confédération de), 23.
Tencin (Mme de), 136 (en note).
Tessé (Mme de), 26.
Tilsitt, 156-159.
Turenne, 63.
Tyszkiewicz (comte Louis), père de l'auteur, 3 (en note), 22-25, 43-45 ; sa mort, 176.
Tyszkiewicz (comtesse). *Voir* Poniatowska (Constance).
Tyszkiewicz (comtesse Marie-Thérèse), née Poniatowska, tante de l'auteur, 90, 92, 145, 191 ; ses idées politiques, 196-197, 199 ; esclave

de Talleyrand, 210; elle reçoit Talleyrand, 212-214,
225, 240.

URBIN (duc d'), 63 (en note).

VALLIÈRE (Mme DE LA), 63.
VANLOO, 245.
VAUBAN, 63.
VAUGIRON (M. DE LA), 152.
VEISS. *Voir* FRIDRICHS.
VERNET, 355.
VICTOR (général), 131.
VILLE (M. DE), 242-243.
VOLTAIRE, 63, 65.

WALEWSKA (Mme), à Varsovie, 124-127, 134; à Osterode, 146-150; son portrait par Gérard, 264; séjour à Varsovie en 1812, 320-322, 335.
WAWRZECKI, 364, 382.
Willanow, 49, 94, 144 (en note), 326, 358 (en note), 395.
WONSOWICZ (colonel), second mari de l'auteur, accompagne Napoléon en 1812, 334-337.
WOUVERMAN, 260.
WURTZBOURG (duc DE), 276, 278.

ZAIONCZEK (général), son portrait, 385-390, 392.
ZAIONCZEK (Mme), 386-390.
ZAMOYSKA (comtesse Sophie), née Czartoryska, 64, 144.
ZAMOYSKI (général), 347.
ZYCZY (Julie), 372.

TABLE DES MATIÈRES

Introduction.................................... 1

PREMIÈRE PARTIE
SOUVENIRS DE JEUNESSE

I
LE CHATEAU DE BIALYSTOK.
(1794)

Pourquoi la comtesse écrit ses *Mémoires*. — La margrave de Baireuth. — Le dernier roi de Pologne. — Bialystok. — Madame de Cracovie. — Le 18 avril 1794. — Les belles dames au camp de Kosciuszko. — Massacre de Praga (4 novembre 1794)............................. 1

II
LES ÉMIGRÉS ET LOUIS XVIII.
(1798)

Les Bassompierre à Bialystok. — Le comte. — Un poète de société. — Madame de Rigny. — Le pied-à-terre. — Souvenirs glorieux. — Arrivée de Louis XVIII. — Le désappointement des Bassompierre. — Projets de mariage entre le duc de Berry et Anna Tyszkiewicz. — Une admiratrice de Bonaparte. — Le comte Tyszkiewicz. — Sa noble et patriotique conduite. — Colère de Catherine........................ 14

III
L'ASTROLOGUE.
(1802)

Mademoiselle Duchêne, lectrice de madame de Cracovie. — Vie de château. — Chateaubriand et Rousseau. — Charles XII. — Wolczyn. — L'astrologue suédois. — Il prédit le trône à Stanislas-Auguste. — Le bon vieux temps............ 26

IV
MARIAGE AVEC LE COMTE ALEXANDRE POTOCKI.
(1802)

Projets de mariage. — Arrivée du comte Potocki à Bialystok. — Le comte Stanislas Potocki. — Le comte Tyszkiewicz et le général Beningsen. — Mort de Paul Ier. — Éducation de la comtesse. — Ses goûts. — La comtesse Tyszkiewicz. — Madame Sobolewska............................ 38

V
LANÇUT ET PULAWY.
(1803)

Promenade sentimentale au clair de lune. — Ruse féminine. — Visites de noce. — La princesse maréchale. — Monseigneur de Laon. — Pulawy. — Le prince Adam-Casimir Czartoryski. — Sa générosité. — Le parc de Pulawy. — Le temple de la sybille. — La maison gothique. — Souvenirs du grand Frédéric. — L'empereur Joseph II. — Le prince de Kaunitz.. 49

VI
MYSTIFICATION.
(1803)

Retour en ville. — L'illuminé. — Piège tendu. — Soirée au Théâtre-Français de Varsovie. — Départ mystérieux. — L'antre du devin. — Consultation. — Le rideau noir se lève.

— Apparition. — Le souper. — Mot de l'énigme. — Le prince Radziwill. — Tracasseries de belle-mère. — Naissance d'un héritier. — Natoline.................................... 70

VII
L'EMPEREUR ALEXANDRE A WILLANOW.
(1805)

Un hôte inattendu. — Le prince Adam Czartoryski. — Le dîner. — La conversation d'Alexandre. — Le grand livre de Willanow... 89

DEUXIÈME PARTIE
LES FRANÇAIS A VARSOVIE
(1806-1807)

I
L'AVANT-GARDE.

Fin de la guerre de Prusse. — Entrée d'un régiment français à Varsovie. — M. de F.....t. — Murat. — Bal donné par le prince Poniatowski. — Le panache de Murat......... 95

II
ENTRÉE DE NAPOLÉON.

Le triumvirat. — Les préparatifs. — Arrivée secrète de l'Empereur. — La réception officielle..................... 105

III
LES PREMIÈRES HOSTILITÉS.

Le salon de la comtesse. — Le prince Borghèse. — L'enfant malade. — Dévouement de M. de F.....t. — Projet de Savary.

— Pultusk. — Réception au château. — Le Cercle. — La toilette de la comtesse. — Présentation à l'Empereur.. 110

IV

GALANTERIES.

Bal chez M. de Talleyrand. — Le verre de limonade. — Une contredanse impériale. — Madame Walewska. — Un Greuze. — La clef des petits appartements du prince Murat.... 122

V

LA PARTIE DE WHIST DE L'EMPEREUR.

Nouveaux bals. — La parade. — L'orchestre de l'Empereur. — Les députés hollandais. — L'enjeu. — L'héritier présomptif de Bavière. — L'entourage de Napoléon. — Le *comte de Comminges*. — Les princes dits *du sang*. — L'accent gascon de Murat. — Ses phrases à effet.................. 130

VI

EYLAU.

La relique rose. — Maret, duc de Bassano. — Le duc de Dalberg. — Naissance de Nathalie Potocka. — Madame Walewska au quartier général d'Osterode. — Les châles de Joséphine. — Jugement que Napoléon porte sur *Corinne*. — Bataille d'Eylau. — Retour des Français. — Haut fait d'armes du prince Borghèse...................................... 139

VII

TILSITT.

Distribution des drapeaux aux trois légions polonaises. — Le prince Poniatowski. — Victoire de Friedland. — Le comte Stanislas Potocki à l'entrevue de Tilsitt. — Les larmes de la reine de Prusse. — Finesse d'Alexandre. — Le banquet. — Création du duché de Varsovie.................. 154

VIII

LE MARÉCHAL DAVOUT.

Le maréchal Davout gouverneur de Varsovie. — La maréchale. — Anatole de Montesquiou. — Le général Ricard. — Le prince Murat et sa livrée. — Départ de M. de F.....t. — Sa lettre. — Épilogue aux souvenirs de jeunesse. — Mort de madame de Cracovie (1808).................... 160

TROISIÈME PARTIE

VOYAGE EN FRANCE EN 1810

I

LES PRÉLIMINAIRES DU MARIAGE DE MARIE-LOUISE.

Mort du comte Tyszkiewicz, père de la comtesse Potocka. — Départ pour Vienne. — La société de Vienne. — L'hôtel de Ligne. — L'esprit du prince de Ligne. — Son mariage. — Le comte Charles de Damas. — La comtesse Palfy. — Nouvelles de Paris. — Récriminations de l'aristocratie viennoise. — Arrivée de Berthier. — Lettre de Napoléon à l'archiduc Charles 175

II

M. DE NARBONNE.

La pantoufle de Marie-Louise. — M. de Narbonne chez le prince de Ligne. — Un Mentor. — Arrivée à Munich. — Le bain. — Le céladon. — La comtesse part seule pour Strasbourg... 188

III

L'ENTRÉE SOLENNELLE A PARIS.

La comtesse Tyszkiewicz. — L'accroc au cérémonial. — Plaisanteries parisiennes. — Le cortège. — Portrait de Marie-Louise. — Mot de Napoléon. — La garde. — Les pages. — Impressions de la foule. — Présentation à madame de Souza... 196

IV

LA COUR.

L'Empereur. — Marie-Louise. — Aspect singulier de la cour. — Élisa. — Pauline Borghèse. — La reine de Naples. — La princesse de Talleyrand. — Salon de la comtesse Tyszkiewicz... 205

V

LES FÊTES.

La fête de Neuilly, chez la princesse Borghèse. — Le château de Schœnbrunn. — L'émotion de Marie-Louise. — Bal de l'ambassade d'Autriche......................... 215

VI

LES SALONS.

Chez Denon. — Le pied de la momie. — Le salon de la vicomtesse de Laval. — Un dîner chez M. de Talleyrand. — Le duc de Laval. — Pétrarque et Laure. — Les Davout à Savigny. — Les perdreaux du maréchal. — M. de F.....t. — Déjeuner chez madame de Souza. — Labédoyère. — La duchesse de Courlande. — Talleyrand et son sérail............ 224

VII

PROMENADES DANS PARIS.

La comtesse Mniszech. — Le passage des Panoramas. — La reine de Pologne. — Visites aux ateliers des peintres. — David. — Girodet. — Gérard. — Les auteurs de *Mémoires*. — L'abbé Morellet. — Mademoiselle Lenormand. — Madame de Souza et la petite sorcière. — Chez la pythonisse. — Une jeunesse orageuse. — Prédiction de la naissance du comte Maurice Potocki...... 241

VIII

LA MALMAISON. — L'AVEU.

Joséphine. — La chambre à coucher de Napoléon. — Le goût de Joséphine. — La galerie de tableaux. — Les jardins et les serres. — Invitation de l'Empereur. — Conversation avec Napoléon au ministre de la guerre. — Billet de Charles de F.....t. — Explication. — Roman d'un officier. — L'inconnue.. 256

IX

LE DINER A SAINT-CLOUD.

Invitation à Saint-Cloud. — La toilette. — Madame de Montebello. — Marie-Louise. — Promenade dans le parc. — Les placets. — Disposition de la table. — Le menu de l'Empereur. — Le château de Versailles. — Lenôtre et la princesse Borghèse. — Le prince Eugène. — Renonciation du roi de Hollande. — Câlineries de Marie-Louise. — Présages de la guerre de Russie. — Le spectacle. — Talma. — Déjeuner chez Talleyrand. — Adieux à Charles de F.....t. — Départ.... 273

QUATRIÈME PARTIE

LE GRAND DUCHÉ DE VARSOVIE

I

BIGNON.

(1811-1812)

Naissance du comte Maurice Potocki. — La cour de Frédéric-Auguste. — M. de Serra. — Le prince Joseph Poniatowski. — Son caractère. — Naissance du roi de Rome. — Enthousiasme des Polonais. — Voyage du prince Joseph Poniatowski à Paris. — Pauline. — M. Bignon. — Le *petit coin*. — M. Bignon et la cause polonaise.................. 291

II
PRÉLIMINAIRES DE LA CAMPAGNE DE RUSSIE.
(1812)

Déclaration de la guerre. — L'armée polonaise. — Entrevue de Napoléon et de François à Dresde. — Marie-Louise et Béatrice d'Este. — Diète confédérée. — Arrivée de l'archevêque de Malines. — Son portrait. — M. d'André. — Le duc de Broglie. — M. de Brévannes. — Installation de l'ambassadeur. — Son avarice. — Le prince Czartoryski maréchal de la Diète. — Matuszewicz. — Le prince Adam. — Discours du prince Czartoryski. — Les cocardes. — Réponse de l'Empereur... 302

II
DE PRADT.
(1812)

Smolensk. — Mort du comte Grabowski. — Les réunions de l'ambassade de France. — Le roi de Westphalie à Varsovie. — Madame Walewska chez de Pradt. — Un dîner à la campagne. — Les cousins. — Impromptu de M. de Brévannes. — Les Français. — Le cadeau de l'ambassadeur......... 315

IV
LA RETRAITE.
(1812-1813)

Premières nouvelles des désastres. — Arrivée de Napoléon à Varsovie. — Le dîner de l'*Hôtel d'Angleterre*. — Madame Walewska. — Le colonel Wonsowicz, son récit de l'arrivée à Dresde. — Retour des soldats. — Le prince Poniatowski. — Son *butin*. — Mojaïsk. — Les aigles. — Le *coucou*. — Enthousiasme patriotique. — Départ du prince Poniatowski. — Ses adieux à la comtesse Potocka. — Son testament... 328

V

MORT DU PRINCE PONIATOWSKI.
(1813)

Le prince Adam Czartoryski et Alexandre. — Propositions de l'empereur de Russie à Poniatowski. — Le prince Antoine Radziwill mandataire du roi de Prusse. — Attitude du prince Poniatowski. — Entrevue de Napoléon et de Poniatowski à Dresde. — Campagne de Saxe. — Le prince Sulkowski. — Dombrowski. — Le comte Pac. — Les Polonais à l'île d'Elbe. — Krasinski. — Funérailles du prince Poniatowski.... 346

CINQUIÈME PARTIE

LES RUSSES A VARSOVIE.

I

KOSCIUSZKO ET ALEXANDRE.
(1815)

Correspondance d'Alexandre et de Kosciuszko en 1814. — Le tumulus. — Le conseil des ministres. — Novosiltzoff. — La chibouque de M. de Lanckoy...................... 359

II

LE CONGRÈS DE VIENNE.
(1815)

Le prince Czartoryski au congrès. — Correspondance du prince avec lord Gray et lord Holland. — Le prince de Metternich. — Le prince de Talleyrand. — Lord Castlereagh. — Le congrès *danse*. — Les souverains et les femmes. — Le tournois. — Nouvelles du débarquement de Napoléon. — Vive le roi de Pologne! — La nouvelle constitution................. 368

III

SÉJOUR DE L'EMPEREUR ALEXANDRE A VARSOVIE.

(1815)

Arrivée de l'Empereur. — Le cérémonial. — Le bal de la Redoute. — Le grand-duc Constantin. — La discipline russe. — Constitution du nouveau ministère. — Le prince Adam Czartoryski. — Zaïonczek. — Madame Zaïonczek. — La maîtresse du grand-duc. — Vengeance de Constantin..... 378

IV

LE MARIAGE DU GRAND-DUC CONSTANTIN.

(1820)

La diète de 1818. — Rôle du grand-duc Constantin. — Statue du prince Joseph Poniatowski. — Madame Broniec. — Jeanne Grudzinska. — Madame Fridrichs. — Le mariage. — Mésintelligence. — Le piano offert à la femme du grand-duc. — Madame Veiss. — La duchesse de Lowicz............ 391

ÉPILOGUE..................................... 403

TABLE ANALYTIQUE DES NOMS PROPRES................. 405
TABLEAU GÉNÉALOGIQUE................ à la fin du volume.

Portrait.. frontispice.
Fac-simile... 180

www.ingramcontent.com/pod-product-compliance
Lightning Source LLC
Chambersburg PA
CBHW070205240426
43671CB00007B/554